# sueña

## 1

## **L**ibro del Alumno

## Nivel Inicial

*Coordinadora del Nivel Inicial*
M.ª Ángeles Álvarez Martínez

*Autoras*
M.ª Ángeles Álvarez Martínez

Ana Blanco Canales

M.ª Luisa Gómez Sacristán

Nuria Pérez de la Cruz

*Con la colaboración de*
Montserrat Hidalgo Rodríguez

Carmen Criado Hernández

UNIVERSIDAD DE
ALCALÁ

ANAYA ñ ELE

Equipo de la Universidad de Alcalá
Dirección: M.ª Ángeles Álvarez Martínez

Programación y esquemas gramaticales: M.ª Ángeles Álvarez Martínez
Ana Blanco Canales
M.ª Jesús Torrens Álvarez

Coordinación del Nivel Inicial: M.ª Ángeles Álvarez Martínez

Autoras: M.ª Ángeles Álvarez Martínez
Ana Blanco Canales
M.ª Luisa Gómez Sacristán
Nuria Pérez de la Cruz
Con la colaboración de Montserrat Hidalgo Rodríguez y Carmen Criado Hernández

© Del texto: Cursos Internacionales S. L. (Alcalingua S. R. L.), de la Universidad de Alcalá, 2000
© De los dibujos y gráficos: Grupo Anaya, S.A., 2000
© De esta edición: Grupo Anaya, S.A., 2000, Juan Ignacio Luca de Tena, 15 - 28027 Madrid

Depósito legal: M-27.970-2004
ISBN: 84-667-0034-X
Printed in Spain
Imprime: Gráficas Varoprinter

Equipo editorial
Edición: Milagros Bodas, Sonia de Pedro
Equipo técnico: Javier Cuéllar, Laura Llarena
Ilustración: Antonio Benavides
Cubiertas: Taller Universo: M. Á. Pacheco, J. Serrano
Maquetación: Ángel Guerrero
Corrección: Carolina Frías, Esther García, Maite Izquierdo, Estrella Nicolás
Edición gráfica: Nuria González

Fotografías: Archivo Anaya (Chamero, J.; Marín, E.; Muñoz, J. C.; Steel, M.; Vizuete, E.; Zuazo, A. H.); Breitfeld Claus; Contifoto;
Fototeca 9 x 12; Fundación Federico García Lorca; I.M.E.; Nasa; Prisma; Stock Photos; Umbria, J.

# PRESENTACIÓN

Este método es producto de la labor de un equipo de lingüistas y profesores de español como lengua extranjera de la Universidad de Alcalá, elaborado y puesto en práctica durante los años 1999 y 2000 con nuestros alumnos. Reunimos en el conjunto de libros que constituye el método SUEÑA los materiales que hemos diseñado para la enseñanza de nuestra lengua, desde el Nivel Inicial hasta el Nivel de Perfeccionamiento. Con ello, ponemos a disposición de todos los profesores y estudiantes de español como segunda lengua unos materiales y una experiencia que nos han sido de gran utilidad con nuestros alumnos, con la confianza de que puedan prestarles también a ellos un buen servicio.

Para el desarrollo del método hemos partido de una programación detallada para todos los niveles, que se ha ido elaborando cuidadosamente al hilo de nuestra experiencia docente y de las investigaciones que, en este campo, hemos llevado a cabo en nuestro centro.

SUEÑA I corresponde al primer nivel del método. Está dirigido a aquellos estudiantes que se acercan por primera vez al español, y tiene como objetivo lograr que alcancen una competencia lingüística básica (nivel de subsistencia) que les permita desenvolverse eficazmente en situaciones cotidianas. El libro está compuesto de 10 lecciones, divididas en dos ámbitos cada una, en las que de forma gradual se amplían los contextos funcionales y donde se ponen en práctica los contenidos programados para cada lección. Esto permite ofrecer una mayor variedad de situaciones y hace posible que el estudiante aprenda de manera natural. En cada una de las lecciones se atienden todos los niveles lingüísticos (gramaticales, léxicos, fonéticos y de escritura), que se trabajan de manera integrada. La materia se organiza de acuerdo con los contenidos nociofuncionales.

Para practicar estos contenidos se han ideado ejercicios y actividades de diversa tipología en los que están presentes las cuatro destrezas. A lo largo de todo el método se busca la participación constante de los estudiantes para que el aprendizaje sea activo.

Cada ámbito termina con un *esquema gramatical*, que resume el contenido fundamental de lo aprendido, y al final de cada lección se presenta el apartado cultural A nuestra manera. Asimismo, se incluye una Recapitulación cada tres lecciones, donde el alumno puede evaluar y asimilar lo estudiado en ellas.

El libro se cierra con un Glosario, que recoge una selección del léxico trabajado en las lecciones, traducido a cinco lenguas. Obviamente, no pretende ser un diccionario, sino un instrumento de utilidad tanto para el profesor como para el alumno, ya que disponen del léxico fundamental de cada lección y ámbito.

El manual se complementa con un Cuaderno de Ejercicios, pensado como un elemento imprescindible para clase, que ofrece al profesor y al estudiante ejercicios y actividades que pueden desarrollarse en el aula o como tarea para casa. En el Libro del Alumno se indica al propio estudiante, mediante un icono, la actividad del Cuaderno de Ejercicios donde puede practicar ese mismo contenido, y en el Libro del Profesor se indica qué ejercicios deben integrarse en el desarrollo de la clase, y en qué momento, y qué otros han de constituir tarea para casa.

Como material de apoyo se ofrece una casete con las transcripciones del método. En el manual viene indicado con un icono el momento en que debe escucharse.

Finalmente, queremos expresar nuestro agradecimiento al Vicerrectorado de Investigación de la Universidad de Alcalá, que ha subvencionado un Proyecto de Investigación para estudios sobre léxico, titulado "Frecuencia de uso y estudio del léxico con especial aplicación a la enseñanza del español como lengua extranjera" (H004/2000), que nos ha permitido acometer parte de los trabajos realizados para estos manuales; y muy especialmente al Vicerrector de Extensión Universitaria de esta Universidad, profesor Antonio Alvar Ezquerra, por haber acogido con entusiasmo nuestro proyecto y habernos prestado desde sus comienzos su inestimable apoyo y ayuda.

| ESCRITURA | FONÉTICA | LÉXICO | CULTURA |
|---|---|---|---|
| ortografía<br>- abecedario<br>- signos (¿ ?) y (¡ !)<br>tipos de escrito<br>- información personal y profesional (pasaporte, carné de estudiante) | - primer acercamiento a la pronunciación de las letras | - saludos: hola<br>- nombre y apellidos<br>- países, nacionalidades y lenguas<br>- estudios y profesiones<br>- ayudas e instrucciones de clase | |
| ortografía<br>- abreviaturas: c/, Avd., P.º, Pl., tel., C.P.; Sr., Sra., Srta., D., D.ª<br>tipos de escrito<br>- agenda<br>- datos y dirección en un sobre<br>- solicitud de pasaporte | - entonación de enunciativas e interrogativas | - saludos y despedidas<br>- partes del día<br>- presentaciones<br>- fórmulas de tratamiento<br>- direcciones y teléfonos<br>- lugares públicos fundamentales | - personajes famosos del mundo hispano |
| tipos de escrito<br>- anuncios breves de periódico (descripción de viviendas) | | - partes de la casa<br>- mobiliario y enseres de la casa<br>- acciones habituales | |
| ortografía<br>- representación de /x/ y /g/: j / g / gu<br>- representación de /θ/ y /k/: c / z / qu<br>tipos de escrito<br>- anuncios breves (descripción de personas) | - /x/ y /g/<br>- /θ/ y /k/ | - mobiliario y objetos de la clase<br>- adjetivos para describir el físico y el carácter de las personas | - tipos de viviendas |
| | | - profesiones<br>- lugares de trabajo<br>- la familia<br>- estado civil<br>- días de la semana<br>- acciones habituales | |
| ortografía<br>- r/rr<br>- m/n en posición implosiva<br>tipos de escrito<br>- certificados (urgente, con acuse de recibo) | - /r/ y /r̄/<br>- m ante bilabial | - los meses<br>- fiestas<br>- celebraciones (nacimientos, bodas, cumpleaños, Navidad...) | - la Navidad |
| | | - tareas de la casa<br>- la compra: alimentos, pesos y medidas<br>- la ropa: nombres de prendas y características | |
| tipos de escrito<br>- documentos bancarios: el cheque | - separación y cómputo de sílabas<br>- la sílaba fuerte | - partes del cuerpo<br>- estados físicos y anímicos<br>- enfermedades y síntomas<br>- medicamentos y remedios | - ir de tapas |
| - escribir postales | | - medios de transporte<br>- tipos de alojamiento<br>- destinos de los viajes<br>- adjetivos para describir lugares<br>- expresiones para hablar del tiempo atmosférico<br>- países hispanoamericanos<br>- lugares públicos | |

| LECCIÓN | FUNCIONES | GRAMÁTICA |
| --- | --- | --- |
| 5.2. Me gustan la música, el cine... | - expresar distintos grados de gustos personales<br>- mostrar acuerdo y desacuerdo en los gustos<br>- hablar de acciones en desarrollo<br>- pedir en un restaurante | - *encantar, gustar mucho, gustar, no gustar nada, odiar*<br>- *preferir*<br>- *pero*<br>- pronombres CI<br>- *estar* + gerundio<br>- *muy, mucho(a), poco(a)*<br>- *un(a)* + nombre contable / *un poco de* + nombre no contable<br>- *otro(a)* + nombre contable / *más, un poco más de* + nombre no contable |
| **6.** ¿Puedo...?<br>6.1. Hay que estudiar | - pedir permiso y denegarlo<br>- pedir favores; responder afirmativa o negativamente<br>- expresar (falta de) obligación y necesidad<br>- expresar prohibición<br>- pedir y ofrecer ayuda<br>- aceptar o rechazar ayuda | - *poder* + infinitivo<br>- *¿puedo...?* para pedir permiso<br>- *¿puedes...?* para pedir favores<br>- imperativo; repetición para la concesión de permiso<br>- *(no) hay que:* (falta de) obligación y necesidad<br>- *(no) tener que:* (falta de) obligación y necesidad personal<br>- *no poder* (prohibición)<br>- *¿se puede...?* para pedir permiso<br>- *ayudar a*<br>- *no hacer falta; no ser necesario* |
| 6.2. ¡Que tengas suerte! | - identificar personas y cosas<br>- expresar existencia o inexistencia<br>- describir objetos<br>- felicitar<br>- alabar<br>- agradecer<br>- desear buena suerte a alguien<br>- expresar deseos<br>- expresar posesión y pertenencia | - *el / la de* + artículo + nombre<br>- *el / la de* + adverbio de lugar<br>- *el / la que* + verbo<br>- *el más / menos* + adjetivo + *de*<br>- indefinidos: *algún, alguno, ningún, ninguno, nada, nadie, algo, alguien*<br>- *ser de* + materia<br>- *ser* + adjetivo<br>- *servir para*<br>- presente de subjuntivo: verbos regulares e irregulares (*ser, tener, poner*)<br>- *que* + presente de subjuntivo<br>- *esperar, desear* + presente de subjuntivo<br>- *querer* + presente de subjuntivo<br>- *¡Qué* + adjetivo!<br>- posesivos |
| **7.** ¿Cuidamos el medio ambiente?<br>7.1. ¿Qué has hecho hoy? | - hablar de lo hecho recientemente<br>- hablar de experiencias personales<br>- valorar una actividad pasada | - pretérito perfecto: forma y usos<br>- participios regulares e irregulares<br>- marcadores temporales + pretérito perfecto (*hoy, este(a)* + unidad de tiempo, *hace* + cantidad de tiempo)<br>- marcadores de frecuencia + pretérito perfecto (*alguna vez, una vez, muchas / pocas / algunas / varias veces, nunca, jamás*)<br>- *todavía / aún no, ya* + pretérito perfecto |
| 7.2. ¿Y tú qué opinas? | - pedir opinión<br>- dar una opinión<br>- expresar acuerdo o desacuerdo con algo<br>- argumentar a favor o en contra de una idea<br>- situar en el espacio | - pretérito perfecto: usos<br>- *creer, opinar, pensar* + *que*<br>- *(no) estar de acuerdo con... porque*<br>- preposiciones de lugar: *en, por, para, a, hacia, desde, hasta, desde...hasta / de...a*<br>- adverbios de lugar: *encima (de), debajo (de), al lado (de), enfrente (de), delante (de), detrás (de), cerca (de), lejos (de)* |
| **8.** Hablemos del pasado<br>8.1. Biografías | - hablar del pasado<br>- contar la vida de una persona<br>- situar los hechos en el pasado<br>- relacionar hechos en el pasado | - pretérito indefinido: verbos regulares e irregulares (*ir, ser, estar, venir, hacer, tener, morir*)<br>- referencias temporales (*ayer, antes de ayer, el / la* + unidad de tiempo + *pasado / a* + fecha, *en* + mes, año o periodo de tiempo, *hace* + cantidad de tiempo)<br>- oraciones subordinadas de tiempo: *cuando* + indefinido, *al* + infinitivo<br>- pretérito indefinido / pretérito perfecto: contraste; marcadores propios de cada tiempo |
| 8.2. ¡Qué experiencia! | - hablar de acontecimientos y hechos históricos; situar-<br>los en el tiempo<br>- referirse a acontecimientos o hechos y valorarlos | - pretérito indefinido: otros verbos irregulares (*caer, construir*)<br>- *ser* para expresar localización temporal y espacial<br>- *tener lugar, pasar, ocurrir*<br>- referencias temporales y organizadores del relato (*primero, luego, después, más tarde, por último, al final*)<br>- superlativo absoluto (*-ísimo*, superlativos léxicos)<br>- contraste pretérito perfecto / pretérito indefinido. Contextos<br>- marcadores temporales propios de cada tiempo |
| **9.** Recuerdos de la infancia<br>9.1. Así éramos | - describir lugares, personas y cosas del pasado<br>- hablar de acciones habituales en el pasado<br>- valorar el carácter de una persona en un contexto de pasado<br>- hablar de deseos y gustos en el pasado<br>- expresar cambios (físicos y de personalidad)<br>- expresar cambios en los hábitos | - pretérito imperfecto: verbos regulares e irregulares<br>- marcadores temporales: *entonces, todos los días, a menudo, frecuentemente, muchas / pocas / algunas veces, (casi) siempre / nunca*<br>- otros marcadores: *de pequeño, cuando* + imperfecto<br>- *soler*<br>- *antes* + imperfecto / *ahora* + presente |
| 9.2. Todo cambia | - expresar cambios (físicos y de personalidad)<br>- expresar la continuidad de características físicas y de personalidad<br>- expresar cambios en los hábitos<br>- expresar continuidad en los hábitos<br>- narrar hechos del pasado y describir a sus protagonistas y los lugares en los que sucedieron<br>- hablar de hechos concretos y de acciones habituales en el pasado | - *dejar de* + infinitivo<br>- *seguir* + gerundio<br>- *seguir sin* + infinitivo<br>- *ya no / todavía*<br>- contraste imperfecto / indefinido: descripción / narración<br>- preposiciones de tiempo: *a, en, por, desde, hasta, desde...hasta / de...a*<br>- organizadores del discurso: *en primer lugar, en segundo lugar, a continuación, al final...* |
| **10.** Y mañana, ¿qué?<br>10.1. Mañana será otro día | - hablar del futuro<br>- expresar condiciones<br>- dar la opinión<br>- pedir la opinión<br>- informar y preguntar por el grado de acuerdo o desa-<br>cuerdo<br>- corroborar o negar una afirmación ajena<br>- preguntar por el grado de seguridad<br>- expresar duda e inseguridad | - futuro simple: verbos regulares e irregulares<br>- *si* + presente de indicativo, futuro simple<br>- *creer, pensar, opinar, parecer*<br>- *tener razón*<br>- *estar de acuerdo con*<br>- *a lo mejor* + indicativo<br>- *quizás, tal vez* + indicativo / subjuntivo |
| 10.2. Esto se acaba | - reflexionar sobre las estrategias de aprendizaje<br>- opinar sobre el proceso de aprendizaje y el desarrollo del curso<br>- valorar la experiencia académica y personal | |

| ESCRITURA | FONÉTICA | LÉXICO | CULTURA |
|---|---|---|---|
| - empleo de la mayúscula | - el sistema vocálico del español | - actividades de ocio y tiempo libre<br>- espectáculos<br>- deportes<br>- cine<br>- el restaurante<br>- comidas | - el turismo en España |
| acentuación<br>- reglas básicas | - sílabas fuertes y débiles<br>- /p/, /t/, /k/<br>- /b/, /d/, /g/ | - lugares públicos<br>- profesiones | |
| tipos de escrito<br>- notas y tarjetas de agradecimiento, felicitación, despedida, invitación y para desear suerte | - sílabas fuertes y débiles | - profesiones<br>- objetos relacionados con las profesiones | - costumbres españolas para el tiempo libre |
| acentuación<br>- repaso de las reglas de acentuación | - identificación de palabras semejantes<br>- sílabas fuertes y débiles | - avances tecnológicos<br>- accidentes geográficos<br>- medio ambiente | |
| tipos de escrito<br>- recados, avisos<br>- carta personal | - fonemas /r/ y /l/. Contraste.<br>- agrupaciones consonánticas: /d + r/ y /r + d/ | - avances tecnológicos<br>- accidentes geográficos<br>- medio ambiente<br>- deportes | - espacios naturales en España |
| puntuación<br>- el punto y la coma<br>tipos de discurso<br>- la narración | - fonemas palatales: /c/ y /n̬/ | - verbos y sustantivos que expresan actividades cotidianas del pasado<br>- verbos y sustantivos que expresan actividades importantes en la vida de una persona | |
| tipos de discurso<br>- la narración (histórica y de experiencias personales) | - fonemas palatales: /l/ y /y/ | - verbos y sustantivos que expresan acontecimientos históricos<br>- medios de transporte<br>- viajes | - mujeres hispanas famosas |
| acentuación<br>- acentuación de monosílabos: el / él; mi / mí; tu / tú; se / sé; te / té; que / qué; de / dé | | - animales<br>- verbos y expresiones de actividades cotidianas<br>- adjetivos para la descripción física y de carácter | |
| tipos de discurso<br>- narración y descripción en un mismo discurso | - los sonidos del español: repaso<br>- contraste de sonidos de articulación próxima | - adjetivos para la descripción física y de carácter | - los gestos y su valor en la comunicación; algunos gestos de uso frecuente |
| tipos de discurso<br>- la exposición | | - términos básicos del ámbito de la tecnología y el medio ambiente | |
| | | | - España: lugares de interés turístico y cultural |

# ¿Quiénes somos?

**1**

**1** **Mira estos pasaportes.**

**Nombre:** Francisco
**Apellido:**
Rodríguez de la Fuente
**Nacionalidad:** Española
**País:** España
**Edad:** 28 años
**Fecha de nacimiento:**
4/06/1972

**Name:** Bruce
**Surname:** Johnston
**Nationality:** British
**Country:** England
**Age:** 27
**Date of birth:**
26/08/1973

 **Escucha y lee este diálogo.**

**Bruce:** Hola, ¿cómo te llamas?
**Paco:** Me llamo Paco, ¿y tú?
**Bruce:** Bruce.
**Paco:** ¿De dónde eres?
**Bruce:** Soy inglés, de Londres, ¿y tú?
**Paco:** Yo soy español, de Sevilla. ¿Cómo te apellidas?
**Bruce:** Johnston, ¿y tú?
**Paco:** Rodríguez.

**2** **Pregunta a tus compañeros y completa.**

1. Nombre: _____
   Apellido: _____
2. Nombre: _____
   Apellido: _____
3. Nombre: _____
   Apellido: _____
4. Nombre: _____
   Apellido: _____

**3** **Relaciona los nombres con sus fotografías.**

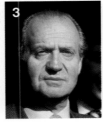

▶ José María Aznar

▶ Plácido Domingo

▶ Julio Iglesias

▶ Arancha Sánchez Vicario

▶ Maribel Verdú

▶ Juan Carlos de Borbón

**CE 1** **4** **Contesta a las siguientes preguntas.**

1. ¿Cómo se apellida Julio? _____
2. ¿Cómo se apellida Juan Carlos? _____
3. ¿Cómo se apellida Arancha? _____
4. ¿Cómo se apellida José María? _____
5. ¿Cómo se apellida Plácido? _____
6. ¿Cómo se apellida Maribel? _____

**CE 2.3** 🔖 **5** **Escucha la pronunciación de estos lugares y observa cómo se escriben.**

| | | | | | | |
|---|---|---|---|---|---|---|
| **A** Alemania | **B** Brasil | **C** Ceuta | **D** Dinamarca | **E** Egipto | **F** Francia | **G** Grecia |
| **H** Honduras | **I** India | **J** Jamaica | **K** Kenia | **L** Lituania | **M** Marruecos | **N** Noruega |
| **Ñ** España | **O** Oslo | **P** Portugal | **Q** Quito | **R** Roma | **S** Sudán | **T** Turquía |
| **U** Uruguay | **V** Venezuela | **W** Taiwán | **X** Luxemburgo | **Y** Yugoslavia | **Z** Zambia | |

Otras letras del español
ch (che)
ll (elle)
rr (erre)

🔖 **Escucha y repite.**

| A (a) | B (be) | C (ce) | D (de) | E (e) | F (efe) | G (ge) | H (hache) | I (i) |
|---|---|---|---|---|---|---|---|---|
| J (jota) | K (ka) | L (ele) | M (eme) | N (ene) | Ñ (eñe) | O (o) | P (pe) | Q (cu) |
| R (ere) | S (ese) | T (te) | U (u) | V (uve) | W (uve doble) | X (equis) | Y (i griega) | Z (zeta) |
| a | b | c | d | e | f | g | h | i |
| j | k | l | m | n | ñ | o | p | q |
| r | s | t | u | v | w | x | y | z |

**A:** ¿Cómo se escribe tu nombre?
**B:** Be-ere-u-ce-e.

**6** **Practica con tu compañero.**

## ALUMNO A

**1.** **Deletrea a tu compañero estos apellidos españoles.**

Ej.: *ele-o-pe-e-zeta*

▶ Fernández   ▶ López   ▶ Domínguez   ▶ Oñoro
▶ Hidalgo   ▶ Pérez   ▶ Caballé   ▶ Cervantes
▶ González

**2.** **Señala los nombres que te deletrea tu compañero.**

☐ Esperanza   ☐ Alberto   ☐ Marta   ☐ Aurora
☐ Carmen   ☐ Manolo   ☐ Teresa   ☐ Nuria
☐ Montserrat   ☐ Silvia   ☐ José   ☐ Jacinto
☐ Óscar   ☐ Antonio   ☐ Laura   ☐ Luis
☐ Pedro   ☐ Andrés

## ALUMNO B

**1.** **Señala los apellidos que te deletrea tu compañero.**

☐ González   ☐ Moreta   ☐ Gil   ☒ López
☐ Fernández   ☐ Martínez   ☐ Muñoz   ☐ Hidalgo
☐ García   ☐ Heredia   ☐ Cortés   ☐ Cervantes
☐ Caballé   ☐ Pérez   ☐ Valenciano   ☐ Oñoro
☐ Domínguez   ☐ Sánchez

**2.** **Deletrea a tu compañero estos nombres.**

▶ Esperanza   ▶ Aurora   ▶ José   ▶ Carmen
▶ Jacinto   ▶ Óscar   ▶ Nuria   ▶ Antonio
▶ Montserrat

**7** **Relaciona los adjetivos de nacionalidad con los países correspondientes.**

▶ británica
▶ estadounidense
▶ alemana
▶ francesa
▶ holandesa
▶ rusa
▶ sueca
▶ egipcia
▶ húngara
▶ portuguesa
▶ japonesa
▶ coreana
▶ española
▶ brasileña
▶ italiana
▶ mexicana
▶ argentina
▶ argelina

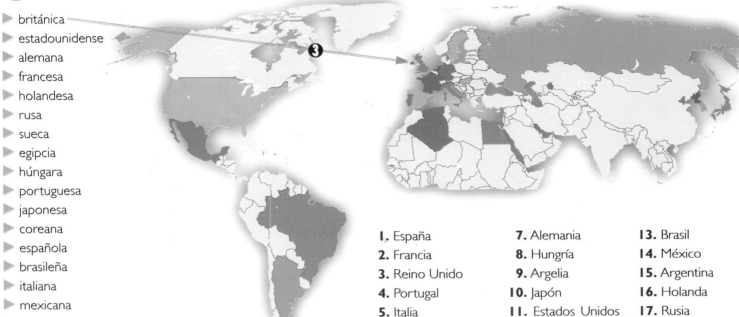

**1.** España      **7.** Alemania      **13.** Brasil
**2.** Francia      **8.** Hungría      **14.** México
**3.** Reino Unido      **9.** Argelia      **15.** Argentina
**4.** Portugal      **10.** Japón      **16.** Holanda
**5.** Italia      **11.** Estados Unidos      **17.** Rusia
**6.** Suecia      **12.** Egipto      **18.** Corea

**CE 5.6** **8** **Mira las fotografías y completa según los ejemplos.**

▶ *Antonio y Pedro son españoles.*

▶ *Rossy y Esther son españolas.*

▶ _____

 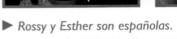

▶ _____

▶ _____

▶ _____

**9 Escucha y lee los primeros números en español.**

| | | | | | | | |
|---|---|---|---|---|---|---|---|
| cero | uno | dos | tres | cuatro | cinco | seis | siete |

| | | | | | | |
|---|---|---|---|---|---|---|
| ocho | nueve | diez | once | doce | trece | catorce |

| | | | | | |
|---|---|---|---|---|---|
| quince | dieciséis | diecisiete | dieciocho | diecinueve | veinte |

**10 Escucha de nuevo y une cada número con su nombre.**

| | | | | | | | | | |
|---|---|---|---|---|---|---|---|---|---|
| ► 0 | cero | ► 8 | once | ► 17 | catorce | ► 5 | dieciséis | ► 12 | quince |
| ► 1 | tres | ► 6 | diez | ► 7 | nueve | ► 18 | cinco | ► 13 | diecinueve |
| ► 2 | uno | ► 10 | ocho | ► 14 | diecisiete | ► 16 | veinte | ► 19 | trece |
| ► 3 | dos | ► 11 | seis | ► 9 | siete | ► 20 | dieciocho | ► 15 | doce |
| | | | | | | | | ► 4 | cuatro |

**11 ¿Cuánto dinero hay?**

**13**  **19**  **12**

**12 Lee a tu compañero los números de estos carnés de identidad.**

**13 Números del 21 al 100. Escucha y repite. Completa los que faltan.**

| | | | |
|---|---|---|---|
| ► 21 veintiuno | ► 30 treinta | ► 42 cuarenta y dos | ► 92 _____ |
| ► 22 veintidós | ► 31 treinta y uno | ► 50 cincuenta | ► 93 _____ |
| ► 23 veintitrés | ► 32 treinta y dos | ► 51 cincuenta y uno | ► 94 _____ |
| ► 24 veinticuatro | ► 33 treinta y tres | ► 52 _____ | ► 95 _____ |
| ► 25 veinticinco | ► 34 _____ | ► 60 sesenta | ► 96 _____ |
| ► 26 veintiséis | ► 35 _____ | ► 70 setenta | ► 97 _____ |
| ► 27 veintisiete | ► 36 _____ | ► 80 ochenta | ► 98 _____ |
| ► 28 veintiocho | ► 40 cuarenta | ► 90 noventa | ► 99 _____ |
| ► 29 veintinueve | ► 41 cuarenta y uno | ► 91 _____ | ► 100 cien |

**CE 9** **14** **Relaciona los datos de estas personas con sus dibujos.**

**Ronaldo**
Tengo 25 años.
Soy brasileño y soy economista.
Hablo portugués, inglés y francés.

**Helene**
Tengo 19 años.
Soy estadounidense y soy estudiante.
Hablo inglés
y un poco de español.

**Mustafá**
Tengo 21 años.
Soy marroquí y soy
estudiante.
Hablo árabe y francés.

**Ann**
Tengo 31 años.
Soy francesa y soy profesora.
Hablo tres lenguas: francés, inglés
e italiano.

**Frederic**
Tengo 28 años.
Soy rumano y soy médico.
Hablo tres lenguas: rumano,
inglés y español.

**1.** **Contesta a estas preguntas con tus datos personales. Conversa con tus compañeros.**

▸ ¿Cómo te llamas? _____

▸ ¿Cuántos años tienes? _____

▸ ¿De dónde eres? _____

▸ ¿A qué te dedicas? _____

▸ ¿Qué lenguas hablas? _____

**2.** **Completa estos pasaportes con los datos personales de dos de tus compañeros.**

▸ Apellidos: _____
▸ Nombre: _____
▸ Nacionalidad: _____
▸ Fecha de nacimiento: _____
▸ Lugar de nacimiento: _____
▸ Domicilio: _____

▸ Apellidos: _____
▸ Nombre: _____
▸ Nacionalidad: _____
▸ Fecha de nacimiento: _____
▸ Lugar de nacimiento: _____
▸ Domicilio: _____

**CE 10** **15** **En parejas, observad estos mapas y completad el cuadro con la información que falta.**

**ALUMNO A**

En Francia se habla _____

En Suecia _____

En Holanda _____

En Reino Unido _____

En Italia _____

portugués
alemán
japonés
español
ruso

**ALUMNO B**

En Portugal se habla _____

En Alemania _____

En Japón _____

En México _____

En Rusia _____

francés
sueco
holandés
inglés
italiano

**16 Escucha y lee.**

**A:** ¿Cómo se dice *teacher* en español?
**B:** Profesor.
**A:** Más despacio, ¿puedes repetir, por favor?
**B:** Profesor.

**A:** No entiendo. ¿Cómo se escribe? ¿Puedes deletrear?
**B:** Pe-ere-o-efe-e-ese-o-ere.

**A:** ¿Es así?
**B:** Sí.
**A:** ¿Qué significa *escuchar*?
**B:** Prestar atención.

**17 Escucha y completa.**

1. Más _____ ¿Puedes _____? 2. _____ 3. No _____ ¿Cómo _____?

  **18 Mira estos dibujos y lee lo que representan.**

Relaciona  Habla  Mira  Marca  Lee  Escribe  Escucha  Pregunta y contesta

**19 Ahora marca tú tres palabras y actúa para tus compañeros.**

## ESQUEMA GRAMATICAL

### ADJETIVOS DE NACIONALIDAD
**género**

| masculino | femenino |
|---|---|
| ø | -a |
| inglés | inglesa |
| español | española |
| -o | -a |
| italiano | italiana |
| mexicano | mexicana |

**número**

| singular | plural |
|---|---|
| vocal | -s |
| chileno | chilenos |
| sueca | suecas |
| consonante | -es |
| alemán | alemanes |
| irlandés | irlandeses |

### PRESENTE

| | LLAMARSE | APELLIDARSE | HABLAR | TENER |
|---|---|---|---|---|
| yo | me llamo | me apellido | hablo | tengo |
| tú | te llamas | te apellidas | hablas | tienes |
| él/ella/usted | se llama | se apellida | habla | tiene |
| nosotros/nosotras | nos llamamos | nos apellidamos | hablamos | tenemos |
| vosotros/vosotras | os llamáis | os apellidáis | habláis | tenéis |
| ellos/ellas/ustedes | se llaman | se apellidan | hablan | tienen |

### VERBO SER

| yo | soy |
|---|---|
| tú | eres |
| él | es |
| nosotros | somos |
| vosotros | sois |
| ellos | son |

▶ ser + adjetivo de nacionalidad
*Soy brasileño.*
*Somos peruanos.*

▶ ser de + nombre de ciudad
*Soy de París.*
*Somos de Buenos Aires.*

**PREGUNTAS**

*¿Cómo te llamas?*
*Me llamo Ernesto.*
*¿Cómo te apellidas?*
*Me apellido García Henares.*
*¿De dónde eres?*
*Soy argentino.*
*¿Cuántos años tienes?*
*Tengo 20 años.*
*¿A qué te dedicas?*
*Soy estudiante.*
*¿Qué lenguas hablas?*
*Hablo español y portugués.*
*¿Qué lengua se habla en Argentina?*
*Se habla español.*

**1 Escucha y lee.**

 **2 Completa estas frases.**

a. Mira, _____ son Tom Cruise y Nicole Kidman. Son norteamericanos.

b. _____ es Enrique Iglesias. Es _____.

c. _____ es Sofía Loren. Es _____.

d. _____ son don Juan Carlos y doña Sofía. Son _____.

e. Mira, _____ es Ricky Martin. Es _____.

f. _____ son Teresa Berganza y Montserrat Caballé. Son _____.

g. _____ son Naomi Campbell y Kate Moss. Son _____.

h. _____ son Valdano y Valeria Mazza. Son _____.

**3 Tus amigos no conocen a tus nuevos compañeros. Presenta dos de ellos a tus amigos.**

**4 Mira estos dibujos y relaciónalos con el saludo que corresponda.**

▶ Buenos días      ▶ Buenas tardes      ▶ Buenas noches

**5 Escucha y lee.**

Adiós, Ana, nos vemos en clase. Buenas noches.

Adiós, Giovanni, hasta mañana.

Adiós, María, hasta luego.

Hasta luego, Luis, buenas noches.

Adiós, Pedro, encantado.

Encantado, Pepe, adiós.

**6 Practica con tu compañero.**

▶ Adiós, hasta mañana.
▶ Adiós, nos vemos en clase mañana.
▶ Hasta luego.

**7 Completa con las expresiones adecuadas.**

▷ Hasta pronto      ▷ Hasta mañana      ▷ Hasta siempre      ▷ Hasta luego

1. _____

2. _____*Hasta luego*_____

3. _____

4. _____

**8 Mira el dibujo y lee el diálogo.**

> Buenos días, señor Rodríguez. ¿Qué tal está?

> Bien. Mire, éste es el señor Alonso, el nuevo director de Recursos Humanos.

> Mucho gusto.

> Muy bien, gracias, ¿y usted?

> Encantado.

Para hablar directamente con una persona: no se utiliza el artículo.

*Buenos días, señor Rodríguez.*

Para preguntar por una persona o hablar de alguien de forma indirecta: se utiliza el artículo.

*Mire, éste es el señor Alonso.*

**9 Escucha estos diálogos y señala el tratamiento (tú o usted).**

| tú | usted |
|---|---|
| 1. _____ | 1. _____ |
| 2. _____ | 2. _____ |
| 3. _____ | 3. _____ |
| 4. _____ | 4. _____ |
| 5. _____ | 5. _____ |

**10 Escribe los siguientes diálogos en la columna que corresponda.**

**A:** ¿Cómo estás?
**B:** Muy bien, gracias.

**A:** Te presento a Guillermo.
**B:** ¡Hola, Guillermo! ¿Qué tal?

**A:** ¿Cómo está usted, señor Gómez?
**B:** Bien, gracias.

**A:** Buenos días, señorita Estévez.
**B:** Buenos días, señor Gómez.

**A:** ¿Qué tal, Tomy?
**B:** Fenomenal.

| formal | informal |
|---|---|
| | |

**CE 6.7.8.9** **11** **Éstas son las agendas de Paco y Carmen. Léelas.**

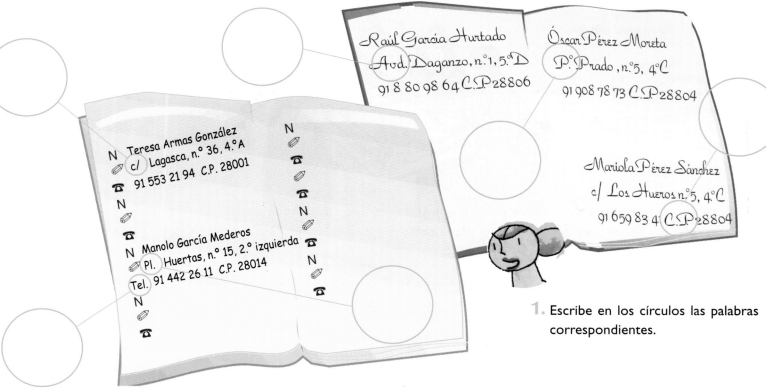

**1.** Escribe en los círculos las palabras correspondientes.

**2.** Contesta a las siguientes preguntas.

**Ej.:** *¿Dónde vive Teresa? En la calle Lagasca.*

▼ ¿En qué número vive Teresa? _____
▼ ¿Cómo se apellida Manolo? _____
▼ ¿Cuál es el número de teléfono de Manolo? _____
▼ ¿Cúal es el código postal de Raúl? _____
▼ ¿Dónde vive Óscar? _____

▼ ¿Cuál es su apellido? _____
▼ ¿Dónde vive Mariola? _____
▼ ¿En qué piso vive Mariola? _____
▼ ¿Cuál es su código postal? _____
▼ ¿Cuál es su número de teléfono? _____

**3.** Escucha el diálogo y completa las agendas de Paco y Carmen.

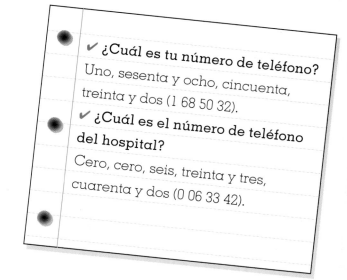

✔ **¿Cuál es tu número de teléfono?**
Uno, sesenta y ocho, cincuenta, treinta y dos (1 68 50 32).

✔ **¿Cuál es el número de teléfono del hospital?**
Cero, cero, seis, treinta y tres, cuarenta y dos (0 06 33 42).

**4.** Pregunta a tu compañero y completa tu agenda.

**12** **En parejas.**

**ALUMNO A**

**1.** Pregunta a tu compañero los números de teléfono que te faltan.

▶ Bomberos _____
▶ Hospital     91 586 80 00
▶ Universidad     91 394 10 00
▶ Policía _____
▶ RENFE _____
▶ Autobús _____
▶ Aeropuerto     91 329 57 67

**2.** Ahora, di a tu compañero los números de teléfono que te pregunta.

**ALUMNO B**

**1.** Di a tu compañero los números de teléfono que te pregunta.

▶ Bomberos     112
▶ Hospital _____
▶ Universidad _____
▶ Policía     91 533 11 00
▶ RENFE     91 328 90 20
▶ Autobús     91 401 99 00
▶ Aeropuerto _____

**2.** Pregunta a tu compañero los números de teléfono que te faltan.

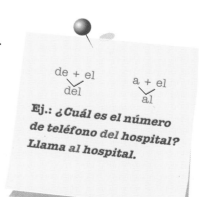

de + el
↘
del

a + el
↘
al

*Ej.: ¿Cuál es el número de teléfono del hospital? Llama al hospital.*

---

  **13** **Lee y escucha los diálogos. Indica el orden de audición.**

**A:** ¿Diga?
**B:** ¿Está Carolina?
**A:** Sí, soy yo.

**A:** ¿Diga?
**B:** ¿Está Mar?
**A:** Sí, ¿de parte de quién?

**A:** ¿Dígame?
**B:** ¿La señora García, por favor?
**A:** No, no está en este momento. ¿De parte de quién?
**B:** Soy Pilar Núñez.
**A:** ¿Quiere dejarle algún recado?
**B:** No, luego la llamo.

**A:** Seguros Vabién. ¿Dígame?
**B:** ¿Me pone con la extensión 234, por favor?
**A:** Sí, un momento.

**A:** ¿Diga?
**B:** ¿Está Claudia?
**A:** Sí, pero no puede ponerse. ¿Quién es?
**B:** Soy Eduardo.
**A:** ¡Hola, Eduardo! Mira, Claudia está en la ducha...

**14** **En parejas.**

**ALUMNO A**

**1.** Llama al 4352637, pregunta por Juan.
**2.** Tu número de teléfono es el 3245436. En tu casa vive Ana, pero ahora está en el médico. Pregunta si quiere dejar algún recado.
**3.** Te llamas Pablo. Llama al 5678798, pregunta por Gabriel.

**ALUMNO B**

**1.** Tu número de teléfono es el 4352637, te llamas Juan.
**2.** Llama al 3245436, pregunta por Ana. Di que luego vuelves a llamar.
**3.** Tu número de teléfono es el 5678798. Tu novio, Gabriel, está en la ducha y no puede contestar al teléfono.

**Escucha y señala si es pregunta o no.**

| pregunta | no pregunta | pregunta | no pregunta |
|---|---|---|---|
| 1. | | 6. | |
| 2. | | 7. | |
| 3. | | 8. | |
| 4. | | 9. | |
| 5. | | 10. | |

 **Escucha y ordena lo que oigas.**

🗨 ¡Hola, Carmen!, ¿qué tal?

🗨 Adiós, hasta pronto.

🗨 Me llamo Carlos, ¿y tú?

🗨 Éste es Alfonso, el nuevo director.

🗨 ¿Cómo se llama la nueva secretaria?

## ESQUEMA GRAMATICAL

### PRESENTE

| | VIVIR | ESTAR |
|---|---|---|
| yo | vivo | estoy |
| tú | vives | estás |
| él/ella/usted | vive | está |
| nosotros/nosotras | vivimos | estamos |
| vosotros/vosotras | vivís | estáis |
| ellos/ellas/ustedes | viven | están |

### DEMOSTRATIVOS

| masculino | femenino |
|---|---|
| éste | ésta |
| éstos | éstas |

### SALUDOS Y DESPEDIDAS

► ¡Hola!, ¿qué tal?

► ¿Cómo estás?

► Buenos días.

► Buenas noches.

► Buenas tardes.

► Adiós.

► Hasta luego.

► Hasta pronto.

### AL TELÉFONO

► ¿Diga? / ¿Dígame?

► No, no está en este momento.

► No se puede poner.

► ¿Quiere dejarle algún recado?

### PRESENTACIONES

► Éste es Javier

— Hola, ¿qué tal?

— Encantado.

### PREGUNTAS

► ¿Cuál es la dirección?

► Avenida de La Paz, 10.

► ¿Cuál es tu número de teléfono?

► 91 806 43 06

**1** **¿Sabes de dónde son estas personas? Relaciona el nombre del país con su lugar en el mapa.**

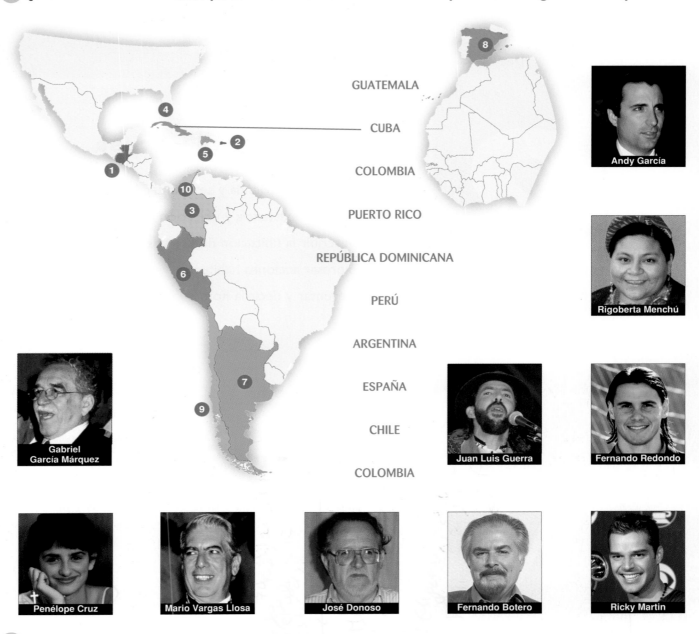

GUATEMALA

CUBA

COLOMBIA

PUERTO RICO

REPÚBLICA DOMINICANA

PERÚ

ARGENTINA

ESPAÑA

CHILE

COLOMBIA

Andy García

Rigoberta Menchú

Gabriel García Márquez

Juan Luis Guerra

Fernando Redondo

Penélope Cruz

Mario Vargas Llosa

José Donoso

Fernando Botero

Ricky Martin

**2** **Escribe la información que falta. Pregunta a tu profesor.**

El español se habla en muchas partes del mundo. Hay muchas personas conocidas en el mundo hispano. En España tenemos a Penélope Cruz. Es........................ Es una chica joven y muy guapa. ................................................. es de Guatemala. Es Premio Nobel de la Paz. Es una defensora de los derechos humanos. Andy García es .......................... Tenemos también algunos cantantes famosos: ................................................. es un hombre con barba y siempre lleva sombrero; Ricky Martin es de ............................, es rubio, alto y muy guapo. Redondo es argentino. Es un célebre ........................................... El fútbol es un deporte muy importante en los países hispanos. Fernando Botero es ............................................ Es pintor. Pinta hombres y mujeres muy gordos. Por último, tenemos escritores conocidos en todo el mundo. Vargas Llosa es de ............................ De Colombia es ................................................................, y de Chile, el escritor ...........................................................

# Mi mundo

**2**

**1** Observa este dibujo y escribe las palabras que faltan en el recuadro.

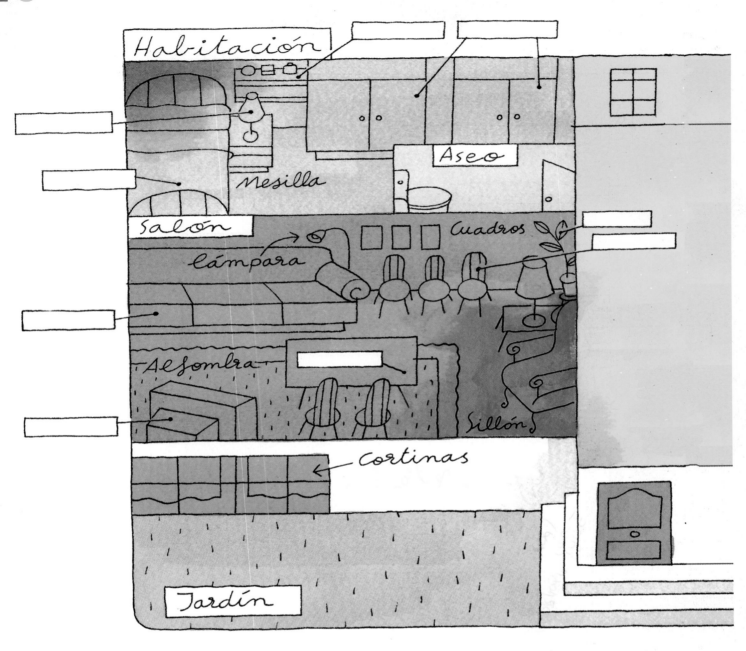

Habitación

[ ]

[ ]

[ ]

Mesilla

Aseo

[ ]

Salón

Cuadros

[ ]

lámpara

[ ]

[ ]

Alfombra

[ ]

Sillón

[ ]

Cortinas

Jardín

**2** Elige un dibujo. Descríbeselo a tu compañero; tendrá que adivinar cuál es.

Ej.: ► *En mi salón hay un teléfono, una silla, una mesa…*
    ► *¿Es éste?*
    ► *Sí / No…*

**CE 2** **3** **Escribe las palabras que faltan. Pregunta y contesta siguiendo el ejemplo.**

Ej.: *¿Cuántos vasos hay en la cocina?  Hay uno en la mesa y tres en el armario.*

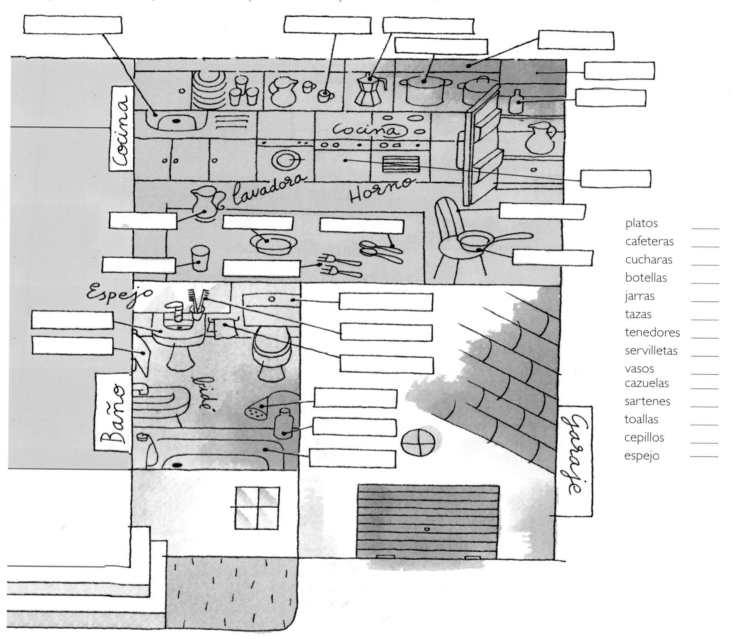

| | |
|---|---|
| platos | ___ |
| cafeteras | ___ |
| cucharas | ___ |
| botellas | ___ |
| jarras | ___ |
| tazas | ___ |
| tenedores | ___ |
| servilletas | ___ |
| vasos | ___ |
| cazuelas | ___ |
| sartenes | ___ |
| toallas | ___ |
| cepillos | ___ |
| espejo | ___ |

**CE 3**  **4** **Escucha la descripción que Pedro hace de su casa.**

¿Qué hay en el salón? Completa las columnas siguiendo el ejemplo.

| salón | habitación | baño | cocina |
|---|---|---|---|
| Hay unos sillones | Hay unas estanterías | | |
| | | | |
| | | | |
| | | | |

**5** **Lee el diálogo. Relaciónalo con la fotografía que corresponda.**

**A:** ¿Dónde vives?

**B:** Vivo en un piso pequeño en el centro de la ciudad.

**A:** ¿Cómo es?

**B:** Es nuevo, moderno y muy bonito. Es exterior. Tiene mucha luz.

**A:** ¿Cuántas habitaciones tiene?

**B:** Dos habitaciones, un salón, cocina y un cuarto de baño.

**A:** ¿Tiene calefacción?

**B:** Sí, calefacción central y agua caliente.

**A:** ¿Tiene terraza?

**B:** No, no tiene terraza, pero tiene un balcón en el salón. Además, tiene garaje, ascensor y aire acondicionado.

**A:** ¿Está lejos de la universidad?

**B:** No, está muy cerca, a unos cinco minutos andando.

**A:** ¿Es muy caro el alquiler?

**B:** No, es muy barato: 180,3 euros al mes.

**Responde a estas preguntas.**

▶ ¿Cuántas habitaciones tiene? _____

▶ ¿Cómo es? _____

▶ ¿Tiene ascensor y garaje? _____

▶ ¿Es interior? _____

▶ ¿Está lejos de la universidad? _____

▶ ¿Es barato el alquiler? ¿Cuánto cuesta al mes? _____

**6** **Lee estos anuncios. Elige el piso que más te guste y cuéntale a tu compañero cómo es, dónde está, qué tiene, etc. Tu compañero te puede preguntar.**

**ZONA ESTACIÓN**

75 m², 3 dormitorios, baño, aseo, calefacción, ascensor, exterior.
PRECIO
60.101,21 €

**ZONA CASCO ANTIGUO**

100 m², 3 dormitorios, 2 baños, garaje y trastero, ascensor, aire acondicionado. ¡Precioso!
PRECIO
168.283,39 €

**ZONA CUATRO CAÑOS**

90 m², 2 dormitorios, agua caliente central, ascensor, suelo de parqué. Muy bonito.
PRECIO
81.737,65 €

**PLAZA DE CERVANTES**

80 m², 2 dormitorios, baño, interior, garaje, calefacción, moderno. Muy económico.
PRECIO
48.080,97 €

**C/ GRANADOS**

140 m², 4 dormitorios, 2 baños, salón, terraza, garaje, muy céntrico.
PRECIO
155.061,12 €

**MORALEJA (CHALET)**

120 m², 3 dormitorios, jardín, piscina, garaje, calefacción, buhardilla. ¡Muy grande!
PRECIO
192.323,87 €

| *ser* | *estar* | *tener* |
|---|---|---|
| _____ | _____ | _____ |
| _____ | _____ | _____ |
| _____ | _____ | _____ |
| _____ | _____ | _____ |

tener + sustantivo
ser + adjetivo
estar + adverbio / en + nombre de lugar

**7** **Lee el texto y ordena los dibujos.**

Paco se levanta a las 8:00 de la mañana, se ducha, y desayuna un café con leche y una tostada. A las 8:45 sale de casa, y coge el autobús a las 9:30. Estudia arquitectura en Madrid y su clase comienza a las 10:30. Come en la cafetería con sus compañeros a las 14:15, porque por la tarde tiene prácticas. Regresa a su casa a las 18:00. Estudia toda la tarde y cena a las 23:30.

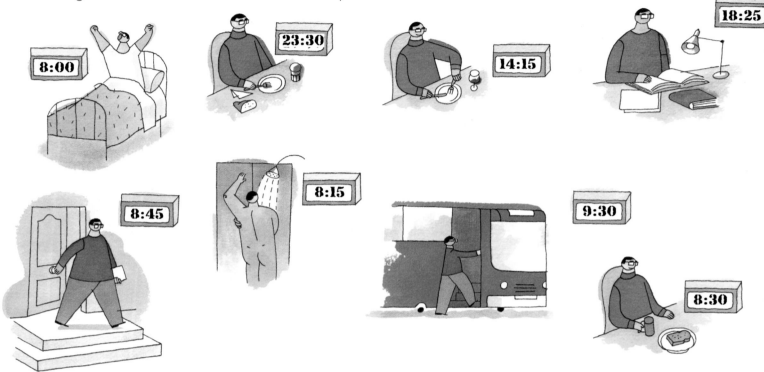

 **8** **Observa estos dibujos y escribe qué hace normalmente Tomás.**

**E 16**

**9** **Mira estos relojes. ¿Qué hora es?**

¿Qué hora es?

Es la una — en punto
y media
y cuarto
y cinco

Son las dos — menos cuarto
menos diez
menos veinte

**10** **Observa las viñetas y pregunta a tu compañero siguiendo el ejemplo. Escribe las respuestas y comentadlas entre vosotros.**

Ej.: -¿A qué hora te levantas?
      -Me levanto a las 8.
      -¿Y en tu país?

**11** **Lee estas programaciones de televisión. Elige tres programas y pregunta a tu compañero a qué hora se emite cada uno.**

**1**

14:30 Ecos de sociedad.

15:00 Telediario 1.

15:30 El tiempo.

15:35 Sesión de tarde.

21:45 Fútbol.

**2**

12:15 Concierto.

13:00 Deportes.

14:15 Campeonato de atletismo.

21:30 Paraísos lejanos.

**3**

12:55 Estrellas futuras.

15:00 Noticias.

15:35 Película: *Tarzán*.

17:30 *Alta mar*. Serie.

21:00 Noticias fin de semana.

**4**

12:15 Peter y Simon.

13:00 Informativo TV8.

14:15 Cine español.

21:30 Música en la noche.

## ESQUEMA GRAMATICAL

### EL SUSTANTIVO

**1. Género**

| masculino | femenino | masculino y femenino |
|---|---|---|
| -o   *el gato* | -a   *la gata* | -ista   *el / la periodista* |
| -e   *el cine* | *la mesa* | -ente   *el / la delincuente* |
| consonante   *el doctor* | *la doctora* | |
| -or, -aje | -ción, -sión, -d | ¡ojo! |
| *el ordenador, el viaje* | *la canción, la profesión, la verdad, la salud* | *el presidente / la presidenta* |
| ¡ojo! | ¡ojo! *la mano, la moto* | |
| *el problema, el tema* | | |

**2. Número**

| si el singular termina en: | | en plural se añade: | |
|---|---|---|---|
| vocal | *silla, mesa* | -s | *sillas, mesas* |
| consonante | *tenedor, sillón* | -es | *tenedores, sillones* |
| -s | *lunes, gafas* | no cambia | *lunes, gafas* |

### Presente de indicativo. Verbos regulares

| | 1ª CONJUGACIÓN AM-AR | 2ª CONJUGACIÓN BEB-ER | 3ª CONJUGACIÓN SUB-IR |
|---|---|---|---|
| yo | am-**o** | beb-**o** | sub-**o** |
| tú | am-**as** | beb-**es** | sub-**es** |
| él | am-**a** | beb-**e** | sub-**e** |
| nosotros | am-**amos** | beb-**emos** | sub-**imos** |
| vosotros | am-**áis** | beb-**éis** | sub-**ís** |
| ellos | am-**an** | beb-**en** | sub-**en** |

### Expresar existencia

▶ *hay* + *un / una* + sustantivo singular.
*En la cocina hay una mesa.*

▶ *hay* + { *unos / unas* / *dos, tres, cuatro...* } + sustantivo plural.

*En la mesa hay unas cucharas.*
*En el armario hay dos tazas.*

**1** Observa este dibujo. Lee las palabras.

**1.** Escribe las palabras que faltan en los recuadros. Consulta tu diccionario.

**2.** Ahora no mires el dibujo. Escribe qué hay en la clase.
   Ej.: *Hay un bolígrafo.*

_____     _____     _____
_____     _____     _____

**3.** Y en tu clase, ¿qué hay? Tienes un minuto para escribir todo lo que ves.

_____
_____

**CE 3.4** **2** **Observa y lee. Fíjate en dónde están los objetos.**

La mochila
está encima de la mesa.

La silla está delante
de la mesa.

La papelera está
debajo del mapa.

Las tizas están sobre
la mesa.

El bolígrafo está dentro
de la papelera.

La silla está debajo
de la pizarra.

El sacapuntas
está encima del libro.

**CE 6** **3** **Mira el dibujo de la actividad 1 y responde a estas preguntas.**

▷ ¿Dónde está la pizarra? _____

▷ ¿Dónde están los libros? _____

▷ ¿Dónde está la papelera? _____

▷ ¿Dónde están las tizas? _____

▷ ¿Dónde está la goma de borrar? _____

▷ ¿Dónde está el mapa? _____

**CE 7.8** **4** **En parejas.**

**ALUMNO A**

No mires el dibujo del alumno B.

1. Pregunta a tu compañero qué hay en la clase y dónde están los objetos. Dibújalos.

2. Di a tu compañero qué objetos hay en la clase y dónde están.

3. Comprueba con tu compañero.

**ALUMNO B**

No mires el dibujo del alumno A.

1. Di a tu compañero qué objetos hay en la clase y dónde están.

2. Pregunta a tu compañero qué hay en la clase y dónde están los objetos. Dibújalos.

3. Comprueba con tu compañero.

**5** Escucha y señala los objetos que oigas mencionar.

 Vuelve a escuchar y coloca los objetos en la habitación.

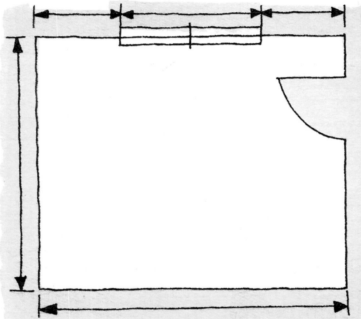

 **6** Escucha esta conversación entre Juan y su madre. Marca verdadero o falso.

| | verdadero | falso |
|---|---|---|
| La mochila está ahí, al lado de la puerta. | | |
| El diccionario está encima de la cama. | | |
| Los bolígrafos están aquí, encima de la mesa. | | |
| Hay un cuaderno de matemáticas al lado de la carpeta. | | |
| El cuaderno de matemáticas está en su habitación. | | |

aquí
ahí
allí

**CE 9** ⑦ **Busca a estas personas en este gran mercado.**

Antonio

Alfredo

María

Paula

Andrés

delgado
guapo
rubio
alto
gafas
joven
barba
gordo
viejo
bajo
pelo liso
pelo corto
moreno
bigote
sombrero
pelo rizado
pelo largo
feo

Describe a estas cinco personas con las palabras que te damos.

**CE 10.11** ⑧ **Lee estas presentaciones. ¿Sabes quién es cada uno?**

Me llamo Juan. Soy rubio y alto. Tengo el pelo corto y rizado. Tengo los ojos verdes. Soy español y tengo 22 años. Vivo en Madrid y soy camarero.

Soy Elisa. Tengo 19 años. Soy estudiante. Tengo el pelo corto y soy morena. Soy delgada y baja. Llevo gafas. Tengo los ojos azules. Vivo en Barcelona.

¡Hola! Me llamo Almudena. Soy de Sevilla. Tengo 25 años. Tengo el pelo largo y liso. Soy rubia. Tengo los ojos verdes. No soy muy delgada. Soy enfermera.

Soy Raúl. Tengo 27 años. Soy de Lugo. Vivo en Santiago de Compostela. Soy castaño y tengo el pelo largo. Tengo los ojos negros. Llevo gafas.

Ahora preséntate tú escribiendo tu descripción.

**9** **Observa y escribe frases como en el ejemplo.**

*Alfredo es tan delgado como Paula.*
*Paula es más baja que Alfredo.*
*Alfredo es menos guapo que Paula.*

 **10** **Lee estas palabras y busca su significado en el diccionario.**

- inteligente
- decidido
- tonto
- serio
- amable
- tímido
- simpático
- antipático
- alegre

**1.** Piensa en una amiga y descríbela con dos o tres palabras.

**2.** Ahora descríbesela a tu compañero. Habla de:

- su aspecto físico
- su carácter
- su profesión
- su edad

 **11** **Escucha estas palabras y completa.**

**1.** Escribe el nombre de estos objetos.

**[k]**

casa         . . . . . . . . . .
comedor      . . . . . . . . . .
cocina       . . . . . . . . . .
que          . . . . . . . . . .
aquí         . . . . . . . . . .
             . . . . . . . . . .
             . . . . . . . . . .

**[θ]**

zumo         . . . . . . . . . .
centro       . . . . . . . . . .
cine         . . . . . . . . . .
             . . . . . . . . . .
             . . . . . . . . . .

**2.** A partir de las palabras de la actividad 11.1, completa estos cuadros.

C + ___, ___ se pronuncia [θ].
C + ___, ___, ___ se pronuncia [k].

– Cuando pronunciamos [θ] escribimos
.........................................................
– Cuando pronunciamos [k] escribimos
.........................................................

**12** **Escucha estas palabras y escribe la letra que falta.**

___oma          ___ato          ___irafa

ca___ón          ___ente          ___oven

___uapa          ___efe          ___uego

___itarra          ___erra          ___itano

**13** **Escribe los nombres correspondientes a estas fotografías.**

_____    _____    _____    _____    _____    _____

 Ahora escucha y repite.

## ESQUEMA GRAMATICAL

**Ubicación**

artículo + sustantivo + *está* +

adverbio de lugar:
*aquí, ahí, allí*
    *El libro está aquí.*

prep. o adv. de lugar + artículo + sustantivo:
*en*
*encima de / debajo de*
*delante de / detrás de*
*al lado de / enfrente de*
    *El ordenador está al lado de la ventana.*

**Comparación**

| inferioridad | **menos + adjetivo + que**<br>*Esta casa es menos soleada que la tuya.* |
|---|---|
| igualdad | **tan + adjetivo + como**<br>*Inés es tan alta como Pilar.* |
| superioridad | **más + adjetivo + que**<br>*Paco es más alto que Peter.* |

**Descripción de personas**

verbo *ser* +

adjetivo de rasgo físico:
*Enrique es alto y moreno.*

adjetivo de carácter:
*Pilar es simpática.*

verbo *tener* +

edad:
*Carmen tiene 30 años.*

sustantivo de rasgo físico:
*Paco tiene bigote.*

verbo *llevar* + ropa, complementos:
*Lleva una camisa roja. Lleva gafas.*

Observa estas fotografías. ¿Sabes cómo se denominan en español estos tipos de viviendas y casas? Habla con tu compañero o pregunta a tu profesor.

¿Qué tipo de casas hay en tu país? ¿Dónde vives ahora? ¿Las viviendas en España son diferentes de las que tú conoces?

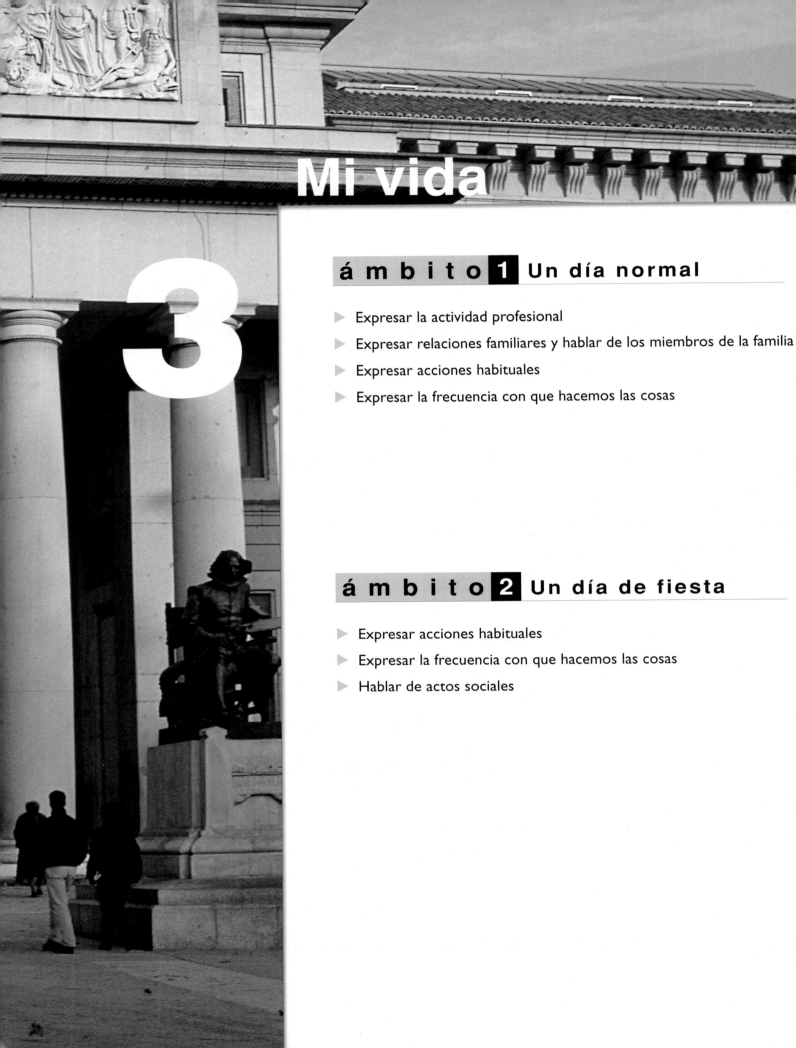

# Mi vida

**3**

**1** **Observa esta ciudad.**

**1.** Contesta a las siguientes preguntas.

estudiante
secretaria
director
profesor
camarero
enfermera
médica
dependienta
ama de casa
mecánico
conductor
bombero
policía
arquitecto
periodista

**Ej.:** *¿Qué hace Ana? Es enfermera.*

▶ ¿Qué hace Marta? _____

▶ ¿Qué hace Pedro? _____

▶ ¿Qué hace Alfredo? _____

▶ ¿Qué hace Moisés? _____

▶ ¿Qué hace Paloma? _____

▶ ¿Qué hace M.ª Jesús? _____

▶ ¿Qué hace Pablo? _____

▶ ¿Qué hace Esperanza? _____

▶ ¿Qué hace M.ª Ángeles? _____

▶ ¿Qué hace José? _____

**2.** Fíjate en la primera viñeta y pregunta a tu compañero dónde trabajan estas personas.

**Ej.:** *A: ¿Dónde trabaja M.ª Jesús?*
     *B: En un supermercado.*

▶ Paco trabaja en _____

▶ José trabaja en _____

▶ Pedro trabaja en _____

▶ M.ª Ángeles trabaja en _____

▶ Alfredo trabaja en _____

**Ej.:** *B: ¿Dónde trabaja Ana?*
     *A: En un hospital.*

▶ Marta trabaja en _____

▶ Paloma trabaja en _____

▶ Javier trabaja en _____

▶ Moisés trabaja en _____

▶ Ignacio trabaja en _____

**2** **Pregunta a cinco de tus compañeros qué oficio o profesión les gustaría ejercer en el futuro.**

**3** **Lee el siguiente texto y ordena las imágenes.**

Todas las mañanas, en mi casa, cuando nos levantamos, se repite la misma situación. Así empieza todo.

—¡Javier!, sé que estás leyendo un cómic, pero llego tarde a trabajar.

Esto es lo que le dice mi madre a mi hermano Javier. Él tiene dieciocho años, y normalmente entra en el baño con un cómic y tarda mucho en salir.

—¡Moisés! Comes mucho por la mañana.

Eso es lo que mi abuela Esperanza le dice a mi abuelo, que todos los días se levanta con mucha hambre y se come seis tostadas con tres tazas de café con leche. Él, durante todo el día, come y duerme.

—¡Ramón! ¡Déjame entrar al servicio! ¡Eres un pesado! ¡Todos los días igual!

Ramón es el hermano de mi padre; no está casado, pero está enamorado de M.ª Ángeles, su secretaria, y todos los días se pasa una hora en el baño. Se ducha, se afeita, se viste, se hace el nudo de la corbata mil veces...; sale del baño muy guapo, pero M.ª Ángeles ya tiene novio. Mi hermana Marta grita a mi tío Ramón todas las mañanas; es la primera que se levanta y la última que entra en el cuarto de baño; siempre llega tarde al trabajo. Al final, todos terminamos gritando: mi padre me grita a mí, yo grito a mi hermano Javier, mi madre grita a mi abuela, mi abuela a mi abuelo... Esto es lo que ocurre cada mañana en mi casa antes de salir todos juntos.

**1.** A partir del texto y los dibujos completa el árbol genealógico de Paco.

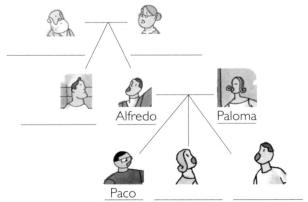

padre / madre
abuelo / abuela
tío / tía
hijo / hija
hermano / hermana
primo / prima
sobrino / sobrina
nieto / nieta

**2.** Lee las frases y completa con los nombres que faltan.

**I.** Los padres de Paco son .......... y ..........

**2.** La madre de Alfredo es .......... y el padre es ..........

**3.** Javier tiene dos hermanos. La hermana se llama .......... y el hermano ..........

**4.** Alfredo y Paloma tienen tres hijos: .........., Paco y ..........

**5.** La mujer de Alfredo se llama ..........

**6.** El marido de Esperanza se llama ..........

**7.** Los abuelos de Marta son .......... y ..........

**8.** Moisés tiene tres nietos. La nieta se llama .......... y los nietos, .......... y ..........

**9.** El tío de Marta es ..........

**10.** Paco es el sobrino de ..........

**4** **Pablo y Marta se encuentran por la calle y comienzan a hablar. Escucha la conversación y completa el cuadro.**

|  | ¿A qué se dedican? | ¿Dónde trabajan? | Relación familiar con Paco |
|---|---|---|---|
| **Marta** |  |  |  |
| **Pablo** |  |  |  |
| **Javier** |  |  |  |
| **Laura** |  |  |  |

**5** **Subraya los verbos que aparecen en el texto del ejercicio 3 y escribe su infinitivo. Fíjate en el ejemplo.**

|  | INFINITIVO |  | INFINITIVO |  | INFINITIVO |
|---|---|---|---|---|---|
| *Nos levantamos* | *Levantarse* |  |  |  |  |
|  |  |  |  |  |  |
|  |  |  |  |  |  |
|  |  |  |  |  |  |
|  |  |  |  |  |  |
|  |  |  |  |  |  |
|  |  |  |  |  |  |
|  |  |  |  |  |  |

Señala los que sean irregulares.

**6** **Escucha los verbos y completa la siguiente tabla.**

▶ sentarse   ▶ acostarse   ▶ dormir   ▶ vestirse   ▶ empezar
▶ preferir   ▶ soñar   ▶ mentir   ▶ volar   ▶ pedir

| o ⇨ ue | e ⇨ ie | e ⇨ i |
|---|---|---|
| **dormir** | **sentarse** | **vestirse** |
|  |  |  |

Vuelve a escuchar y comprueba.

**7** **Contesta a las siguientes preguntas.**

1. ¿A qué hora te levantas? ¿Y en vacaciones?

2. ¿Qué desayunas? ¿Y en vacaciones?

3. ¿Qué haces por las mañanas? ¿Y en vacaciones?

4. ¿A qué hora comes? ¿Y en vacaciones?

5. ¿Qué haces después de comer? ¿Y en vacaciones?

6. ¿Qué haces por la tarde? ¿Y en vacaciones?

7. ¿A qué hora cenas? ¿Y en vacaciones?

8. ¿Qué haces después de cenar? ¿Y en vacaciones?

9. ¿A qué hora te acuestas? ¿Y en vacaciones?

10. ¿Qué haces antes de acostarte? ¿Y en vacaciones?

Ahora pregunta a tu compañero o compañera y contesta a lo que él o ella te pregunte.

**8** **Trabajad en parejas. Éstas son las cosas que hace María todas las semanas.**

| Pregunta a tu compañero por la información que falta. |
|---|
| Ej.: ¿Qué hace María los lunes? |
| lunes: |
| martes: |
| miércoles: comer con su madre |
| jueves: hacer la compra |
| viernes: salir con sus amigos |
| sábado: |
| domingo: |

| Pregunta a tu compañero por la información que falta. |
|---|
| Ej.: ¿Qué hace María los jueves? |
| lunes: ir al gimnasio |
| martes: lavar la ropa |
| miércoles: |
| jueves: |
| viernes: |
| sábado: dormir hasta mediodía |
| domingo: ver la televisión |

**9** **Lee y escucha este diálogo entre Paco y su amiga Gema.**

**Paco:** Ésta es mi madre, es profesora; y éste es mi padre, trabaja en una compañía aérea, es piloto.

**Gema:** ¿Quién es ésta?

**Paco:** Ésta es mi hermana.

**Gema:** ¿A qué se dedica?

**Paco:** Es enfermera.

**Gema:** ¿Está casada?

**Paco:** No. Está soltera, pero tiene novio. Es éste. Se llama Pedro y es agente de seguros.

**Gema:** ¿Y éstos quiénes son?

**Paco:** Son mis abuelos.

**Gema:** ¿Trabajan o están jubilados?

**Paco:** Están jubilados.

**Gema:** ¿Cuántos años tienen?

**Paco:** Mi abuelo setenta años y mi abuela, setenta y dos. Mira, ésta es mi hermana pequeña. Tiene ocho años.

**Gema:** ¿Y éste quién es?

**Paco:** Es mi tío Juan, el hermano de mi madre. Está divorciado. El niño es mi primo Juan Carlos. ¡Ah! Y éste es mi perro. Se llama Budy.

**10** **Escribe los nombres de dos o tres personas de tu familia. Tus compañeros van a preguntarte sobre ellos.**

▶ _____

▶ _____

▶ _____

▶ _____

▶ _____

¿Quién es éste(a)?
¿Quiénes son éstos(as)?
¿Está casado(a)
        soltero(a)
        divorciado(a)
        viudo(a)?
¿Tienes hermanos / hijos?
¿Cuántos años tiene?
¿A qué se dedica?
¿Tienes novio(a)?

 **11** **Escucha y marca la frecuencia con que los hablantes realizan sus actividades.**

| | siempre | normalmente | a menudo | a veces | nunca |
|---|---|---|---|---|---|
| 1 | | | | | |
| 2 | | | | | |

**12** **Mira las fotografías de estos personajes famosos. Escribe cómo te imaginas que es un día normal en la vida de estas personas.**

## ESQUEMA GRAMATICAL

### EL ARTÍCULO
**Forma**

|          | masculino | femenino |
|----------|-----------|----------|
| **singular** | el    | la       |
| **plural**   | los   | las      |

*de + el > del*  Éste es el número **del** hotel.
*a + el > al*  Los sábados vamos **al** cine.

### LOS POSESIVOS. FORMAS ÁTONAS

| masculino |          | femenino |          |
|-----------|----------|----------|----------|
| **singular** | **plural** | **singular** | **plural** |
| mi        | mis      | mi       | mis      |
| tu        | tus      | tu       | tus      |
| su        | sus      | su       | sus      |
| nuestro   | nuestros | nuestra  | nuestras |
| vuestro   | vuestros | vuestra  | vuestras |
| su        | sus      | su       | sus      |

### PRESENTE DE INDICATIVO. VERBOS IRREGULARES

**1. Irregularidades vocálicas**

| E > IE QUERER | O > UE PODER | U > UE JUGAR | E > I PEDIR |
|---------------|--------------|--------------|-------------|
| quier-o       | pued-o       | jueg-o       | pid-o       |
| quier-es      | pued-es      | jueg-as      | pid-es      |
| quier-e       | pued-e       | jueg-a       | pid-e       |
| quer-emos     | pod-emos     | jug-amos     | ped-imos    |
| quer-éis      | pod-éis      | jug-áis      | ped-ís      |
| quier-en      | pued-en      | jueg-an      | pid-en      |

**2. Irregularidades consonánticas en la primera persona de singular**

| A > AIG TRAER | C > G HACER | N > NG PONER | L > LG SALIR |
|---------------|-------------|--------------|--------------|
| traig-o       | hag-o       | pong-o       | salg-o       |
| tra-es        | hac-es      | pon-es       | sal-es       |
| tra-e         | hac-e       | pon-e        | sal-e        |
| tra-emos      | hac-emos    | pon-emos     | sal-imos     |
| tra-éis       | hac-éis     | pon-éis      | sal-ís       |
| tra-en        | hac-en      | pon-en       | sal-en       |

**3. Doble irregularidad: consonántica y vocálica**

| TENER   | VENIR   | DECIR   | OÍR     |
|---------|---------|---------|---------|
| teng-o  | veng-o  | dig-o   | oig-o   |
| tien-es | vien-es | dic-es  | oy-es   |
| tien-e  | vien-e  | dic-e   | oy-e    |
| ten-emos| ven-imos| dec-imos| o-ímos  |
| ten-éis | ven-ís  | dec-ís  | o-ís    |
| tien-en | vien-en | dic-en  | oy-en   |

### VERBOS REFLEXIVOS

| DUCHARSE | LAVARSE |
|----------|---------|
| yo me ducho | yo me lavo |
| tú te duchas | tú te lavas |
| él se ducha | él se lava |
| nosotros nos duchamos | nosotros nos lavamos |
| vosotros os ducháis | vosotros os laváis |
| ellos se duchan | ellos se lavan |

| AFEITARSE | PEINARSE |
|-----------|----------|
| yo me afeito | yo me peino |
| tú te afeitas | tú te peinas |
| él se afeita | él se peina |
| nosotros nos afeitamos | nosotros nos peinamos |
| vosotros os afeitáis | vosotros os peináis |
| ellos se afeitan | ellos se peinan |

**CE 1**

**1** Completa el calendario.

mayo
julio
octubre
enero
noviembre
agosto
diciembre
junio
marzo
febrero
abril
septiembre

| L | M | M | J | V | S | D |
|---|---|---|---|---|---|---|
| | | | | 1 | 2 | 3 |
| 4 | 5 | 6 | 7 | 8 | 9 | 10 |
| 11 | 12 | 13 | 14 | 15 | 16 | 17 |
| 18 | 19 | 20 | 21 | 22 | 23 | 24 |
| 25 | 26 | 27 | 28 | 29 | 30 | 31 |

| L | M | M | J | V | S | D |
|---|---|---|---|---|---|---|
| 1 | 2 | 3 | 4 | 5 | 6 | 7 |
| 8 | 9 | 10 | 11 | 12 | 13 | 14 |
| 15 | 16 | 17 | 18 | 19 | 20 | 21 |
| 22 | 23 | 24 | 25 | 26 | 27 | 28 |

| L | M | M | J | V | S | D |
|---|---|---|---|---|---|---|
| | | | 1 | 2 | 3 | 4 |
| 5 | 6 | 7 | 8 | 9 | 10 | 11 |
| 12 | 13 | 14 | 15 | 16 | 17 | 18 |
| 19 | 20 | 21 | 22 | 23 | 24 | 25 |
| 26 | 27 | 28 | 29 | 30 | 31 | |

| L | M | M | J | V | S | D |
|---|---|---|---|---|---|---|
| | | | | | | 1 |
| 2 | 3 | 4 | 5 | 6 | 7 | 8 |
| 9 | 10 | 11 | 12 | 13 | 14 | 15 |
| 16 | 17 | 18 | 19 | 20 | 21 | 22 |
| 23 30 | 24 31 | 25 | 26 | 27 | 28 | 29 |

| L | M | M | J | V | S | D |
|---|---|---|---|---|---|---|
| 1 | 2 | 3 | 4 | 5 | 6 | 7 |
| 8 | 9 | 10 | 11 | 12 | 13 | 14 |
| 15 | 16 | 17 | 18 | 19 | 20 | 21 |
| 22 | 23 | 24 | 25 | 26 | 27 | 28 |
| 29 | 30 | 31 | | | | |

| L | M | M | J | V | S | D |
|---|---|---|---|---|---|---|
| | | | 1 | 2 | 3 | 4 |
| 5 | 6 | 7 | 8 | 9 | 10 | 11 |
| 12 | 13 | 14 | 15 | 16 | 17 | 18 |
| 19 | 20 | 21 | 22 | 23 | 24 | 25 |
| 26 | 27 | 28 | 29 | 30 | | |

| L | M | M | J | V | S | D |
|---|---|---|---|---|---|---|
| | 1 | 2 | 3 | 4 | 5 | |
| 6 | 7 | 8 | 9 | 10 | 11 | 12 |
| 13 | 14 | 15 | 16 | 17 | 18 | 19 |
| 20 | 21 | 22 | 23 | 24 | 25 | 26 |
| 27 | 28 | 29 | 30 | | | |

| L | M | M | J | V | S | D |
|---|---|---|---|---|---|---|
| | | | | 1 | 2 | 3 |
| 4 | 5 | 6 | 7 | 8 | 9 | 10 |
| 11 | 12 | 13 | 14 | 15 | 16 | 17 |
| 18 | 19 | 20 | 21 | 22 | 23 | 24 |
| 25 | 26 | 27 | 28 | 29 | 30 | 31 |

| L | M | M | J | V | S | D |
|---|---|---|---|---|---|---|
| | | | | 1 | 2 | |
| 3 | 4 | 5 | 6 | 7 | 8 | 9 |
| 10 | 11 | 12 | 13 | 14 | 15 | 16 |
| 17 | 18 | 19 | 20 | 21 | 22 | 23 |
| 24 31 | 25 | 26 | 27 | 28 | 29 | 30 |

| L | M | M | J | V | S | D |
|---|---|---|---|---|---|---|
| | 1 | 2 | 3 | 4 | 5 | 6 |
| 7 | 8 | 9 | 10 | 11 | 12 | 13 |
| 14 | 15 | 16 | 17 | 18 | 19 | 20 |
| 21 | 22 | 23 | 24 | 25 | 26 | 27 |
| 28 | 29 | 30 | | | | |

| L | M | M | J | V | S | D |
|---|---|---|---|---|---|---|
| 1 | 2 | 3 | 4 | 5 | 6 | 7 |
| 8 | 9 | 10 | 11 | 12 | 13 | 14 |
| 15 | 16 | 17 | 18 | 19 | 20 | 21 |
| 22 | 23 | 24 | 25 | 26 | 27 | 28 |
| 29 | 30 | | | | | |

| L | M | M | J | V | S | D |
|---|---|---|---|---|---|---|
| | | | | 1 | 2 | 3 |
| 4 | 5 | 6 | 7 | 8 | 9 | 10 |
| 11 | 12 | 13 | 14 | 15 | 16 | 17 |
| 18 | 19 | 20 | 21 | 22 | 23 | 24 |
| 25 | 26 | 27 | 28 | 29 | 30 | 31 |

**2** Con ayuda de tu profesor, relaciona estas fiestas con los meses del año.

| ENERO | FEBRERO |
| MARZO | ABRIL |
| MAYO | JUNIO |
| JULIO | AGOSTO |
| SEPTIEMBRE | OCTUBRE |
| NOVIEMBRE | DICIEMBRE |

Ej.: *En el mes de mayo se celebra el Día de la Madre.*

**3** Relaciona cada mes con las fiestas o acontecimientos importantes de tu país.

Ej.: *En diciembre es Navidad.*

*En enero…*

**4** **En días muy señalados los españoles acostumbramos a hacer ciertas cosas. Observa los dibujos y escribe frases según el ejemplo.**

Ej.: *Los españoles solemos cantar villancicos en Navidad.*

poner monigotes

regalar flores

comer tarta

regalar
una corbata

poner el belén

tomar las uvas de la suerte

ir a las procesiones

**1.** Escribe qué sueles hacer tú en estas fechas. Coméntalo con el resto de la clase.

▶ _____     ▶ _____
▶ _____     ▶ _____
▶ _____     ▶ _____
▶ _____     ▶ _____

**2.** Además, nosotros festejamos estos días de otra manera.

▶ Normalmente gastamos bromas a los amigos el día 28 de diciembre.
▶ En Navidad los niños suelen pedir el aguinaldo a los vecinos.
▶ En los aniversarios siempre hacemos regalos a nuestra novia / nuestro novio.

▶ En Nochevieja damos besos a nuestra familia y amigos.
▶ El primer domingo de mayo sorprendemos a nuestra madre con un detalle.
▶ El día 19 de marzo preparamos una buena comida a nuestro padre.
▶ En Semana Santa ofrecemos torrijas a nuestros vecinos.

Transforma las oraciones anteriores según el ejemplo.

Ej.: *Normalmente les gastamos bromas el día 28 de diciembre.*

▶ _____     ▶ _____
▶ _____     ▶ _____
▶ _____     ▶ _____

**3.** ¿Qué otras cosas se hacen en tu país?

▶ _____     ▶ _____
▶ _____     ▶ _____
▶ _____     ▶ _____
▶ _____     ▶ _____

**5** Lee estos carteles de la fiesta de San Fermín y anota la frecuencia con que se recogen todos estos datos.

**San Fermín**
**(2 de julio)**

N.º de toros ......27
N.º de encierros ....2
N.º de corridas ....3
N.º de heridos ....2
N.º de conciertos ....1
N.º de verbenas ....8

**San Fermín**
**(3 de julio)**

N.º de toros ......20
N.º de encierros ....2
N.º de corridas ....1
N.º de heridos ....6
N.º de conciertos ....4
N.º de verbenas ....8

**San Fermín**
**(4 de julio)**

N.º de toros ......22
N.º de encierros ....2
N.º de corridas ....3
N.º de heridos ....4
N.º de conciertos ....3
N.º de verbenas ....8

**San Fermín**
**(6 de julio)**

N.º de toros ......25
N.º de encierros ....2
N.º de corridas ....3
N.º de heridos ....3
N.º de conciertos ....3
N.º de verbenas ....7

**San Fermín**
**(5 de julio)**

N.º de toros ......27
N.º de encierros ....2
N.º de corridas .....3
N.º de heridos ....11
N.º de conciertos .....1
N.º de verbenas ....8

**San Fermín**
**(7 de julio)**

N.º de toros ......35
N.º de encierros ....1
N.º de corridas ....7
N.º de heridos .....7
N.º de conciertos ....5
N.º de verbenas ....7

**Ej.:** *A veces hay siete verbenas, pero generalmente hay ocho.*

 **6** Escucha a Ana y a Pilar conversando acerca de lo que hacen normalmente en Nochevieja. Completa el diálogo.

*Pilar:* ¡Hola, Ana! ¿Qué tal?

*Ana:* ¡Hola, Pilar! Bien. Busco un vestido para Nochevieja.

*Pilar:* ¡Ah! ¿Qué haces en Nochevieja?

*Ana:* Este año voy a hacer lo mismo que todos los años. .......... hago lo mismo.

*Pilar:* Yo también.

*Ana:* Ceno con mi familia, y .......... mi madre y yo hacemos la cena.

*Pilar:* ¿Qué soléis cenar?

*Ana:* Depende, .......... cenamos marisco y otros años cenamos carne.

*Pilar:* Nosotros .......... cenamos carne, no nos gusta mucho.

*Ana:* Después de cenar tomamos las uvas.

*Pilar:* ¿En casa?

*Ana:* Bueno, .......... sí.

*Pilar:* Yo .......... las tomo en casa, .......... en la Puerta del Sol con mis amigos.

*Ana:* ¡Qué divertido! Yo, después de las uvas, .......... me voy a una gran fiesta hasta el amanecer, es lo más divertido.

*Pilar:* Yo .......... voy a fiestas, .......... estoy en la calle y .......... estoy en los bares; no me gustan las fiestas donde hay tanta gente.

**7** Lee este texto sobre la Navidad. Aquí tienes algunas palabras que te van a servir para comprenderlo.

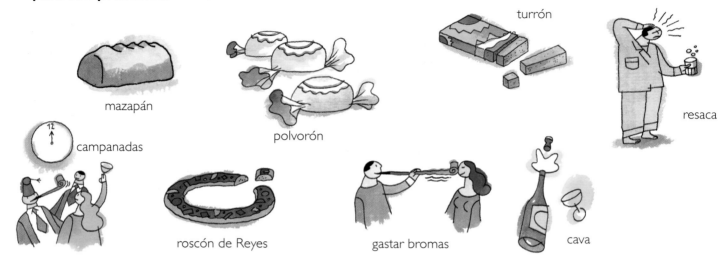

mazapán

campanadas

polvorón

turrón

resaca

roscón de Reyes

gastar bromas

cava

En España la Navidad comienza el 22 de diciembre, "el día de la lotería". Es un día de gran ilusión, pues casi todos los españoles juegan a algún número y esperan con impaciencia la salida del "gordo", que es como se conoce el primer premio de la lotería de Navidad.

El 24 de diciembre es Nochebuena. La familia se reúne para cenar en torno a una mesa preparada para tal fin: marisco, pescado, carne, dulces... Los dulces navideños más típicos son el turrón, el mazapán y los polvorones, que se ponen en unas bandejas para ofrecer a las visitas. Después de la cena se cantan villancicos y se charla.

El día 25 es Navidad. Se festeja con una comida especial, como en Nochebuena. Después se brinda con cava y se pasa el día con la familia.

El 28 de diciembre son los Santos Inocentes. Ése es el día oficial de las bromas. En los periódicos y en la televisión se dan noticias falsas. Es un día muy divertido.

La noche del 31 es Nochevieja. La cena de ese día es muy popular, pero no tan familiar como la de Nochebuena. Muchas personas llevan ropa interior roja, porque creen que así van a tener suerte durante el año próximo. La gente suele ver la televisión, pues a las doce menos cuarto se conecta con la Puerta del Sol de Madrid; allí está el reloj que va a dar las doce campanadas anunciando el nuevo año. Con cada campanada se come una uva y al terminar se brinda con cava. Después los amigos suelen celebrar alguna fiesta o reunión que dura toda la noche, hasta que empieza a amanecer: entonces se toma el chocolate con churros.

El día 1 es Año Nuevo. Las familias se suelen reunir para comer, pero casi todo el mundo tiene resaca, porque en Nochevieja se bebe mucho.

El día 5 por la noche llegan los Reyes Magos. Es la fiesta de los niños, que días antes les escriben una carta pidiéndoles lo que más desean. El 6 por la mañana los Reyes han dejado ya todos sus regalos. Ese día se desayuna con el roscón de Reyes, un dulce que tiene dentro un pequeño regalo. Ésta es la Navidad de los españoles.

Contesta verdadero o falso.

| | verdadero | falso |
|---|---|---|
| En Navidad se hace una fiesta familiar | | |
| En Nochevieja la gente se pone ropa interior roja | | |
| Los niños españoles escriben una carta a Papá Noel | | |
| La mayoría de la gente pone un árbol de Navidad | | |
| En Nochevieja todos se acuestan muy pronto | | |
| El 22 de diciembre se celebra un sorteo de lotería muy importante | | |
| El día 28 de diciembre la gente pone monigotes en su televisor | | |
| El día 6 de enero se come el roscón de Reyes | | |

**8** **¿Qué haces cuando…**

te invitan a una cena?

es el cumpleaños de tu hermano?

es Navidad?

es Nochevieja?

no tienes trabajo?

vas a una boda?

viajas a un país extranjero?

tienes una fiesta en tu casa?

estás de vacaciones?

es el Día de los Santos Inocentes?

1. _____
2. _____
3. _____
4. _____
5. _____

6. _____
7. _____
8. _____
9. _____
10. _____

**9** **Fíjate en los siguientes objetos. ¿Se regalan en tu país? ¿Cuándo?**

Ej.: *En EE. UU. se regalan globos cuando se va de visita al hospital.*

**10** **Paco tiene que enviar un paquete a su novia, Cristina. Ayúdalo a completar el impreso que le dan en Correos; él te facilita sus datos personales.**

Correos y Telégrafos

M-11

REMITENTE _Francisco Rodríguez de la Fuente_

Calle .............................................. nº ............ piso .......

en ..............................................................................

DESTINATARIO .............................................................

Calle .............................................. nº ............ piso .......

en ..............................................................................

| CLASE | | MODALIDAD | |
|---|---|---|---|
| Carta | ☐ | Contra reembolso | ☐ |
| Periódico | ☐ | Pesetas | |
| Impreso | ☐ | Con aviso de recibo | ☐ |
| Paquete de películas | ☐ | Urgente | ☐ |
| Paquete Postal | ☐ | | |

Sello de fechas

**España**

**Nombre:** Francisco
**Apellido:** Rodríguez de la Fuente
**Nacionalidad:** español
**Edad:** 28 años
**Fecha de nacimiento:** 4 / 06 / 1972
**Domicilio:** Pza. Reyes Católicos, n.º 2, 3º A
**Localidad:** Madrid

**España**

**Nombre:** Cristina
**Apellido:** Fernández Linz
**Nacionalidad:** española
**Edad:** 26 años
**Fecha de nacimiento:** 5 / 03 / 1974
**Domicilio:** C/ Ruiz de Alarcón, n.º 56, 4º H
**Localidad:** Sevilla

**CE 11.12**

**11** **¿Sabes pronunciar la *r* y la *rr*?**

**1.** La *rr*. Lee y escucha.

israelí

regla

perro

Enrique

alrededor

Este sonido [r̄] se escribe:
r (a principio de palabra y detrás de **l, n** y **s**)
rr (entre vocales)

**2.** La *r*. Lee y escucha.

toro         pera         faro         marmota

 Este sonido [r] va siempre entre vocales o al final de sílaba y se escribe **r**.

**12** **Escucha y escribe correctamente** **r o rr.**

| | |
|---|---|
| En...ique | en...iquecer |
| ...atón | is...aelí |
| en...edar | ca...o |
| | |
| ca...o | pu...o |
| pe...o | ciga...o |
| lo...o | to...o |

**13** **Escucha y lee.**

El cielo está enladrillado,
quién lo desenladrillará.
El desenladrillador
que lo desenladrille
buen desenladrillador será.

Había un perro
debajo de un carro.
Vino otro perro
y le arrancó el rabo.
Pobrecito perro,
cómo corría
al ver que su rabo no lo tenía.

 **14** **Fíjate y completa los cuadros.**

| | | |
|---|---|---|
| campo | cambio | canto |
| tango | tronco | atender |
| también | tampoco | ensuciar |
| enfriar | | |

– M –

Escribimos **m** delante de...

– N –

Escribimos **n** delante de...

**15** **Escucha y repite.**

campo, cambio, canto, tango, tronco, atender, también, tampoco, ensuciar, enfriar

## ESQUEMA GRAMATICAL

**Pronombres personales de CI**

| singular | plural |
|---|---|
| me | nos |
| te | os |
| le | les |

**Expresar frecuencia**

1. *soler* + **infinitivo**
   *Suelo levantarme a las ocho.*
   *Solemos ir al cine los sábados.*

2. **siempre, generalmente, normalmente, a menudo, frecuentemente, a veces, nunca**
   *Normalmente me levanto a las ocho.*
   *Vamos al cine a menudo.*

Regalamos flores *a nuestra madre* ---> *Le* regalamos flores.
Compran caramelos *a los niños* ---> *Les* compran caramelos.

**1** Escucha a estas personas que cuentan cómo festejan la Navidad. Resume lo que dice cada uno.

**2** Contesta verdadero o falso.

| | verdadero | falso |
|---|---|---|
| La mayoría de los españoles recibe los regalos en Navidad | | |
| El Niño Jesús es quien hace los regalos en Navidad a los venezolanos | | |
| La comida típica de Argentina son las hallacas | | |
| Lo más típico en Argentina es el pan dulce o *panetone* | | |
| La cena no es familiar en España | | |

**3** Relaciona las comidas típicas con su país.

panetone
cochino
hallacas
turrón
besugo
melón
asado
pavo
langostinos

Argentina

Venezuela

España

**4** Relaciona cada actividad con su país correspondiente.

Santa Claus deja los regalos en Navidad.

Cantar villancicos.

Tomar cava a las doce de la noche.

Misa del gallo a las doce de la noche.

El Niño Jesús da los regalos.

Los Reyes Magos traen los regalos.

**5** Escribe las diferencias con tu país y coméntalas con tus compañeros.

**1** **Completa tu diario.**

Me llamo _____ y tengo _____ años. Soy de _____. Vivo en _____ y mi teléfono es _____.

Soy _____ y _____ el pelo _____. Tengo los ojos _____ y soy _____ _____.

En mi familia somos _____. Mi padre es _____ y _____ el pelo _____. Se llama _____. Tiene _____ años. Es _____, trabaja en _____. Mi madre se _____ y es _____ y _____.

Mi hermano/a se llama _____ y tiene _____ años. Tiene el _____ y los ojos _____. Es _____.

Mi mejor amigo/a _____.

**2** **¿Masculino o femenino? Clasifica las siguientes palabras por su género.**

tenedor, cafetera, salón, mesa, habitación, botella, bote, calefacción, garaje, ascensor, universidad, ordenador, razón, viaje, profesión, problema

| MASCULINO | |
|---|---|
| **FEMENINO** | |

¿Dónde están normalmente? Elige cinco palabras y forma frases siguiendo el ejemplo.

Ej.: *El tenedor está en la cocina, dentro de un cajón, al lado de la cuchara.*

**3** **Has decidido alquilar una habitación de tu piso (es demasiado grande para ti solo). Escribe un anuncio para publicarlo en la prensa.**

| NOMBRE Y APELLIDOS | | COMPRA | ❏ |
|---|---|---|---|
| **DIRECCIÓN** | | VENTA | ❏ |
| **LOCALIDAD** | | ALQUILER | ❏ |
| **TELÉFONO** | | CAMBIO | ❏ |

TEXTO _____
_____
_____
_____

**4** La vida de Pedro es un poco monótona: todos los días hace las mismas cosas. Lee su agenda y escribe un texto contando su vida diaria.

| |
|---|
| 7:45 – levantarse |
| 8:00 – desayunar |
| 8:20 – ducharse, vestirse |
| 8:45 – salir de casa |
| 9:00 – llegar al trabajo |
| 14:00 – salir del trabajo |

| |
|---|
| 14:15 – llegar a casa |
| 14:30 – comer |
| 15:00 – 16:45 – descansar |
| 17:00 – volver al trabajo |
| 20:00 – salir del trabajo |
| 20:30 – encontrarse con sus amigos |
| 20:45 – ¿? |

**5** Y tú, ¿qué haces todos los días? Escribe una carta a tus padres o a tus amigos y cuéntaselo.

**6** En grupos. Tira el dado, cuenta las casillas y forma una frase.

| PONER ELLA 17 | VUELVES AL PRINCIPIO 16 | IR VOSOTROS 15 | CAMBIA TU POSICIÓN CON TU COMPAÑERO 14 | SER TÚ 13 |
|---|---|---|---|---|

| QUERER ELLOS 1 | PODER NOSOTROS 2 | JUGAR TÚ 3 | SALTA TU TURNO 4 | PEDIR ÉL 5 | SALIR YO 6 | L L E G A D A | OÍR NOSOTROS 12 |
|---|---|---|---|---|---|---|---|

| HACER VOSOTROS 7 | CONOCER YO 8 | TENER ELLOS 9 | VENIR ÉL 10 | DECIR TÚ 11 |
|---|---|---|---|---|

**7** Busca el nombre de estas 10 profesiones en la sopa de letras.

- Trabaja en un hospital.
- Construye edificios.
- Trabaja en un colegio.
- Escribe en los periódicos.
- Trabaja en una oficina.
- Apaga incendios.
- Trabaja en un restaurante.
- Arregla los coches.
- Trabaja en una tienda.
- Ayuda al médico.

| A | D | F | C | Ñ | B | D | E | G | U | I | Z | X | A | O |
|---|---|---|---|---|---|---|---|---|---|---|---|---|---|---|
| B | D | E | P | E | N | D | I | E | N | T | E | C | V | C |
| D | E | S | E | C | R | E | T | A | R | I | O | E | F | I |
| G | N | H | R | I | J | K | A | B | Ñ | C | O | P | Q | N |
| R | F | S | I | T | Y | Z | A | Z | A | O | X | P | C | A |
| Y | E | D | O | E | E | D | F | M | C | G | B | R | H | C |
| I | R | J | D | K | L | L | A | I | M | N | A | O | Ñ | E |
| O | M | P | I | Q | R | R | D | S | T | Y | Z | F | A | M |
| B | E | C | S | D | E | E | F | J | C | Q | E | E | R | T |
| Y | R | U | T | R | M | I | I | O | P | A | A | S | D | F |
| G | O | H | A | R | Q | U | I | T | E | C | T | O | J | K |
| Z | X | M | C | V | B | N | M | Q | E | R | T | R | Y | U |
| I | A | O | P | A | S | D | F | G | H | J | K | L | Ñ | Z |
| C | H | F | E | D | C | B | A | B | M | N | B | V | C | X |
| B | O | M | B | E | R | O | B | C | F | F | Y | H | J | N |

# Lo normal

## 4

**1** **Relaciona las tareas de la casa con las imágenes que aparecen.**

limpiar el polvo
barrer el suelo
hacer la cama
poner la lavadora
tender la ropa
hacer la comida
planchar la ropa
limpiar los cristales
fregar los platos
fregar el suelo
hacer la compra

**2** **Lee el siguiente texto.**

César y Ana son dos amigos españoles que viven juntos. Parte del fin de semana lo dedican a las tareas de la casa. Trabajan mucho y disponen de poco tiempo al día para estos quehaceres, por eso dedican los sábados por la mañana a ordenar su casa. Son muy organizados y han establecido un horario con las tareas de todo el mes. Lee sus notas.

**César**
Limpiar los cristales
Hacer la compra
Lavar los platos
Hacer la cama
Barrer el suelo
Poner la lavadora

**Ana**
Limpiar el polvo
Planchar la ropa
Tender la ropa
Fregar el suelo
Fregar los platos
Hacer la comida

 Ahora escucha con qué frecuencia realizan estas actividades y escribe estas palabras al lado de cada tarea.

[ una vez al día, dos veces al día, una vez a la semana, una vez al mes, tres veces al mes, muchas veces al día, dos veces a la semana, cuatro veces al mes, una vez cada tres días ]

**César**
Limpiar los cristales _____
Hacer la compra _____
Lavar los platos _____
Hacer la cama _____
Barrer el suelo _____
Poner la lavadora _____

**Ana**
Limpiar el polvo _____
Planchar la ropa _____
Tender la ropa _____
Fregar el suelo _____
Fregar los platos _____
Hacer la comida _____

**3** **Anota en el cuadro las veces que realizas estas tareas en tu casa. Luego, haz una encuesta entre tus compañeros.**

**Ej.:** *¿Cuántas veces limpias el polvo?*
*Suelo limpiar el polvo dos veces a la semana.*

| | una vez | n.º de veces | una vez por semana | nunca |
|---|---|---|---|---|
| limpiar el polvo | | | | |
| barrer el suelo | | | | |
| poner la lavadora | | | | |
| tender la ropa | | | | |
| planchar la ropa | | | | |
| hacer la comida | | | | |
| limpiar los cristales | | | | |
| fregar los platos | | | | |

**4** **Escucha y lee.**

- Cristina, pon la mesa; vamos a comer ya.
- Papá, no puedo en este momento.
- Cristina, vamos a comer ahora mismo; pon la mesa.

- José, ¿puedes tender la ropa?
- Sí, ahora mismo.
  - Mamá, ¿puedes comprarme chocolate?
  - No, no puedes comer tanto dulce, hija.

- Raúl, ¡no hay vasos limpios!
- ¡Ah! Después pongo el lavavajillas.
- No, ponlo ahora.

Di en cuál de estos diálogos se ordena algo. ¿Y en cuál se pide algo?

 **5** **Escucha y marca.**

|  | pedir un favor | ordenar |
|---|---|---|
| 1. |  |  |
| 2. |  |  |
| 3. |  |  |
| 4. |  |  |

**CE 4.6** **6** **Lee este texto.**

César está muy ocupado este fin de semana. Ana se ofrece a ayudarlo en las tareas de la casa. Mira los dibujos y construye las frases y las respuestas como en el ejemplo.

¿Lavo la ropa?

Sí, lávala.

–¿Hago **la cama**?
–Sí, haz**la**.
–¿Friego **los platos**?
–Sí, friéga**los**.
–¿Limpio **el polvo**?
–Sí, límpia**lo**.
–¿Abro **las ventanas**?
–Sí, ábre**las**.

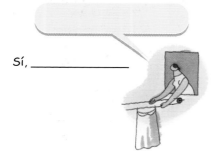

Sí, _____

Sí, _____

Sí, _____

Sí, _____

Sí, _____

**CE 7.8**  **7** **Escucha y completa.**

- 100 cien
- 101 ciento uno(a)
- 102 ciento dos
- 103 ciento ____
- 104 _____
- 105 _____
- 200 doscientos(as)
- 201 doscientos(as) uno(a)
- 222 doscientos(as) _____

- 299 _____
- 300 trescientos(as)
- 400 _____
- 450 _____
- 500 _____
- 600 _____
- 700 _____
- 800 _____
- 900 _____

- 1.000 mil
- 1.001 mil uno(a)
- 1.100 mil cien
- 1.200 mil doscientos(as)
- 1.250 _____
- 1.560 _____
- 2.000 dos mil
- 3.000 _____
- 4.000 _____

**8** **Observa el dibujo y escribe las palabras que faltan.**

**9** **Escucha esta conversación y marca lo que compra Juan.**

Escúchala de nuevo y escribe el precio de cada una de las cosas que compra Juan.

| |
|---|
| 250 gramos de chorizo |
| 1 lata de tomate |
| 1 kilo de naranjas |
| 1 docena de huevos |
| 1 paquete de azúcar |
| 1 barra de pan |
| 1 kilo de patatas |
| 1 lechuga |
| 250 gramos de jamón |
| 1 paquete de harina |
| 1 botella de vino |

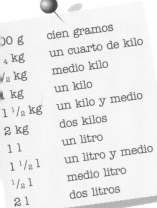

| | |
|---|---|
| 00 g | cien gramos |
| ₄ kg | un cuarto de kilo |
| √₂ kg | medio kilo |
| kg | un kilo |
| 1 ¹/₂ kg | un kilo y medio |
| 2 kg | dos kilos |
| 1 l | un litro |
| 1 ¹/₂ l | un litro y medio |
| ¹/₂ l | medio litro |
| 2 l | dos litros |

▸ _____    ▸ _____

▸ _____    ▸ _____

▸ _____    ▸ _____

**10** **Lee este diálogo.**

A: Hola, buenos días.

B: Buenos días.

A: ¿Qué quería?

B: ¿A cuánto están las naranjas?

A: A 0,75 € el kilo.

B: Pues me pone un kilo.

A: Aquí tiene. ¿Algo más?

B: Sí, medio kilo de peras.

A: Aquí tiene. ¿Algo más?

B: No, nada más, gracias. ¿Cuánto es?

A: Son 1,50 euros.

**Contesta a las siguientes preguntas.**

▶ ¿Cuánto cuestan las naranjas?

▶ ¿Quiere algo más?

▶ ¿Cuánto es todo?

**CE 11** **11** **Ordena el siguiente diálogo.**

–Pues póngame ésta.

–Aquí tiene. ¿Algo más?

–No, nada más, gracias. ¿Cuánto es?

–Buenas tardes.

–Hola, buenas tardes.

–A 7,21 euros.

–Son 8,08 euros.

–¿A cuánto está la merluza?

**12** **Observa esta frutería. Compara sus precios.**

1,8 €  1,65 €  1,5 €  1,05 €  1,2 €  0,6 €  1,8 €  1,65 €  1,5 €  0,72 €  0,75 €  0,3 €

Ej.: *Las naranjas son más caras que las manzanas.*

Mira otra vez el dibujo y haz comparaciones utilizando estos adjetivos.

▶ grande / pequeño

▶ fresco / pasado

▶ maduro / verde

**13** **Relaciona cada objeto con su nombre.**

2

3

5

6

7

9

8

10

| VESTIDOS ▼ | CORBATAS ▼ | BAÑADOR ▼ |
| CAMISAS ▼ | ABRIGOS ▼ | GUANTES ▼ |
| BOTAS ▼ | CALCETINES ▼ | BUFANDAS ▼ |
| GORROS ▼ | CALZONCILLOS ▼ | VAQUEROS ▼ |
| TRAJES ▼ | PANTALONES ▼ | CHAQUETAS ▼ |
| CAMISETAS ▼ | CAZADORAS ▼ | JERSEYS ▼ |
| ZAPATOS ▼ | MEDIAS ▼ | FALDAS ▼ |
| BRAGAS ▼ | PIJAMAS ▼ | |

Características de la ropa.
**color**
rojo
azul
amarillo
**material** de lana
de algodón
de seda
de piel
**dibujo** de rayas
de lunares
liso
de flores
de cuadros

6.17 **14** **Silvia y Esther han ido de compras. Escucha lo que dicen.**

*Esther:* Mira, Silvia, estos pantalones azules me gustan mucho.

*Silvia:* A mí me gustan más aquellos rojos; son más modernos.

*Esther:* ¡Ah! Sí, y esa camisa que está enfrente de los pantalones me encanta.

*Silvia:* A mí no; odio el color marrón.

*Esther:* No, ésa no, la camisa blanca que está debajo de la falda verde.

*Silvia:* ¡Ah! Sí, ésa sí me gusta.

*Esther:* Creo que hoy me lo compro todo. Me encantan todos los vestidos.

*Silvia:* A mí también, pero prefiero los pantalones, son más cómodos.

Contesta verdadero o falso.

| | V | F |
|---|---|---|
| **A Silvia le gustan más los pantalones azules que los rojos.** | | |
| **Silvia odia el color marrón.** | | |
| **A Esther no le gusta la camisa que está debajo de la falda verde.** | | |
| **Silvia prefiere los vestidos a los pantalones.** | | |
| **A Esther le encantan todos los vestidos.** | | |

21 **15** **Ordena estas frases según el grado de preferencia (de mayor a menor).**

1. Me gusta mucho vestirme elegante en las bodas.
2. No me gusta el pan duro.
3. Odio comer solo.
4. Me encantan las naranjas.
5. Me gusta llevar vaqueros.

Relaciona los diálogos con los dibujos.

| **ACUERDO** | **DESACUERDO** |
|---|---|
| – Me gusta la camisa blanca que está debajo de la falda verde.<br>– A mí también. | – Me encantan las patatas fritas.<br>– A mí no. |
| – No me gusta el color marrón.<br>– A mí tampoco. | – No me gustan estos vestidos; son muy incómodos.<br>– A mí sí. |

☺☺    ☺☹    ☹☺    ☹☹

**16** **Escucha y marca el dibujo correcto.**

| ☺☺ | | |
|---|---|---|
| ☹☹ | | |
| ☺☹ | | |

**17** **Lee.**

**A:** Me gusta mucho la fruta de verano.

**B:** A mí también, pero prefiero la fruta de invierno.

**A:** Me gustan las faldas muy cortas y negras.

**B:** A mí también, pero las prefiero de otro color.

### Pregunta a tu compañero por sus preferencias.

Ej.: *¿Qué prefieres, ir al cine o visitar museos?*
*Me gustan los museos, pero prefiero ir al cine.*

**1.** Ver la tele o leer.
**2.** Tortilla de patata o paella.
**3.** Escuchar música clásica o música rock.
**4.** Zapatos o deportivas.

**5.** Abrigo o cazadora.
**6.** Dormir en el sofá o en la cama.
**7.** Carne o pescado.

**18** **Escucha estos dos diálogos y completa la tabla.**

| | ¿qué compra? | ¿cómo es? | ¿qué talla?; ¿qué número? | ¿cuánto cuesta? |
|---|---|---|---|---|
| **1** | | | | |
| **2** | | | | |

**19** **Ordena el siguiente diálogo.**

**A:** ¿Qué tal le queda?

**A:** Aquí tiene. ¿Qué le parece?

**A:** 57,10 euros.

**B:** ¡Ay!, pues no sé, creo que la 44.

**A:** ¿Cómo la quiere? De seda, de algodón, de...

**A:** ¿Cómo le está?

**B:** De seda, por favor.

**B:** Me queda un poco estrecha. ¿Puede darme otra talla?

**A:** Sí, le traigo la 46.

**B:** Quiero una camisa blanca.

**A:** ¿Qué talla tiene?

**B:** Muy bien. Me queda muy bien. Me la llevo. ¿Cuánto cuesta?

**B:** A ver la 46 cómo me está. Sí, está muy bien.

**B:** Bien, ¿puedo probármela?

**A:** Buenos días. ¿Qué desea?

**A:** Sí, claro.

---

## ESQUEMA GRAMATICAL

### IMPERATIVO AFIRMATIVO
#### Verbos regulares

| | TOM-AR | BEB-ER | SUB-IR |
|---|---|---|---|
| tú | tom-**a** | beb-**e** | sub-**e** |
| usted | tom-**e** | beb-**a** | sub-**a** |
| vosotros | tom-**ad** | beb-**ed** | sub-**id** |
| ustedes | tom-**en** | beb-**an** | sub-**an** |

#### Pronombres personales de CD

| Forma | Posición |
|---|---|
| me te lo / la nos os los / las | ▶ Se colocan delante del verbo. *Compro naranjas en la frutería →* **Las** *compro en la frutería.* ▶ Con imperativo se colocan detrás del verbo y unido a él. *Compra naranjas en la frutería →* *Cómpra***las** *en la frutería.* |

### Verbos irregulares

| | tú | usted | ustedes |
|---|---|---|---|
| PONER | pon | ponga | pongan |
| VENIR | ven | venga | vengan |
| TENER | ten | tenga | tengan |
| DECIR | di | diga | digan |
| HACER | haz | haga | hagan |
| SALIR | sal | salga | salgan |
| SER | sé | sea | sean |
| IR | ve | vaya | vayan |
| CERRAR | cierra | cierre | cierren |
| PEDIR | pide | pida | pidan |
| DORMIR | duerme | duerma | duerman |

**Pedir un favor**
*¿Poder + infinitivo?*
*¿Puedes cerrar la ventana, por favor?*
**Aceptar realizarlo**
*Sí, claro, ahora mismo.*
**Denegarlo**
*No, no puedo, lo siento.*
*No, no puedo; es que está rota.*

### Expresar gustos

| pronombre CI + *gustar* *encantar* + sujeto |
|---|
| *Me gusta la comida italiana.* *Les encanta el vino español.* *Me gustan mucho las patatas fritas.* |

| sujeto + *odiar* *preferir* + CD |
|---|
| *Yo odio la carne poco hecha.* *Preferimos el pescado.* *Juan prefiere los tomates.* |

**Pedir un producto**
*¿Me pone un kilo de naranjas, por favor?*
*¿Podría ponerme un kilo de naranjas?*
**Preguntar el precio**
*¿Cuánto cuesta...?:* precios fijos (ropa, productos de limpieza, transporte...).
*¿A cuánto está...?:* precios variables (frutas, carne, pescado...).

**1** **Observa este dibujo.**

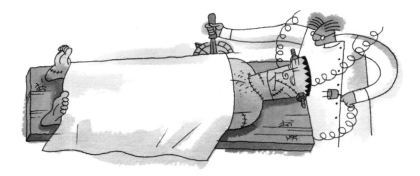

Ahora, escribe el nombre de las partes del cuerpo.

- cabeza
- estómago
- espalda
- mano
- pie
- pierna
- hombro
- brazo
- oreja
- rodilla
- cintura

- ojos
- nariz
- boca
- codo
- dientes
- tobillo
- cuello
- muelas
- dedo
- cadera

¡Atención!
**la** nariz
**la** mano

**ámbito 2**

**CE 7** 🏷 **2** Escucha y escribe el número de diálogo de cada dibujo.

**3** Observa los dibujos y escribe estas frases en el lugar que corresponda.

a) ¡Qué hambre tengo!        d) ¡Qué frío tengo!        g) ¡Qué calor tengo!

b) ¡Qué cansado estoy!       e) ¡Qué triste estoy!      h) ¡Qué aburrido estoy!

c) ¡Qué sed tengo!           f) ¡Qué contento estoy!    i) ¡Qué preocupada estoy!

**1** _____

**2** _____

**3** _____

**4** _____

**5** _____

**6** _____

**7** _____

**8** _____

**9** _____

**CE 9,10** 🏷 **4** Escucha y escribe cómo se sienten estas personas.

1. _____          3. _____

2. _____          4. _____

**CE 11** **5** Relaciona.

▶ Si estornudas en primavera,                    ... tienes tortícolis.

▶ Cuando no puedes hablar porque no tienes voz,  ... tienes fiebre.

▶ Si duermes en una mala postura y te duele el cuello,  ... tienes alergia.

▶ Cuando trabajas mucho y duermes poco,          ... estás afónico.

▶ Cuando bebes mucho alcohol,                    ... estás mareado.

▶ Si tienes 40° de temperatura,                  ... estás agotado.

▶ Si tienes fiebre y te duele todo el cuerpo,    ... tienes gripe.

**60** sesenta

**6** ¿Qué te pasa? Exprésalo con gestos. Tu compañero tiene que adivinarlo.

**7** Relaciona cada problema con su remedio.

| problema | remedio |
|---|---|
| ⇒ tener dolor de cabeza | ⇒ tomar una aspirina |
| ⇒ tener fiebre | ⇒ _____ |
| ⇒ tener dolor de espalda | ⇒ _____ |
| ⇒ estar agotado/a | ⇒ _____ |
| ⇒ tener gripe | ⇒ _____ |

**8** ¿Qué tienes que hacer para...

1. no tener hambre? ▶ Tengo que comer.
2. estar contento? ▶ _____
3. no tener frío? ▶ _____
4. no estar cansado? ▶ _____
5. no tener sed? ▶ _____

**9** Escucha y lee estos diálogos.

*A:* Hola, buenas tardes.

*B:* Buenas tardes. Pase y siéntese.

*A:* Gracias.

*B:* Dígame, ¿qué le pasa?

*A:* Tengo una tos muy fuerte, especialmente por las noches, y además casi no puedo respirar.

*B:* ¿Le duele la garganta?

*A:* Sí.

*B:* ¿Y la cabeza?

*A:* También.

*B:* ¿Tiene fiebre?

*A:* Sí, y también me duelen los brazos y las piernas. Bueno... todo el cuerpo.

*B:* Lo que usted tiene es gripe. Tómese este jarabe para la tos y póngase estas inyecciones.

*A:* Muy bien.

*B:* Por supuesto, no fume. Acuéstese y descanse. No vaya a la oficina, quédese en casa tres días como mínimo. No coja frío. Si la garganta le duele mucho, beba zumo de limón con miel. Si después de tres días no se encuentra mejor, vuelva a mi consulta.

*A:* Gracias, doctor.

*B:* De nada. Y cuídese.

*C:* ¡Qué dolor de cabeza!

*D:* Pues si te duele la cabeza, tómate una aspirina. Mira, aquí tienes una.

*C:* No, gracias. No me gusta tomar medicinas. No sé qué me pasa, me encuentro mal. Aquí hace frío, ¿no?

*D:* No. A ver... ¡Huy! ¡Tienes fiebre! Creo que tienes gripe.

*C:* ¿En serio?

*D:* Sí. Si te encuentras mal, vete a casa y descansa, y mañana no vayas a la oficina.

*C:* Sí, buena idea.

*D:* Y si tienes tos, tómate un buen jarabe.

*C:* ¿Otra medicina? No, no.

*D:* Pues bebe zumo de limón con miel. Es un remedio natural. Y no fumes. Y lo más importante: no cojas frío.

*C:* Ya.

Marca todos los imperativos que aparecen en los diálogos y clasifícalos.

| afirmativos | negativos |
|---|---|
| _____ | _____ |
| _____ | _____ |
| _____ | _____ |
| _____ | _____ |

**Ordena el siguiente diálogo.**

**A:** ¿A las cuatro y media?

**B:** Hola, buenos días, quería pedir hora para esta tarde.

**B:** Muy bien, a esa hora me viene bien.

**A:** Bueno, entonces, hoy a las cuatro y media, ¿de acuerdo?

**B:** De acuerdo. Gracias, hasta la tarde.

**A:** Consulta del doctor Bosque, dígame.

**B:** Pues a primera hora de la tarde, sobre las cuatro, más o menos.

**A:** Adiós.

**A:** Un momento, por favor, ¿a qué hora le viene bien?

 **Escucha y comprueba.**

**11** **En parejas.**

**ALUMNO A**

Tienes estos síntomas.
Vas a la consulta de tu compañero, que es médico. Explícale qué te pasa.

**PROBLEMAS** ▶ gripe
▶ estrés
▶ dolor de estómago

**ALUMNO B**

Eres médico. Tu compañero se encuentra mal y viene a tu consulta. Escúchalo y dale una solución.

**SOLUCIONES** ▶ andar
▶ fumar
▶ salir al campo
▶ ir a la playa
▶ abrigarse
▶ comer verdura
▶ comer grasas
▶ hacer deporte
▶ darse una crema
▶ tomarse un jarabe
▶ hacerse un análisis de sangre
▶ tomarse una manzanilla
▶ salir de copas

Ahora eres tú el médico. Tu compañero se encuentra mal y viene a tu consulta. Escúchalo y dale una solución.

**SOLUCIONES** ▶ andar
▶ fumar
▶ salir al campo
▶ ir a la playa
▶ abrigarse
▶ comer verdura
▶ comer grasas
▶ hacer deporte
▶ darse una crema
▶ tomarse un jarabe
▶ hacerse un análisis de sangre
▶ tomarse una manzanilla
▶ salir de copas

Ahora tú eres el paciente.

**PROBLEMAS** ▶ dolor de riñones
▶ mareos
▶ tortícolis

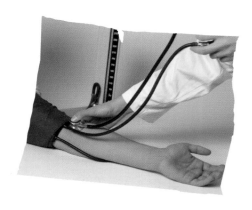

**12** Escribe debajo de cada imagen la acción que representa.

_____

_____

_____

**1.** Escribe cuáles de esos hábitos son buenos o malos para la salud.

**2.** Comenta los resultados con tu compañero. ¿Estáis de acuerdo?

**13** Completa esta guía.

## para VIVIR 100 años

☞ hay que beber dos litros de agua al día

☞ hay que dormir por lo menos ocho horas al día

☞

☞

☞

☞

☞

Ahora vamos a personalizar. Indica en esta carta qué tiene que hacer Rosa para vivir cien años.

_Sevilla, 4 de febrero_

_Querida Rosa:_

_¿Qué tal estás? Yo estoy muy bien aquí, en Sevilla. Todos los días aprendo algo nuevo. Por ejemplo, hoy tengo unas indicaciones sobre cómo vivir cien años. Es muy interesante:_

_- Tienes que beber dos litros de agua al día._

_- Tienes que dormir por lo menos ocho horas al día._

_____

_____

_____

_____

_____

_Pero no es fácil hacerlo, ¿verdad? Bueno, escríbeme pronto._
_Un abrazo,_

_Luis_

**Lee y escucha.**

▶ sábado  ▶ médico  ▶ libro  ▶ árbol  ▶ edad  ▶ sofá

**1.** Separa en sílabas.

**2.** Vuelve a escuchar y señala la sílaba más fuerte.

**3.** Escucha estas otras palabras y escríbelas en la columna correspondiente. Fíjate en el ejemplo. Después señala la sílaba más fuerte.

| 4 sílabas | 3 sílabas | 2 sílabas |
|-----------|-----------|-----------|
| periódico | médico | silla |
| | | |

## ESQUEMA GRAMATICAL

### IMPERATIVO NEGATIVO

| | TOM-AR | BEB-ER | SUB-IR |
|---|--------|--------|--------|
| tú | no tom-**es** | no beb-**as** | no sub-**as** |
| usted | no tom-**e** | no beb-**a** | no sub-**a** |
| vosotros | no tom-**éis** | no beb-**áis** | no sub-**áis** |
| ustedes | no tom-**en** | no beb-**an** | no sub-**an** |

### Enfermedades, síntomas y estados de salud

| *tener* + nombre de enfermedad o síntomas | *estar* + estado físico o anímico |
|---|---|
| Tengo { gripe / fiebre / alergia / catarro / escalofríos | Estoy { agotado / nervioso / afónico / mareado / bien / mal / regular |
| *Nosotros tenemos dolor de cabeza.* | *¡Qué cansado estoy!* |

| **doler** |
|---|
| Me / te / le... *duele* + sustantivo singular |
| *Nos duele la cabeza.* |
| Me / te / le... *duelen* + sustantivo plural |
| *Me duelen las piernas.* |

| **tener dolor de** |
|---|
| *Yo tengo dolor de piernas.* |
| *Nosotros tenemos dolor de cabeza.* |

**Expresar obligación**
- Impersonal, general: *hay que* + infinitivo
  *Para tener buena salud, hay que hacer deporte.*
- Personal, particular: *tener que* + infinitivo
  *Si quieres tener buena salud, tienes que hacer deporte.*

**Expresar condición**
- Con acciones habituales
  *Cuando* → presente + presente: *Cuando me duele la cabeza, me tomo una aspirina.*
  *Si* → presente + presente: *Si me duele la cabeza, me tomo una aspirina.*
- Con órdenes
  *Si* → presente + imperativo: *Si te duele la cabeza, tómate una aspirina.*

**1** **Observa estas fotos y relaciónalas con sus nombres.**

▶ pulpo a la gallega
▶ patatas bravas
▶ jamón serrano
▶ morcilla
▶ chorizo
▶ boquerones
▶ aceitunas

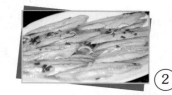

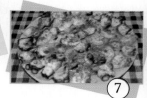

**2** **Lee este texto.**

Tomar tapas es una costumbre muy española y consiste en reunirse en los bares para estar con los amigos, con la familia o con los compañeros de trabajo. Normalmente se "tapea" en varios bares, y en cada uno se piden uno o varios platos y una ronda de bebida (lo más frecuente es el vino o la cerveza). En cada sitio paga una persona, de forma que, si salen cinco personas a tomar el aperitivo, se suele entrar en cinco bares. Lo curioso de las tapas es que los platos (llamados raciones) se comparten. Se puede "tapear" a diferentes horas del día, como aperitivo o como sustitución de una comida o una cena.

En su origen, la palabra *tapa* significa literalmente eso: tapa. Se utilizaba para cubrir la caña de cerveza como protección contra las moscas; en un principio, era simplemente un trozo de pan con algo encima, pero se ha convertido en una comida muy variada.

**3** **Di si estas frases son verdaderas o falsas.**

*Para ir de tapas, ...*

| | verdadero | falso |
|---|---|---|
| tienes que estar necesariamente solo | | |
| normalmente tienes que quedarte en un bar | | |
| paga siempre la misma persona | | |
| tienes que compartir la comida | | |
| hay que esperar a la noche | | |

**4** **¿Qué sinónimos de "tapear" deduces del texto?**

1. _____

2. _____

**5** **¿Y de "tapa"?**

_____

# Nos divertimos

**5**

**1** Escucha a Juan y a Carmen, que están preparando sus vacaciones.

*Juan:* ¿Dónde vamos esta Semana Santa?

*Carmen:* A mí me gustaría ir a la playa.

*Juan:* Yo prefiero ir a Sevilla.

*Carmen:* ¡Ah! Muy buena idea.

*Juan:* ¿Vamos en avión, en tren o en coche?

*Carmen:* Yo prefiero en avión; es más rápido.

*Juan:* Sí, pero el tren es más barato.

*Carmen:* Vale. ¿Dónde vamos a dormir?

*Juan:* No sé. ¿Qué prefieres, hotel, cámping o albergue?

*Carmen:* Prefiero el hotel, pero el albergue es más barato.

*Juan:* Bien, yo llamo al albergue para saber cuánto cuesta y dónde está.

*Carmen:* Vale, yo llamo a la estación de tren.

**Contesta a estas preguntas.**

◆ ¿Dónde prefiere ir Juan de vacaciones de Semana Santa? ¿Y Carmen?

◆ ¿Cómo prefiere ir Carmen a Sevilla? ¿Por qué?

◆ ¿Cómo van a ir a Sevilla?

◆ ¿Dónde prefiere dormir Carmen?

◆ ¿Dónde van a dormir? ¿Por qué?

◆ ¿Para qué va a llamar Juan al albergue?

◆ ¿Para qué va a llamar Carmen a la estación de tren?

**2** Relaciona las palabras de la columna de la izquierda con las de la columna de la derecha.

| | |
|---|---|
| | albergue |
| | apartamento |
| transporte | autostop |
| | avión |
| | bicicleta |
| | cámping |
| alojamiento | campo |
| | ciudad |
| | coche |
| | hotel |
| lugar | montaña |
| | playa |
| | tren |

¿Cuáles son tus preferencias cuando viajas? Explícaselas a tus compañeros.

**Ej.:** *Cuando viajo prefiero ir en tren, porque es más barato y se ve muy bien el paisaje.*

**3** Fíjate en estas personas. Habla con tu compañero y di cuáles son sus preferencias cuando viajan.

**4** En parejas. Escribid el nombre de algunas ciudades con estas características.

LUGAR DE VERANEO. PLAYAS GRANDES Y LIMPIAS. PUEDES DESCANSAR, DIVERTIRTE Y CONOCER GENTE DE TODO EL MUNDO. POR LAS MAÑANAS PUEDES TOMAR EL SOL Y POR LA NOCHE PUEDES SALIR HASTA MUY TARDE.

LOS GRANDES EDIFICIOS DE CRISTAL Y ACERO TE HACEN PENSAR EN EL PROGRESO CONSTANTE DEL SER HUMANO. AL PASEAR POR SUS CALLES PUEDES VER LA PERFECCIÓN DE SU DISEÑO. LAS NUEVAS TECNOLOGÍAS ESTÁN A TU ALCANCE. SON CIUDADES DEL FUTURO.

¿A cuál de ellas te gustaría ir en tus próximas vacaciones? ¿Por qué? Coméntalo con tu compañero.

CONTACTO CON LA NATURALEZA. PUEDES RESPIRAR EL AIRE FRESCO Y LIMPIO, Y PRACTICAR DEPORTE AL AIRE LIBRE. LA TRANQUILIDAD DE ESTAS CIUDADES TE HACE SENTIR BIEN. ES TODO MUY SANO Y SALUDABLE.

CIUDADES LLENAS DE CULTURA Y TRADICIÓN. EDIFICIOS ANTIGUOS, CALLES ESTRECHAS EN DONDE EL TIEMPO SE PARA. AL PASEAR POR SUS CALLES TE TRASLADAS AL MUNDO DEL PASADO.

**5** En parejas. Preparad una ruta de fin de semana por el noroeste de España, marcadla en el mapa y explicádsela al resto de la clase.

San Andrés de Teixido

FERROL

Mondoñedo

LA CORUÑA

Caión

Laxe

Malpica

Ponteceso

Muxía

LA CORUÑA

LUGO

LUGO

SANTIAGO DE COMPOSTELA

Fisterra

PONTEVEDRA

PONTEVEDRA

VIGO

Islas Cíes

ORENSE

Bande

ORENSE

La Guardia

**CE 6**

**6** **Lee las siguientes postales.**

Hola, Esther:

Esta ciudad es muy bonita. Está en el este de España. Tiene un clima muy bueno. La temperatura es de 20°, hace muy buen tiempo. Está en la costa mediterránea. Tiene unas playas muy bonitas y un puerto importante. Es famosa por su castillo y por un dulce que se come en Navidad en toda España: el turrón. Lo paso muy bien y te echo de menos.

Un beso,

Susan

¿Sabes a qué ciudades se refieren? Márcalas en el mapa y relaciona las palabras de la columna con las ciudades que aparecen en él.

Hola, Susan:

Esta ciudad es maravillosa. Está en el sur de España. Hace mucho calor. Tiene un edificio árabe muy bonito y junto a él unos jardines maravillosos con muchas fuentes. Las casas tienen grandes patios con muchas flores. En esta ciudad hay pocas casas altas. La gente está mucho en la calle y hay una gran actividad por el día y por la noche. Esta postal es de una de las partes del edificio árabe más importante de la ciudad. Espero verte pronto,

Esther

- ▸ puerto
- ▸ playa
- ▸ mar Mediterráneo
- ▸ océano Atlántico
- ▸ monumentos
- ▸ moderna
- ▸ antigua
- ▸ lluvia
- ▸ sol
- ▸ buen tiempo
- ▸ mal tiempo

**7** **Relaciona los dibujos con las palabras o expresiones siguientes.**

1 2 3 4 5

6 7 8 9

- ▸ hace calor
- ▸ hace frío
- ▸ hace sol
- ▸ hace viento
- ▸ llueve
- ▸ hace buen tiempo
- ▸ hace mal tiempo
- ▸ nieva
- ▸ está nublado

**CE 8.9**

**8** **¿Qué diferencias hay entre estas dos fotografías? Descríbelas.**

Ej.: *Madrid tiene grandes avenidas, con mucho tráfico...*

Es muy grande
pequeña
bulliciosa...
Tiene muchos museos
muchas casas
En Madrid hay mucha gente

Madrid

Frías (Burgos)

**9 Escucha y señala en el mapa.**

Elige un país y dile a tu compañero dónde está y cómo es. Él tiene que adivinar de qué país se trata.

**10 Relaciona las palabras con los países del mapa.**

- ▶ tango
- ▶ tequila
- ▶ telenovelas
- ▶ La Pampa
- ▶ nachos
- ▶ café
- ▶ Los Andes

- ▶ puros habanos
- ▶ playas
- ▶ Amazonas
- ▶ ron

Compara tus respuestas con las de tu compañero.

**11 Escucha a Carmen, que está buscando hotel o albergue en Sevilla.**

**HOTEL HUSA ★★★**

| Habitación | Pensión | Precio TA | Precio TB |
|---|---|---|---|
| Doble | completa | 75,13 € | 60,10 € |
| Individual | completa | 54,09 € | 42,07 € |

**ALBERGUE SEVILLA**

Capacidad: 60 personas.
Habitaciones: 10.
Calle: Los Molinos n.º 12.
Situado en la zona centro.
Muchas actividades.

**HOTEL MIRAMAR ★★★★**

| Habitación | Pensión | Precio TA | Precio TB |
|---|---|---|---|
| Doble | completa | 54,09 € | 48,08 € |
| Individual | completa | 39,07 € | 33,06 € |
| Doble | media | 48,80 € | 42,07 € |
| Individual | media | 34,86 € | 30,05 € |

Contesta a las siguientes preguntas.

**Primer diálogo**

1. ¿Qué habitación quiere Carmen?
2. ¿Reserva la habitación?

**Segundo diálogo**

1. ¿Tiene el hotel habitaciones dobles?
2. ¿Qué tipo de pensión quiere Carmen?
3. ¿Reserva la habitación?

**Tercer diálogo**

1. ¿Hay habitaciones libres?
2. ¿Cuánto cuesta la habitación?
3. ¿Reserva Carmen la habitación? ¿De qué tipo? ¿Qué día?

**12** **En parejas.**

**ALUMNO A**

Quieres reservar una habitación individual con media pensión, y sólo tienes 42 euros.

Llama al hotel Husa y al hotel Miramar.

Quieres ver la televisión y hacer gimnasia por la mañana. La necesitas para el 15 de agosto.

**ALUMNO A**

Eres el recepcionista de los hoteles Husa y Miramar. Responde a las preguntas de tu compañero.

**ALUMNO B**

Eres el recepcionista de los hoteles Husa y Miramar. Responde a las preguntas de tu compañero.

**ALUMNO B**

Quieres reservar una habitación doble con pensión completa. El dinero no es problema. Llama al hotel Miramar y al hotel Husa.

No te gusta el calor, llevas coche y tienes que mandar unos correos electrónicos (e-mails).

La necesitas para el 1 de agosto.

**13** **Relaciona los símbolos con los lugares públicos o tiendas.**

▸ farmacia
▸ banco
▸ quiosco
▸ Correos
▸ bar
▸ hospital
▸ biblioteca
▸ estación
▸ museo
▸ parada de autobús
▸ gasolinera

**14** **Escucha y lee. Relaciona los diálogos con los planos.**

A: Oye, perdona, ¿dónde hay una farmacia por aquí?
B: Sigue todo recto y gira la primera a la izquierda. Allí, en la esquina, hay una farmacia.
A: Gracias.

A: Oiga, perdone, ¿dónde está la oficina de Correos?
B: Muy cerca de aquí. La segunda calle a la derecha.
A: Gracias.

A: Perdona, ¿hay un supermercado por aquí?
B: Sí, hay uno al final de esta calle.
A: ¿Está muy lejos?
B: No, a unos cinco minutos de aquí.
A: Gracias.

A: Por favor, ¿la calle Corrientes?
B: Tome la primera calle a la izquierda y luego gire a la derecha.
A: ¿Está cerca de aquí?
B: Sí, sí.
A: Gracias.

**1**

**2**

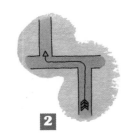

**3**

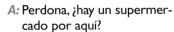

**4**

**15** **En parejas.**

### ALUMNO A

**1.** Pregunta a tu compañero dónde *hay* o *están* estos lugares públicos y tiendas. Marca el recorrido en el plano.

▶ teatro Cervantes
▶ librería
▶ gasolinera

ESTÁS AQUÍ

**2.** Dale instrucciones a tu compañero para ir a los lugares públicos y tiendas sobre los que te va a preguntar.

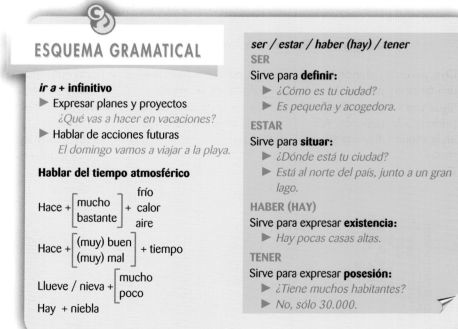

### ALUMNO B

**1.** Dale instrucciones a tu compañero para ir a los lugares públicos y tiendas sobre los que te va a preguntar.

ESTÁS AQUÍ

**2.** Pregunta a tu compañero dónde *hay* o *están* estos lugares públicos y tiendas. Marca el recorrido en el plano.

▶ quiosco
▶ estanco
▶ hospital

**CE 14** **16** **Contesta. Para ir...**

• a Nueva York   • a nuestro colegio   • al hospital   • de copas con los amigos   • a casa de mi mejor amigo   • a casa de mis abue

*tenemos que / hay que*

*tomar / coger*

## ESQUEMA GRAMATICAL

**ir a + infinitivo**

▶ Expresar planes y proyectos
  *¿Qué vas a hacer en vacaciones?*
▶ Hablar de acciones futuras
  *El domingo vamos a viajar a la playa.*

**Hablar del tiempo atmosférico**

$$\text{Hace} + \begin{bmatrix} \text{mucho} \\ \text{bastante} \end{bmatrix} + \begin{matrix} \text{frío} \\ \text{calor} \\ \text{aire} \end{matrix}$$

$$\text{Hace} + \begin{bmatrix} \text{(muy) buen} \\ \text{(muy) mal} \end{bmatrix} + \text{tiempo}$$

$$\text{Llueve / nieva} + \begin{bmatrix} \text{mucho} \\ \text{poco} \end{bmatrix}$$

Hay + niebla

**ser / estar / haber (hay) / tener**

**SER**
Sirve para **definir:**
▶ *¿Cómo es tu ciudad?*
▶ *Es pequeña y acogedora.*

**ESTAR**
Sirve para **situar:**
▶ *¿Dónde está tu ciudad?*
▶ *Está al norte del país, junto a un gran lago.*

**HABER (HAY)**
Sirve para expresar **existencia:**
▶ *Hay pocas casas altas.*

**TENER**
Sirve para expresar **posesión:**
▶ *¿Tiene muchos habitantes?*
▶ *No, sólo 30.000.*

1  **Señala cuáles son tus gustos.**

de aventuras    de amor    de ciencia-ficción    musical    de guerra    comedia

clásico    moderno

pequeños bares    grandes discotecas    cafés tranquilos

ópera    zarzuela    clásica    rock    pop

de arte    de ciencia

 2  **Mira esta oferta de ocio y responde a las preguntas.**

### MUSEO DEL PRADO

Paseo del Prado s/n.
Horario: de martes a sábado, de 9 a 19 horas. Domingos y festivos, de 9 a 14 horas.
Lunes: cerrado.
Entrada: 3,01 €.

### AUDITORIO NACIONAL

Príncipe de Vergara, 146.
Sala de cámara.
Localidades a partir de 18,03 euros. Venta telefónica y en taquilla a partir de las 17 horas.
Este lunes: *Cuarteto en fa mayor*, de Ravel.

### CASA DE AMÉRICA

Paseo de Recoletos, 2. Metro Banco de España.
Exposiciones: PhotoEspaña 2001, colectiva. Lunes: cerrado.

### PLANETARIO DE MADRID

Parque Tierno Galván. Metro Méndez Álvaro / Autobús 148.
Documentales: 12.45 y 18.45 horas.
Lunes cerrado.

### ZOO-ACUARIUM

Casa de Campo. Metro Batán/Autobús 33.
Horario: lunes a viernes de 10.30 a 20.30 horas. Delfinario y otras exhibiciones todos los días.
Precio: menores de 8 años, 8,02 €; a partir de 8 años, 10,01 €.

### CENTRO CULTURAL VILLA DE MADRID

Plaza de Colón s/n. Metro Colón y Serrano.
Dirección: Antonio Guirau.
Venta de localidades en las taquillas del centro o por teléfono.
Horario de taquilla: de 11.00 a 13.30 horas y de 17.00 a 18.00 horas.
Lunes, cerrado.
Sala I. Ballet Clásico de Madrid. Director artístico: Laurentiu Guinea; presenta *Romeo y Julieta*.
Precio butaca 13,22 €. Miércoles, día del espectador 9,02 €.
Sala II. Veranos de la Villa 2001. Zarzuela.
Compañía Lírica Española. Director: Antonio Amengual.
Butaca: 13,22 €. Miércoles, 9,02 €.

▶ ¿A qué hora empiezan los documentales del Planetario?
▶ ¿Qué exposición hay en la Casa de América?
▶ ¿Cuánto cuesta el concierto en el Auditorio Nacional de la Música?
▶ ¿En qué sala se representa el ballet *Romeo y Julieta?*
▶ ¿Qué día cierran el Museo del Prado?

**CE 7.8** **3** **Escribe los nombres de estas actividades.**

1. _____ 2. _____ 3. _____ 4. _____ 5. _____ 6. _____ 7. _____

    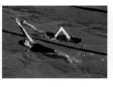  

8. _____ 9. _____ 10. _____ 11. _____ 12. _____ 13. _____ 14. _____

 **4** **Escucha y lee.**

**Laura:** Juan, ¿qué te gusta hacer el fin de semana?

**Juan:** A mí me gusta ir al cine, nadar y estar con mis amigos. ¿Y a ti?

**Laura:** A mí me gustan los deportes.

**Juan:** ¿Qué deportes te gustan?

**Laura:** Me gustan el baloncesto y el tenis.
Alberto, ¿qué te gusta hacer el fin de semana?

**Alberto:** A mí me gusta pasear por el campo y no me gusta ver la televisión.

**1.** **Contesta verdadero o falso.**

**1.** A Laura le gusta ir al cine.

**2.** A Juan le gusta estar con sus amigos.

**3.** A Juan le gustan los deportes.

**4.** A Laura le gusta el baloncesto.

**5.** A Alberto le gusta ver la televisión.

**2.** **Escribe cinco actividades que te gusta hacer en tu tiempo libre.**

_Me gusta_ _____

 **5** **Escucha y completa el cuadro.**

| | le encanta | le gusta mucho | le gusta | no le gusta nada | odia |
|---|---|---|---|---|---|
| 1 | | | | | |
| 2 | | | | | |

**CE 11** **6** **Utiliza el verbo _preferir_ y haz una cadena.**

Ejs.: Me gusta leer, pero prefiero ver la televisión.

Me gusta ver la televisión, pero prefiero jugar al fútbol.

Me gusta jugar al fútbol, pero. . .

**CE 14**

**7** **Laura y John están en el cine. Los amigos de Laura acaban de hacer un cortometraje y ella le explica a John quién es cada uno de ellos.**

*John:* Hacer una película es muy divertido, ¿verdad?

*Laura:* Sí, mis amigos se divierten mucho cuando tienen que actuar.

*John:* ¿Quién es el que está cantando?

*Laura:* Ése es Carlos. Le gusta mucho imitar a Elvis Presley. El que está bailando a su lado es Pablo.

*John:* ¡Ah! ¿Quién es la que está cocinando ese gran pastel?

*Laura:* Ésa es Natalia, es mi mejor amiga.

*John:* ¿También está en esta película Jorge?

*Laura:* Sí, mira, es el que está leyendo el periódico en este momento.

*John:* ¡Ah!, sí.

*Laura:* También están María y Alberto. Mira, están montando en bicicleta.

Ya conoces a los amigos de Laura. Ahora mira las siguientes escenas y escribe qué está haciendo cada uno.

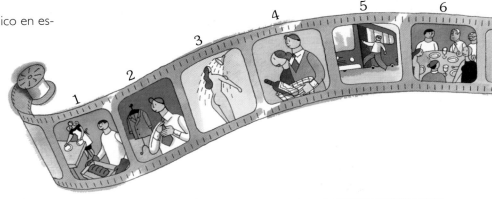

**CE 15**

**8** **Escribe qué están haciendo los personajes en cada una de las viñetas. Después ordénalas, cuenta la historia e invéntate un final.**

**9** **Lee el menú de este restaurante.**

MENÚ CASA PACA

**Primer plato**
Sopa de marisco
Fabada asturiana
Paella valenciana
Gazpacho
Pisto manchego

**Segundo plato**
Merluza a la vizcaína
Ternera de Ávila
Cochinillo asado
Huevos con chorizo
Calamares

**Postre**
Flan
Arroz con leche
Natillas
Helado de fresa
Tarta de chocolate
Crema catalana

**1.** **Después del cine, Laura y John deciden ir a cenar. Escucha el siguiente diálogo.**

*Laura:* Hola, buenas noches.

*Camarero:* Buenas noches. ¿Qué van a tomar?

*Laura:* Para mí, de primero pisto manchego.

*John:* Para mí, sopa de marisco.

*Camarero:* ¿Y de segundo?

*Laura:* Yo, ternera de Ávila.

*John:* Para mí, merluza a la vizcaína.

*Camarero:* ¿Y para beber?

*Laura:* Una botella de vino y otra de agua, por favor.

*Camarero:* Ahora mismo.

*Camarero:* ¿Quieren algo de postre?

*Laura:* Sí, arroz con leche.

*John:* Y helado de fresa.

*John:* Camarero, ¿nos trae la cuenta, por favor?

*Camarero:* Sí, tome.

**2.** **En grupos de tres, representad el diálogo anterior.**

PARA PEDIR ALGO POR PRIMERA VEZ

Nombre contable: ¿Me trae un / una...?
¿Me trae una botella de vino?

Nombre no contable: ¿Me trae un poco de...?
¿Me trae un poco de agua?

PARA PEDIR LA COMIDA EN UN RESTAURANTE

Yo (quiero)...
Para mí...

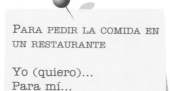

PARA PEDIR POR SEGUNDA VEZ

Nombre contable: ¿Me trae otro / otra...?
¿Me trae otra cerveza?

Nombre no contable:
¿Me trae un poco más de...?
¿Me trae un poco más de agua?

**10** **En parejas.**

## ALUMNO A

**1.** Eres un cliente de un restaurante.

Quieres…

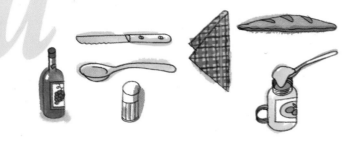

Después quieres…

**2.** Eres el camarero de un restaurante. Un cliente te pide cosas. Tú se las llevas.

un tenedor
una jarra de agua
un poco de pimienta
una copa
una botella de vino
un poco de aceite
un poco de tomate

**El cliente te pide cosas otra vez. Tú se las llevas.**

un tenedor
una jarra de agua
tomate

## ALUMNO B

**1.** Eres el camarero de un restaurante. Un cliente te pide cosas. Tú se las llevas.

una cuchara
una servilleta
un poco de pan
un vaso
una botella de vino
un cuchillo
un poco de mayonesa

**El cliente te pide cosas otra vez. Tú se las llevas.**

una cuchara
una botella de vino
mayonesa
pan

**2.** Eres un cliente de un restaurante.

Quieres…

Después quieres…

–¿Te gusta la comida mexicana?
–Sí, mucho; me encanta. ¿Y a ti?
–También, pero me gusta más la comida india. Es más picante.
–Sí, yo también prefiero la india.

 **11** **Escucha los diálogos y marca qué tipo de comida prefieren estas personas.**

| | comida china | comida italiana | comida india | comida mexicana |
|---|---|---|---|---|
| 1 | | | | |
| 2 | | | | |
| 3 | | | | |
| 4 | | | | |

**12** **Coloca estas palabras en su lugar correspondiente.**

| Óscar | París | Universidad | González | Gobierno | Esther |
| Buenos Aires | Ann | Presidente | Rey | García | Ayuntamiento |

| nombres | apellidos | ciudades | instituciones | cargos |
|---------|-----------|----------|---------------|--------|
|         |           |          |               |        |

**13** **Lee el texto y escribe con mayúsculas las palabras que lo necesiten.**

Hoy estamos muy contentas elena y yo porque nos han dicho que mañana vienen el rey don juan carlos de borbón y el presidente del gobierno español a entregar el premio cervantes en el paraninfo de la universidad de alcalá de henares. ¡estamos muy emocionadas! vamos a poder ver desde muy cerca a un rey.

**14** **En español tenemos cinco vocales: a, e, i, o, u. Escucha y repite estas palabras.**

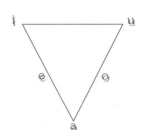

| 1. lama | lapa | tapa | | 7. taba | tema | baba |
|---------|------|------|---|---------|------|------|
| 2. dedo | dado | dudo | | 8. bebe | teme | Pepe |
| 3. dos | tres | sol | | 9. domo | tomo | pomo |
| 4. cuelo | copo | dúo | | 10. mesa | pala | tacha |
| 5. cacho | cupe | cubo | | 11. polo | loro | poro |
| 6. zumo | sumo | tubo | | 12. mama | mamá | mano |

## ESQUEMA GRAMATICAL

| Expresar coincidencia y acuerdo | Expresar no coincidencia y desacuerdo |
|---------------------------------|----------------------------------------|
| ▶ **también:** para contestar a frases afirmativas.<br>A: *Me gustan las películas de acción.*<br>B: *A mí* **también.**<br>▶ **tampoco:** para contestar a frases negativas.<br>A: *En mi ciudad no hay teatros.*<br>B: *En la mía* **tampoco.** | ▶ **sí:** para contestar a frases negativas.<br>A: *A mí no me gusta la música pop.*<br>B: *A mí,* **sí.**<br>▶ **no:** para contestar a frases afirmativas.<br>A: *Tengo muchos discos de música clásica.*<br>B: *Yo* **no.** |

***estar* + gerundio**

▶ Expresa una acción en desarrollo que se realiza en el mismo momento en el que se habla.
A: *¿Qué haces?*
B: *Estoy viendo la televisión.*

▶ Gerundio: verbos regulares

| -AR | -ER | -IR |
|-----|-----|-----|
| **-ando** | **-iendo** | **-iendo** |
| *comprando* | *viendo* | *viviendo* |

**Lee este texto sobre la forma de viajar de los españoles.**

Los españoles viajan en dos momentos importantes del año. Uno es la Semana Santa, una fiesta religiosa de cuatro días que aprovechan para salir de su ciudad. Esta fiesta se celebra al comienzo de la primavera y conmemora la muerte de Jesucristo. En algunas ciudades es una fiesta muy importante, y toda la gente sale a la calle para estar al lado de la imagen de Cristo. Muchos españoles van a estas ciudades para asistir con gran fervor a sus procesiones y seguir los "pasos".

Otra época importante para viajar es el verano. Normalmente los españoles tienen un mes de vacaciones. Los sitios que más se visitan son las playas y los lugares de sol, bullicio y alegría.

A los españoles les gusta alejarse de la ciudad donde viven todo el año, pero no de la gente. Es extraño ver a un español solo en una montaña, apartado del ruido. Les gusta estar rodeados de gente.

Sin embargo, desde hace algunos años, existe el llamado turismo rural. La gente visita pueblos del interior o de montaña. Allí hay casas antiguas restauradas. Estas vacaciones son relajadas, se pueden practicar diferentes deportes y se convive durante unos días con la naturaleza.

**Contesta verdadero o falso.**

**1.** Los españoles viajan normalmente en invierno.

**2.** Suelen ir a la montaña.

**3.** A los españoles les gusta pasar sus vacaciones solos.

**4.** La Semana Santa es una fiesta importante en España.

**5.** Con el turismo rural se pueden practicar diferentes deportes.

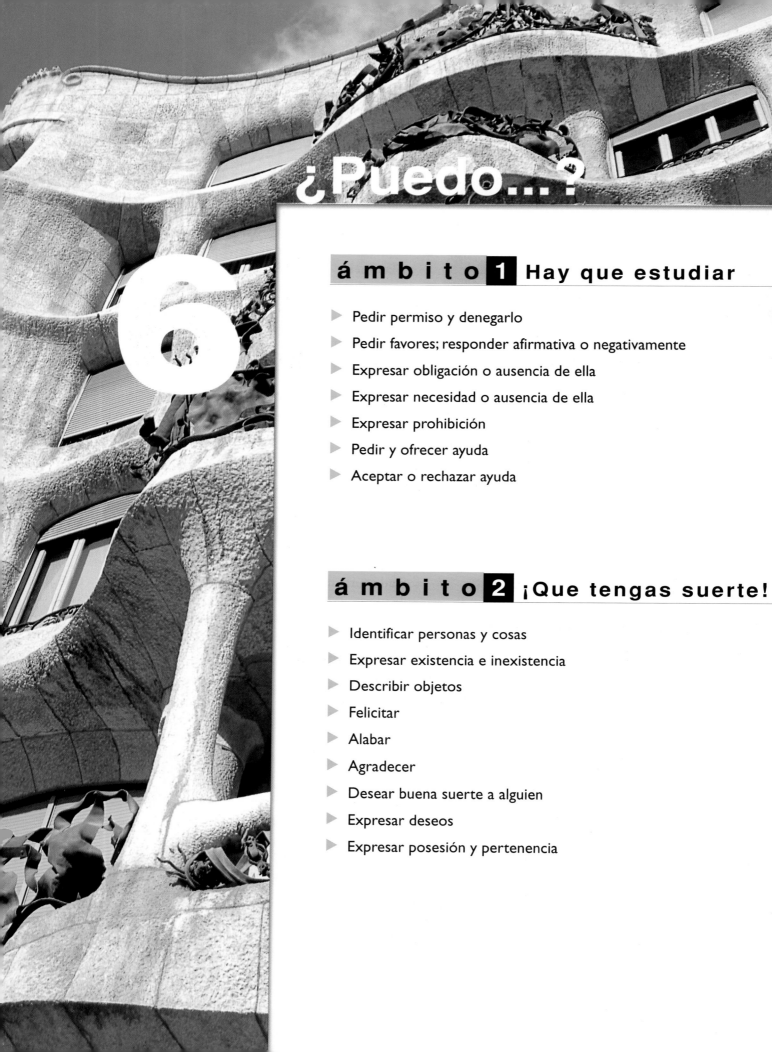

# ¿Puedo...?

**6**

**1** **Fíjate en estos dibujos y decide a cuál corresponde cada diálogo.**

¿Puedes abrir la ventana?

Sí, ahora la ordeno.

¿Puedes ordenar la habitación?

Sí, toma.

1

No, hace frío.

¿Puedes dejarme el bolígrafo?

2

3

**2** **Forma frases y clasifícalas según el cuadro.**

▶ pasar (yo)

▶ fumar (nosotros)

▶ sentarse (yo)

▶ llamar por teléfono (nosotros)

▶ ayudarnos (usted)

▶ dejarme un boli (tú)

| pedir permiso | pedir favores |
|---|---|
| | |
| | |
| | |
| | |
| | |
| | |

**3** **Relaciona las frases con estas fotos.**

- ✔ Ordénala antes de las dos.
- ✔ No la he podido comprar; en el quiosco no la tenían.
- ✔ Los llevo antes de las tres.
- ✔ Léelos.
- ✔ Apágala.
- ✔ Riégalas.

 **¿Qué dices en estos casos?**

*¿Puedes cerrar la puerta?*

  **5** **Escucha y completa.**

| no | de acuerdo | disculpe | lo siento | en seguida | sí |

1. A: ¿Puedes dejarme el jersey negro?
   B: ..........., está sucio.
2. A: ¿Puedes pasarme la sal?
   B: ........, ........... te la paso.
3. A: ........... ¿Se puede pasar?
   B: Entre, entre.

4. A: ¿Puedes traerme un vaso de agua?
   B: ..........., ahora mismo te lo traigo.
5. A: ¿Puedes dejarme tus llaves?
   B: ..........., no las tengo.

**6** **Escribe una lista de las cosas que tienes que hacer hoy. Pregunta a tu compañero si puede ayudarte a hacerlas.**

E 11

**7** **Lee los textos y escribe los nombres de las profesiones a las que se refieren.**

**1.** Tienes que llevar bata.

Hay que estudiar seis años en la universidad.  __ __ __ __ __ __

Tienes que curar enfermos.

**2.** Hay que estar en buena forma.

Hay que salvar vidas.  __ __ __ __ __ __ __

Tienes que apagar fuegos.

**3.** Tienes que estudiar mucho.

Tienes que ser justo.  __ __ __ __

Hay que juzgar a las personas.

**4.** Tienes que enseñar a otras personas.

Tienes que tener paciencia.  __ __ __ __ __ __ __

Hay que trabajar mucho.

**5.** Tienes que llevar uniforme.

Hay que trabajar en la calle.  __ __ __ __ __ __

Tienes que proteger a la gente.

CE 12

**8** **Escucha y completa con las consonantes que faltan.**

1. arqui__e__ __o
2. in__eniero
3. e__onomis__a
4. __ilo__o
5. __om__ero

6. __erio__is__a
7. __rofesor
8. __en__is__a
9. __olí__i__o
10. a__ __or

**Palabras agudas**

Son las palabras que llevan el acento en la última sílaba.  __ __ __ __́

Llevan tilde cuando terminan en vocal o en consonante *n* o *s: café, papá, bombón, compás.*

**Palabras llanas**

Son las palabras que llevan el acento en la penúltima sílaba.  __ __ __́ __

Llevan tilde cuando terminan en consonante diferente de *n* o *s: lápiz, fácil.*

**Palabras esdrújulas**

Son las palabras que llevan el acento en la antepenúltima sílaba.  __ __́ __ __

Llevan tilde siempre: *termómetro, pájaro.*

**CE 13** 🔊 **9** **Escucha, escribe y señala la sílaba fuerte.**

1. ..............................
2. ..............................
3. ..............................
4. ..............................
5. ..............................

6. ..............................
7. ..............................
8. ..............................
9. ..............................
10. ..............................

**CE 14** **10** **Forma frases como en el ejemplo.**

**Ej.:** *Para ser economista hay que estudiar mucho, pero no hay que llevar uniforme.*

| | | |
|---|---|---|
| hablar en público | actuar bien | estudiar mucho |
| llevar uniforme | estudiar matemáticas | dibujar muy bien |

**CE 15** **11** **Relaciona las señales con su significado.**

⇨ No se puede fumar.
⇨ No se puede pescar.
⇨ No se puede pasar.
⇨ No se puede entrar con perros.
⇨ No se puede beber agua.

**12** **Relaciona estas frases con los lugares públicos que aparecen a continuación.**

1. Se puede comer palomitas.
2. No se puede fumar.
3. No se puede pisar el césped.
4. No se puede hablar en voz alta.
5. No se puede tener encendido el móvil.
6. No se puede tirar papeles al suelo.
7. Se puede escuchar música tranquilamente.
8. No se puede beber alcohol.
9. No se puede traer comida de fuera.
10. No se puede hablar.

**13** **Y ahora pregunta a tu compañero qué se puede hacer y qué no se puede hacer en su país en los siguientes sitios.**

|  | Se puede | No se puede |
|---|---|---|
| Gasolinera |  |  |
| Restaurante |  |  |
| Correos |  |  |
| Universidad |  |  |
| Biblioteca |  |  |
| Museo |  |  |
| Iglesia |  |  |
| Banco |  |  |

**14** **Lee estos diálogos.**

*a:* Por favor, ¿me ayudas a llevar los libros? Es que pesan mucho.

*b:* Sí, sí, claro. ¿Dónde los llevas?

*a:* A la biblioteca.

*a:* ¿Te ayudo a llevar las maletas?

*b:* No, no es necesario, gracias.

En parejas, practicad según el modelo del diálogo anterior.

**ALUMNO A**

**1** Mañana vienen tus padres a visitarte. Tienes muchas cosas que hacer y no tienes tiempo. Pide ayuda a tu compañero para:

▶ comprar un ramo de flores a tu madre.

▶ organizar una visita turística por la ciudad.

▶ limpiar tu habitación.

▶ planchar la ropa.

▶ llamar a un buen restaurante para reservar mesa.

**2** Mañana tienes que presentar un trabajo en clase de español. Te faltan muchas cosas por hacer y no tienes tiempo. Pide ayuda a tu compañero para:

▶ redactar el último capítulo.

▶ pegar todas las ilustraciones.

▶ imprimir todo el trabajo.

▶ fotocopiar el trabajo.

▶ llevar el trabajo al profesor.

**ALUMNO B**

**1** Tu compañero te pide ayuda. Tú puedes ayudarle a:

▶ comprar un ramo de flores a su madre.

▶ organizar una visita turística por la ciudad.

▶ llamar a un buen restaurante para reservar mesa.

No puedes ayudarle a:

▶ limpiar su habitación porque has quedado con otro amigo.

▶ planchar la ropa porque no planchas muy bien.

**2** Tu compañero te pide ayuda. Tú puedes ayudarle a:

▶ pegar todas las ilustraciones.

▶ imprimir todo el trabajo.

▶ fotocopiar el trabajo.

No puedes ayudarle a:

▶ redactar el último capítulo porque tu español no es muy bueno todavía.

▶ llevar el trabajo al profesor porque no te quieres levantar temprano.

---

## ESQUEMA GRAMATICAL

**PETICIONES**

▶ **Pedir permiso**

*¿Puedo fumar aquí?*

▶ **Pedir favores**

*¿Puedes cerrar la ventana?*

▶ **Saber si está permitido**

*¿Se puede fotografiar el cuadro?*

▶ **Expresar prohibición**

*No puedes comer en los cines.*

*No se puede comer en los teatros.*

▶ **Conceder permiso**

*Pasa, pasa.*

*Cierra, cierra.*

**OBLIGACIÓN Y NECESIDAD**

▶ **Obligación y necesidad general**

*Hay que llegar puntual.*

*No hay que hacer nada.*

▶ **Obligación y necesidad personal**

*Tengo que estudiar un poco más.*

*No tengo que estudiar.*

**1** **Lee el texto e identifica a los personajes con su dibujo.**

Mi nombre es Paz y soy periodista. Tengo cuatro amigos: dos chicos y dos chicas. Marisa (la actriz) y yo tenemos el pelo largo; la del pelo corto es profesora y se llama Connie. Carlos es abogado y es el más simpático de los cinco; él y José Manuel siempre llevan traje. José Manuel es economista. Marisa nunca se pone al lado de José Manuel porque se llevan como el perro y el gato. Yo soy la más alta de las chicas.

**2** **Completa.**

☞ La de la falda es _____

☞ La más baja es _____

☞ El del traje verde es _____

☞ La que tiene el pelo rubio es _____

☞ La de los pantalones azules es _____

☞ El de las gafas es _____

**3** **Fíjate en el dibujo y di si es verdadero o falso.**

**1.** Hay alguien que está esperando para llamar por teléfono.

**2.** No hay ningún animal.

**3.** Nadie lleva teléfono móvil.

**4.** Hay algunos vasos en el suelo.

**5.** No hay nada de basura en el suelo.

**6.** Ninguno de los hombres lleva pantalones vaqueros.

**7.** Algunas personas están fumando.

**8.** No hay ninguna señal.

**4** Describe lo que ves en el dibujo del ejercicio 3. Elige tres personajes y descríbeselos a tu compañero. ¿Sabe él quiénes son?

**CE 5** **5** Define estos objetos como en los ejemplos.

▶ Es de madera
▶ Es largo
▶ Sirve para escribir

▶ Es de piel
▶ Es práctico
▶ Sirve para llevar cosas

▶ Es de _____
▶ Es _____
▶ Sirve para _____

▶ Son de _____
▶ Son _____
▶ Sirven para _____

▶ Es de _____
▶ Es _____
▶ Sirve para _____

▶ Es de _____
▶ Es _____
▶ Sirve para _____

▶ Es de _____
▶ Es _____
▶ Sirve para _____

**6** Completa con los objetos del ejercicio anterior este dominó profesional. Debes intentar que cada uno esté relacionado con las dos profesiones.

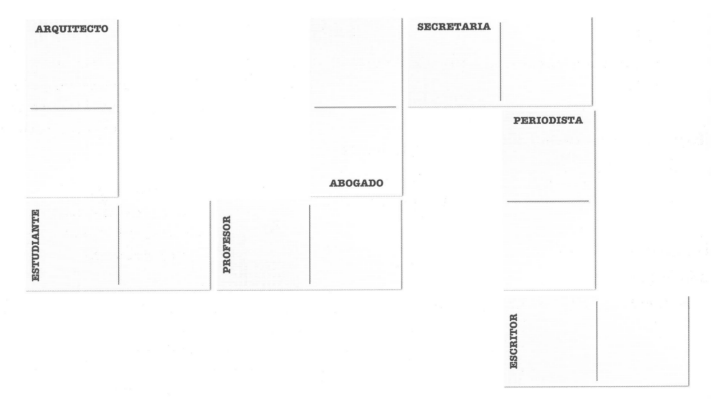

**7** Escucha y clasifica las palabras según el número de sílabas.

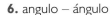

| — — | — — — | — — — — |
|---|---|---|
| | | |

 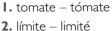 **8** Marca las palabras que oigas.

1. tomate – tómate
2. límite – limité
3. arbitró – árbitro
4. chofer – chófer
5. ole – olé

6. angulo – ángulo
7. sello – selló
8. esta – está
9. liquido – líquido
10. cazo – cazó

**9** Escucha el diálogo y escribe las expresiones adecuadas a cada situación.

| boda | cumpleaños | desear suerte | despedida |
|---|---|---|---|
| | | | |

**10** Lee las siguientes tarjetas. ¿Para qué sirven?

*Esperamos que nos acompañéis en la inauguración de nuestra nueva casa* 5

*Esperamos que seas feliz en tu día* 1

*¡Que venga con un pan debajo del brazo!* 3

*Queremos que compartáis nuestra felicidad en un día tan señalado* 4

Deseo que el nuevo año llegue cargado de salud y amor 2

➤ 1. Esta tarjeta sirve para _____
➤ 2. _____
➤ 3. _____
➤ 4. _____
➤ 5. _____

**11** Señala todos los verbos de las tarjetas anteriores que están en el presente de subjuntivo. ¿Cuál es el infinitivo?

▶ seas: ser   ▶ _____   ▶ _____   ▶ _____   ▶ _____

**CE 8**  **12** Completa el cuadro siguiente con el presente de subjuntivo.

|  | felicitar | leer | vivir | levantarse | comprar |
|---|---|---|---|---|---|
| yo |  |  |  |  |  |
| tú |  |  |  |  |  |
| él |  |  |  |  |  |
| nosotros |  |  |  |  |  |
| vosotros |  |  |  |  |  |
| ellos |  |  |  |  |  |

**13** Relaciona las siguientes frases con los dibujos.

▷ ¡Que se diviertan!
▷ ¡Que seáis muy felices!
▷ ¡Que apruebes!
▷ ¡Que sea un niño feliz!
▷ ¡Que tengas buen viaje!

**CE 9**  **14** Ahora elige una de estas tarjetas para cada una de las viñetas del ejercicio anterior.

Espero que disfrutes de las vacaciones

Espero que seáis muy felices en el día de vuestra boda

Deseo que el niño tenga una vida muy feliz

Deseo que hagas bien el examen y puedas terminar con buenas notas el curso

Quiero que lo paséis muy bien en la ópera

**15 Ahora te toca a ti. Completa estas notas para...**

✔ tus padres por su aniversario:

> Espero que ..................... y
> que ........................
>
> Un beso

✔ tu amigo por su cumpleaños:

> ...................................
>
> ..............................
>
> **Un beso**

✔ tu madre por el Día de la Madre:

> Quiero que ........................
>
> ............ y que .................
>
> ...............................
>
> Un beso

✔ tus amigos que van a tener un niño:

> **Deseo que** .......................
>
> **Espero que** .....................
>
> **y que** .........................
>
> **Muchos besos**

**16 ¿Qué dirías de las siguientes cosas?**

▷ ¡Qué bonito!
▷ ¡Qué caro!
▷ ¡Qué maravilla!
▷ ¡Qué práctico!
▷ ¡Qué horrible!

**17 En parejas. ¿A quién se los regalarías?**

▶ El coche para mi _____
▶ La plancha para su _____
▶ La radio para tu _____
▶ El gato para nuestro _____

▶ El sillón para nuestro _____
▶ La flor para nuestra _____
▶ La ermita es para _____

**18** Tu profesor va a entregarte unas tarjetas en las que debes dibujar un objeto: esos objetos son tuyos, no lo olvides. Cuando termines, entrégaselas. Después, él te dará algunas tarjetas de tus compañeros. Busca a sus dueños. Fíjate en los ejemplos.

**A:** ¿Es tuyo este bolígrafo?

**B:** Sí, es mío / No, no es mío. Creo que es de Shinobu.

**A:** ¿De quiénes son estos coches?

**B:** Son nuestros, bueno, de nuestros padres.

## ESQUEMA GRAMATICAL

### IDENTIFICAR

**1**

▶ *el / la de* + artículo + nombre (+ adj.)
   *el de las gafas; el de la chaqueta roja.*

▶ *el / la de* + adverbio de lugar
   *el de allí; la de enfrente.*

▶ *el / la que* + verbo
   *la que lleva un jersey amarillo.*

**2**

▶ *el más, el menos* + adjetivo
   *el más alto; el menos caro.*

▶ *el mejor, el peor, el mayor, el menor*

▶ *el más, el menos* + adj. + *de* + (art.) sust. / adv.
   *el más alto de la clase.*

▶ *el mejor, el peor, el mayor de* + (art.) sust. / adv.
   *el mejor de la tienda.*

**3**

▶ *ser de* + materia
   *es de madera; es de plástico.*

▶ *ser* + (adv.) adjetivo
   *es rojo; es muy alto.*

### Indefinidos

| Adjetivos | Pronombres |
|---|---|
| ningún ninguna | ninguno ninguna |
| *No* hay **ningún** médico. | ¿Hay algún vaso? **No,** no hay **ninguno.** |
| algún alguna algunos algunas | alguno alguna algunos algunas |
| *En la cocina hay* **algún** *plato.* | ¿Tienes revistas? **Sí,** aquí hay **algunas.** |

### PRESENTE DE SUBJUNTIVO

**Verbos regulares**

| | AM-AR | BEB-ER | SUB-IR |
|---|---|---|---|
| yo | am-**e** | beb-**a** | sub-**a** |
| tú | am-**es** | beb-**as** | sub-**as** |
| él | am-**e** | beb-**a** | sub-**a** |
| nosotros | am-**emos** | beb-**amos** | sub-**amos** |
| vosotros | am-**éis** | beb-**áis** | sub-**áis** |
| ellos | am-**en** | beb-**an** | sub-**an** |

**Algunos irregulares**

| | SER | TENER | PONER |
|---|---|---|---|
| yo | sea | tenga | ponga |
| tú | seas | tengas | pongas |
| él | sea | tenga | ponga |
| nosotros | seamos | tengamos | pongamos |
| vosotros | seáis | tengáis | pongáis |
| ellos | sean | tengan | pongan |

### Posesivos. Formas tónicas

| masculino | | femenino | |
|---|---|---|---|
| singular | plural | singular | plural |
| mío | míos | mía | mías |
| tuyo | tuyos | tuya | tuyas |
| suyo | suyos | suya | suyas |
| nuestro | nuestros | nuestra | nuestras |
| vuestro | vuestros | vuestra | vuestras |
| suyo | suyos | suya | suyas |

Las formas tónicas se colocan detrás de un sustantivo, verbo o artículo.

*Es un buen* **amigo mío.**

*Este mechero* **es tuyo.**

*Tu marido es médico, ¿verdad?*
*Sí, y* **el tuyo** *también, ¿no?*

Concuerdan en género y número con el objeto poseído y en persona con el poseedor.

En parejas o en grupos. Elegid una fotografía. Discutid qué actividades y costumbres aparecen reflejadas en ellas. Haced una lista.

¿Te ha llamado la atención alguna actividad o costumbre de los españoles?
¿Es igual en tu país? Cuéntale a la clase las diferencias (si las hay).

**1** **Vamos a organizar una fiesta. Para ello tendréis que trabajar en grupos de 3 o 4 y seguir el siguiente esquema de trabajo.**

1. Decidid el motivo de la fiesta (de cumpleaños, de Navidad, de despedida de soltero, de fin de curso...) y el momento del día (aperitivo, comida, merienda, cena) para su celebración.
2. Redactad la tarjeta de invitación.
3. Idead el menú.
   ▶ 1.$^{er}$ plato
   ▶ 2.º plato
   ▶ postre
   ▶ bebidas
4. Haced la lista de la compra.

| CARNICERÍA | PESCADERÍA | FRUTERÍA | PANADERÍA | VARIOS | REPOSTERÍA |
|---|---|---|---|---|---|
| | | | | | |

5. Explicad las recetas de los platos principales.

**2** **La fiesta fue un éxito, pero bebiste demasiado y ahora tienes resaca. ¿Conoces algún truco o remedio para acabar con ella? ¿Y para alguna de estas situaciones?**

▶ resfriado _____
▶ insomnio _____
▶ dolor de cabeza _____
▶ nerviosismo _____

**3** **Pepa y Lola son hermanas y lo comparten todo. Pepa va esta noche a una fiesta de despedida de soltera y Lola se va durante el fin de semana a la playa. Ayúdalas a repartir la ropa, el calzado y los complementos.**

PEPA se va a poner...

_____
_____
_____
_____
_____
_____

LOLA se va a llevar...

_____
_____
_____
_____
_____
_____

**4** **¿Tienes buena memoria? Vamos a comprobarlo.**

| PARTE DEL CUERPO | PRENDA | FRUTA | COMIDA | MEDIO DE TRANSPORTE | ACTIVIDAD DE OCIO |
|---|---|---|---|---|---|
| | | | | | |

**5** **¿Qué prefieres? Elige una opción. Después, compara los resultados con tu compañero.**

- vacaciones en la playa / vacaciones en la montaña
- viajar en avión / viajar en tren
- salir por el día / salir por la noche
- un restaurante de lujo / un restaurante tradicional

- carne / pescado
- películas de aventuras / películas de amor
- música pop / música rock
- discoteca / café-tertulia

**6** **Anota en tu diario las cosas que no debes olvidar si estás en España.**

✓ En las bodas
✓ En los cumpleaños
✓ En las despedidas
✓ En las fiestas

1. _____ SE PUEDE _____ NO SE PUEDE _____
_____
_____
_____

2. _____ HAY QUE _____ TENGO QUE _____
_____
_____
_____

**7** **"¡Veo, veo!" Piensa en un objeto y descríbelo según el modelo. Tus compañeros tienen que adivinar de qué se trata.**

▶ Es de plástico.
▶ Es cuadrado o rectangular.
▶ Está encima de las mesas.
▶ Sirve para hablar con alguien que está lejos.

# ¿Cuidamos el medio ambiente?

**7**

**1** **Relaciona las frases con las fotos.**

1.

2.

4.

5.

6.

3.

7.

**A.** Hemos volado sobre la cordillera de los Andes.

**B.** He visitado el Templo de la Orden del Jaguar, en Yucatán.

**C.** He pescado una trucha en el río Guadalquivir.

**D.** He estado en la selva del Amazonas.

**E.** El volcán Teneguía ha entrado en erupción.

**F.** He recorrido en camello el desierto de Jordania.

**G.** Hemos estado de vacaciones en Cuzco.

**2** **En las frases anteriores aparece un nuevo tiempo del pasado, el pretérito perfecto. Escribe al lado del infinitivo la forma correspondiente.**

▶ estar
▶ subir
▶ viajar
▶ ir
▶ recorrer

▶ bañarse
▶ volar
▶ entrar
▶ pescar
▶ pasear

-ido    -ado

**Agrupa las formas verbales por su terminación.**

**3** **Escucha atentamente la siguiente conversación. Subraya los pretéritos perfectos que hay en el texto.**

**Therèse:** ¡Hola, Mark!

**Mark:** ¡Hola, Therèse! ¿Qué tal?

**T:** ¿Dónde has estado estos días? No te he visto en clase.

**M:** Esta semana he viajado a las Islas Canarias, en concreto a Tenerife. He ido a ver el Teide, la montaña más alta de España, que es un volcán precioso, y el valle de La Orotava, que tiene una vegetación exuberante.

**T:** ¡Ah! ¡Qué bien! ¿Y te han gustado? Yo no he estado allí nunca.

**M:** Sí, mucho. Ha sido un viaje muy interesante, y me lo he pasado muy bien, aunque he tenido que viajar solo porque nadie ha podido acompañarme.

**T:** Vaya, ¡qué pena! Tienes que contármelo todo en otro momento, ¿de acuerdo? Ahora tengo un poco de prisa. Hasta pronto.

**M:** Hasta pronto. Adiós, Therèse.

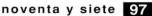

**1.** Ahora responde a estas preguntas.

**1.** ¿Dónde ha estado Mark? _____

**2.** ¿Qué ha visto? _____

**3.** ¿Con quién ha viajado? _____

**4.** ¿Cuándo ha sido el viaje? _____

**5.** ¿Cómo se lo ha pasado? _____

**6.** ¿Thèrèse ha estado en esa isla? _____

**2.** En el texto aparece un participio irregular, ¿sabes cuál es?

**CE 2** **4** **Éstos son algunos participios irregulares. Relaciónalos con los infinitivos correspondientes.**

► hecho                    ► escribir
► abierto                   ► decir
► dicho                     ► hacer
► escrito                   ► ver
► visto                     ► abrir

¿Cómo serán los participios de estos verbos?

► prever                    ► rehacer
► deshacer                  ► describir

**CE 3** **5** **Marcos es representante de Greenpeace España y Luisa pertenece a Médicos Sin Fronteras. No se conocen, pero ambos van a salir de viaje hoy. Ordena los dibujos y construye las frases que corresponden a cada viñeta.**

▶ despertarse a las 8:30 / despertarse a las 7:00

▶ hacer rápidamente la mochila / preparar cuidadosamente la maleta

▶ vestirse con ropa de safari / vestirse con traje

▶ hacer una llamada / comprar el periódico

▶ preparar el desayuno / desayunar en el aeropuerto

▶ llegar al aeropuerto a las 10:30 / llegar al aeropuerto a las 9:30

▶ tomar el avión a las 11:15 / tomar el avión a las 11:15

**6** **Comenta con tu compañero qué has hecho esta mañana antes de venir a clase. Tenéis que encontrar cinco cosas iguales y cinco distintas.**

Ej.: *Hoy me he levantado temprano y mi compañero también.*
*Hoy he desayunado cereales y mi compañero un zumo de naranja.*

| IGUALES | DIFERENTES |
|---|---|
| | |
| | |
| | |
| | |
| | |

**7** **Estas personas nos dicen lo que han hecho recientemente. ¿Sabes cuál es su profesión?**

1. Esta mañana he tenido un consejo de ministros y he recibido a los embajadores de México, Perú y Ecuador. Me han entrevistado en televisión y he comido con un grupo de alcaldes. Ha sido una mañana muy aburrida.

2. Este mes he tenido veinte conciertos y he viajado por cuatro países. He perdido la voz en dos ocasiones y he recibido a doscientas fans. Ha sido un mes estupendo.

3. Este año he vivido en España y he presentado un programa de televisión. He tenido un hijo y me he sentido muy feliz. Ha sido un año maravilloso.

4. En estos últimos meses he escrito mi nueva novela. He vivido en Londres y he dado algunas conferencias en Nueva York y Calcuta. Han sido unos meses agotadores.

5. Esta mañana me he levantado temprano, he desayunado y me he ido a entrenar. He hecho muchos ejercicios y me he caído, pero no me he hecho daño. Después he jugado un rato con mi hijo. Ha sido una mañana divertida.

1. **Escribe las profesiones de cada uno y luego relaciónalas con las fotografías que aparecen debajo.**

1. _____ 2. _____ 3. _____ 4. _____ 5. _____

Para opinar sobre una actividad reciente decimos:
Ha sido...
▶ estupendo      ▶ aburrido
▶ maravilloso    ▶ horrible
▶ agotador       ▶ interesante
▶ divertido      ▶ un rollo...

**2.** Ahora piensa en otro profesional y escribe en un papel lo que ha hecho esa persona últimamente. Tus compañeros tendrán que adivinar de qué profesión se trata.

**8** **Cuéntale a tu compañero qué cosas interesantes has hecho.**

Ej.: *Hoy he conocido a un amigo de Pedro Almodóvar y este fin de semana he visitado el Museo de Arte Contemporáneo.*

- ✓ hoy
- ✓ esta mañana
- ✓ últimamente
- ✓ este fin de semana
- ✓ este año
- ✓ este curso
- ✓ hace un rato
- ✓ hace tres horas

Ahora vas a preguntar a tus compañeros qué han hecho en las últimas vacaciones. Escribe cinco preguntas para comenzar.

▶ ¿Dónde _____ ?

▶ ¿Con quién _____ ?

▶ ¿Qué _____ ?

▶ ¿Cuál _____ ?

▶ ¿Cuándo _____ ?

**9** **¿Sois aventureros? Pregunta a tus compañeros si han hecho alguna vez estas cosas y completa el cuadro.**

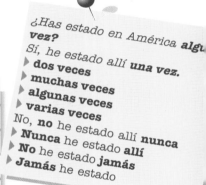

¿Has estado en América alguna vez?
Sí, he estado allí una vez.
▶ dos veces
▶ muchas veces
▶ algunas veces
▶ varias veces
No, **no** he estado allí **nunca**
▶ **Nunca** he estado **allí**
▶ **No** he estado **jamás**
▶ **Jamás** he estado

| | TÚ | TUS COMPAÑEROS |
|---|---|---|
| montar a caballo | | |
| montar en globo | | |
| dormir a la intemperie | | |
| tener entre las manos una serpiente | | |
| estar en la selva | | |
| meterse en una cueva | | |
| salvar algún animal en peligro | | |
| cruzar un río a nado | | |
| viajar por un desierto | | |
| visitar el polo norte | | |
| tomar alguna comida exótica | | |
| colaborar en acciones humanitarias | | |
| subir una montaña muy alta | | |
| tirarse en paracaídas | | |

**10** **Alicia y José son estudiantes de medicina y se han presentado como voluntarios a Médicos Sin Fronteras para ayudar en Venezuela después de las últimas inundaciones. Escucha el diálogo y léelo con atención.**

*Alicia:* ¡Hola, buenas tardes!

*Secretaria:* ¡Buenas tardes! ¿Venís a ayudar?

*Alicia:* Sí. Somos estudiantes de medicina.

*Secretaria:* ¿Habéis cooperado ya con Médicos Sin Fronteras?

*Alicia:* Sí. Yo he cooperado una vez en África. Y mi amigo no lo ha hecho todavía, pero tiene experiencia.

*Secretaria:* Contadme, entonces, lo que habéis hecho.

*Alicia:* Como he dicho, he estado en África y ya he trabajado con Médicos Sin Fronteras. He ayudado a cuidar niños enfermos.

*José:* Yo no he trabajado aún con Médicos Sin Fronteras, pero sí he trabajado con la Cruz Roja durante varios años.

*Secretaria:* ¿Qué habéis hecho exactamente?

*Alicia:* Yo he curado heridas, he cuidado enfermos y también he ayudado en operaciones quirúrgicas.

*José:* Yo todavía no he ayudado en operaciones quirúrgicas, pero sí he cuidado enfermos y he trabajado en una ambulancia.

*Secretaria:* Estupendo. Nos venís muy bien. ¿Habéis estado en América alguna vez?

*Alicia:* No. Yo no he estado nunca.

*José:* Yo sí, pero he estado de vacaciones. He viajado por Argentina y Chile.

**Responde.**

1. ¿Qué han hecho ya Alicia y José? _____

2. ¿Dónde han trabajado? _____

3. ¿Qué no han hecho todavía? _____

4. ¿Cuál de ellos ha viajado ya a América? _____

5. ¿Qué no ha hecho José todavía? _____

 **11** **Éstos son los trámites que tienen que hacer Alicia y José. Escucha atentamente. ¿Cuáles han hecho ya?**

*Alicia*

Tengo que rellenar los impresos azul y blanco.

Tengo que hacer una fotocopia del pasaporte.

Tengo que vacunarme y pasar una revisión médica.

*José*

Tengo que rellenar los impresos azul y blanco.

Tengo que hacer una fotocopia del pasaporte.

Tengo que vacunarme y pasar una revisión médica.

➤ Alicia ya _____, pero todavía no _____

➤ José ya _____, pero todavía no _____

**CE 8.9** **12** **Fíjate en las agendas de Alicia y José; en ellas han apuntado los preparativos de su viaje.**

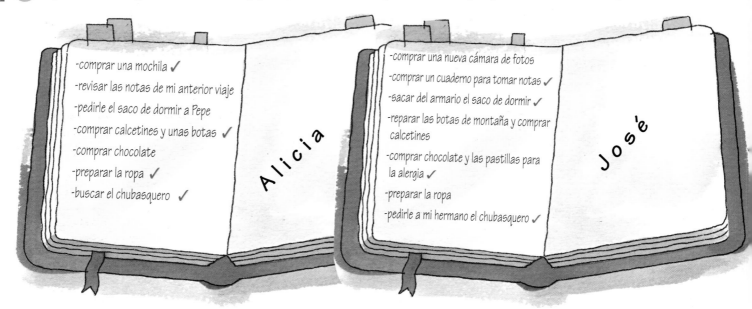

Agenda de Alicia:
- comprar una mochila ✓
- revisar las notas de mi anterior viaje
- pedirle el saco de dormir a Pepe
- comprar calcetines y unas botas ✓
- comprar chocolate
- preparar la ropa ✓
- buscar el chubasquero ✓

Agenda de José:
- comprar una nueva cámara de fotos
- comprar un cuaderno para tomar notas ✓
- sacar del armario el saco de dormir ✓
- reparar las botas de montaña y comprar calcetines
- comprar chocolate y las pastillas para la alergia ✓
- preparar la ropa
- pedirle a mi hermano el chubasquero ✓

Escribe qué han hecho ya y qué no han hecho todavía.

*Alicia*        *José*

_____     _____

_____     _____

**CE 10** **13** **Escribe cosas que has hecho o no en tu vida.**

▶ Todavía no he hecho ...................................
▶ Nunca he ....................................................
▶ Nunca he hecho ..........................................
▶ No he estado jamás .....................................
▶ Jamás he .....................................................
▶ No he ........... todavía, pero quiero .................

▶ Sí, ya he hecho ...........................................
▶ A veces he ..................................................
▶ Alguna vez he ..............................................
▶ Ya he. .........................................................
▶ Varias veces he. ...........................................
▶ Sólo dos veces he. ........................................

......................................................     ......................................................
......................................................     ......................................................

Comenta con tu compañero en qué cosas habéis coincidido y en cuáles no.

 **CE 11.12.13.14** **14** **Lee el siguiente texto y subraya las palabras que no conozcas.**

Los avances tecnológicos hacen la vida humana mucho más fácil. Las enfermedades, que antes eran mortales, hoy pueden curarse. Los medios de transporte han avanzado muchísimo. Los aviones, los coches, los trenes de alta velocidad facilitan el traslado de personas en un tiempo breve. Además, los medios de comunicación permiten contactar con cualquier lugar del planeta al instante. El teléfono móvil, el fax, el correo electrónico, etc., han cambiado el concepto del mundo, que ha quedado convertido en una gran aldea global. Pero, a veces, nos preguntamos si todos estos avances, que facilitan la vida de la humanidad, son absolutamente necesarios y positivos para nosotros. La contaminación, los desastres ecológicos, el peligro de extinción de las especies animales y vegetales, etc., muestran un planeta enfermo y maltratado por los hombres.

**1.** Define las siguientes palabras.

- fax ■ especie animal ■ planeta ■ aldea

**2.** Escribe cuatro frases con cada una de estas palabras.

**3.** ¿Cuáles son para ti las ventajas de los avances tecnológicos? ¿Y los inconvenientes?

 **15** **Escucha a estas personas y di si están o no de acuerdo con los avances tecnológicos. ¿Por qué?**

**16** **Escribe un pequeño texto sobre lo que se ha conseguido y lo que no se ha conseguido en el siglo XX. Te damos algunas palabras clave.**

guerra, hambre, viajes espaciales, trenes de alta velocidad, correo electrónico, humo, petróleo, teléfonos móviles

**17** **¿Qué haces cada día para mejorar la vida en la Tierra?**

**Ej.:** *Reciclo siempre los periódicos.*

_____

_____

¿Qué actividades cotidianas pueden mejorar la vida en tu país?

 **18** **Subraya las palabras que oigas.**

reciclar / revisar
comunicación / contaminación
papel / babel
perra / guerra
planeta / plaqueta
económico / ecológico
polución / promoción
vestidos / vertidos

**19** **Completa y recuerda.**

**1.** Las palabras agudas tienen el acento en la …… sílaba.
**2.** Las palabras llanas tienen el acento en la …… sílaba.
**3.** Las palabras esdrújulas tienen el acento en la …… sílaba.

ESQUEMA GRAMATICAL

| PRETÉRITO PERFECTO | | |
|---|---|---|
| yo | **he** | |
| tú | **has** | hablado |
| él | **ha** | comido |
| nosotros | **hemos** | partido |
| vosotros | **habéis** | |
| ellos | **han** | |

**Uso:** Es el pasado del presente. Expresa una acción pasada que el hablante siente cercana al momento presente.

| | ACCIÓN REALIZADA | ACCIÓN NO REALIZADA |
|---|---|---|
| *¿Has hecho **ya** viajes?* | *Sí, **ya los** he hecho.* | *No, **todavía / aún no los** he hecho.* |
| *¿Has cuidado **ya** a un enfermo?* | *Sí, **ya lo** he cuidado.* | *No, **todavía / aún no lo** he cuidado.* |
| *¿Has curado **ya** una herida?* | *Sí, **ya la** he curado.* | *No, **todavía / aún no la** he curado.* |
| *¿Has visto **ya** inundaciones?* | *Sí, **ya las** he visto.* | *No, **todavía / aún no las** he visto.* |

**CE 4** **1** Escribe nombres de accidentes geográficos. ¿Qué deportes pueden practicarse en esos lugares?

1._____  2._____  3._____  4._____

5._____  6._____  7._____  8._____

**CE 2** **2** Escucha atentamente esta conversación entre Juan y su madre. Luego escribe las palabras que faltan.

**Madre:** Hola, hijo. ¿Cómo estás?

**Juan:** ¡Hola, mamá! ¿.....................?

**Madre:** ¿Cómo ha sido tu fin de semana? Te he llamado varias veces y no te he encontrado en casa.

**Juan:** Sí. Este fin de semana .............................. de excursión con unos amigos.

**Madre:** ¿Y adónde habéis ido?

**Juan:** ............... ido a .................. Hemos hecho ................ y largas .................. Ha sido agotador, pero muy agradable. Hemos dormido en .............................. y nos hemos divertido mucho.

**Madre:** ¿Cómo ha estado el tiempo? ¿Ha hecho mucho frío?

**Juan:** ¡Qué va! El tiempo ................... estupendo. ............... sol y el aire ................ limpio. Allí no hay .................. como en la ciudad.

**Madre:** Vaya, me alegro. Mira, te llamo para cenar el jueves con los tíos. ¿Te apetece?

**Juan:** ¿El jueves? Tengo ya un compromiso. .................. Lo siento.

**Madre:** De acuerdo. No importa. Hasta otro rato.

**Juan:** .........................................

**3** Escribe el deporte correspondiente.

1. Lo practicamos en las montañas nevadas.  _____

2. Lo practicamos en el mar o en la piscina.  _____

3. Lo practicamos en las pistas de los estadios.  _____

4. Lo practicamos con un caballo.  _____

5. Lo practicamos con una pelota y 21 jugadores más.  _____

6. Lo practicamos con una bicicleta.  _____

¿Sabes cómo se llaman las personas que practican estos deportes?

1._____  2._____  3._____

4._____  5._____  6._____

**4** **Lee atentamente el texto.**

Pablo, Carlos y José Antonio son tres amigos que viven juntos. Estudian en distintas facultades, pero los tres tienen las mismas aficiones. A los tres les encanta el fútbol y practicar cualquier deporte al aire libre. También les interesa todo lo que sucede en el mundo. Ahora están en casa. Han cenado ya y ven la televisión. El telediario da noticias sobre inundaciones, guerras, sequías y catástrofes naturales. Los tres están en silencio porque piensan que tienen que hacer algo para ayudar, pero no saben qué hacer. Deciden aprovechar el verano en ayudas humanitarias.

Al día siguiente se levantan temprano y van juntos a una oficina del Ayuntamiento. Allí conocen todas las posibilidades que ofrecen las distintas asociaciones de ayuda humanitaria. Leticia, la secretaria, les deja algunos folletos que hablan de las ONG españolas. Las posibilidades son las siguientes:

- Enseñar a leer y escribir en pueblecitos de las montañas en Hispanoamérica.
- Acompañar al equipo de Médicos Sin Fronteras en Honduras.
- Ayudar a la construcción de aldeas en África.
- Prestar ayuda humanitaria en la India después de las últimas inundaciones.
- Enseñar nuevas técnicas de cultivo a los pueblos más desfavorecidos.
- Impartir cursos de sanidad, higiene, control de la natalidad y planificación familiar en distintos lugares del Tercer Mundo.

Di si las siguientes frases son verdaderas o falsas (V) (F).

1. Pablo, Carlos y José Antonio dedican su tiempo a ayudas humanitarias. ☐
2. A estos tres amigos les gusta hacer deporte. ☐
3. A los tres sólo les gusta irse de vacaciones a la playa. ☐
4. A veces ven la televisión juntos y les encantan los programas de noticias. ☐
5. José Antonio no estudia en la facultad. ☐
6. Las ONG sólo tienen equipos médicos. ☐
7. Las ONG trabajan sólo con gente de Europa. ☐
8. Las ONG no trabajan nunca en Europa. ☐
9. Pablo, Carlos y José Antonio son estudiantes universitarios. ☐

**5** **¿Sabes hacer cosas que pueden ser útiles en una ONG? ¿Estás dispuesto a irte al extranjero en tus vacaciones para hacerlo?**

_____

_____

_____

**6** **Según tu opinión, ¿cuáles son los motivos para estar en una ONG? ¿Crees que podemos hacer más cosas o que hacemos las suficientes? Marca lo que haces.**

▶ Pago una cuota cada año para ayuda al Tercer Mundo.

▶ Doy dinero cuando lo piden en televisión para alguna catástrofe concreta.

▶ Trabajo como voluntario en alguna ONG.

▶ Compro productos hechos en el Tercer Mundo.

▶ Participo en manifestaciones de protesta por la situación.

▶ Voto al partido político que más se compromete con ayudas humanitarias.

▶ Ayudo a las personas que lo necesitan en mi país.

▶ Aprovecho mi tiempo libre para viajar al extranjero en programas de ayuda humanitaria.

**7** **Éstas son algunas de las organizaciones que trabajan para los demás. Según tu opinión, ordénalas por orden de importancia.**

▶ Médicos Sin Fronteras

▶ Arquitectos Sin Fronteras

▶ Veterinarios Sin Fronteras

▶ Farmacéuticos Sin Fronteras

▶ UNICEF

▶ Educación Sin Fronteras

▶ Payasos Sin Fronteras

▶ ADENA

▶ Cáritas

▶ Cruz Roja

▶ Juristas Sin Fronteras

▶ Greenpeace

**8** **Comenta con tu compañero si todos los esfuerzos tienen que dedicarse sólo a las personas, o si es válido también dedicar tiempo al cuidado de animales en vías de extinción o a reforestar las zonas del planeta que estamos destruyendo.**

 **9** **Escucha atentamente y responde.**

**1.** ¿De qué hablan Marta y Enrique?

**2.** ¿Cree Enrique que es posible vivir en la Luna?

**3.** Y Marta, ¿qué opina?

**10** **Relaciona estas frases con la persona que las ha dicho.**

**1.** Yo creo que hay vida en otros planetas y pronto habrá contactos con la Tierra.

**2.** Pues yo pienso que la única vida humana es la que hay en la Tierra.

**3.** Yo opino que es posible otro tipo de vida diferente de la nuestra.

**4.** A mí me parece que pensar en otra vida distinta de la humana es una locura.

**5.** En mi opinión, ¿por qué vamos a ser los únicos en este sistema solar?

**6.** Para mí, los lunáticos son sólo personas que están un poco locas.

**11** **En parejas, decid cuatro razones a favor y cuatro en contra de la conquista del espacio.**

Ej.: *Yo creo que no hay que gastar tanto dinero en esto, porque hay cosas más importantes.*

| A favor | En contra |
|---------|-----------|
| 1. .................................................. | 1. .................................................. |
| 2. .................................................. | 2. .................................................. |
| 3. .................................................. | 3. .................................................. |
| 4. .................................................. | 4. .................................................. |

En grupos, pregunta a tus compañeros qué opinan ellos acerca de la conquista del espacio.

**12** **Completa el siguiente texto con las expresiones que has aprendido.**

.....................(parecer) que vivir en otro planeta puede ser maravilloso. ..................(creer) que eso puede ser muy bueno para la humanidad y puede solucionar muchos problemas de polución y medio ambiente. Hay demasiadas personas en la Tierra y .....................(opinar) que repartir la población es una solución. .....................(pensar) que viajar a Marte o a Neptuno es lo mismo que han hecho los hombres en otros momentos. En épocas pasadas, los hombres han ocupado toda la tierra conocida y han viajado para explorar lo desconocido. En el siglo XXI pueden hacer esto mismo, ¿no?

**13** **Completa el texto según las indicaciones que te da tu profesor.**

........... (creer) que eso es una locura. ........... (no estar de acuerdo), porque vivir en otro planeta separa a la humanidad. Además, .....................(no tener razón) porque eso obliga a construir grandes naves espaciales que cuestan mucho dinero. ...................

(no estar de acuerdo) con que eso sea una buena solución para los problemas de la Tierra. ..................... (tener razón) en algunas cosas, pero debemos buscar otras soluciones distintas y más baratas.

**14** **Escucha y repite.**

- ▶ árbol
- ▶ loro
- ▶ cárcel
- ▶ calor
- ▶ triste
- ▶ cortar
- ▶ Álvaro
- ▶ soltar
- ▶ avaro
- ▶ carnaval
- ▶ color
- ▶ sombrero

**15** **Escucha y señala qué palabra has oído.**

1. muera / muela
2. roza / loza
3. pera / pela
4. suero / suelo
5. caro / calo
6. poro / polo
7. pira / pila
8. cuero / cuelo

**16** **Completa las palabras que vas a escuchar.**

■ ca...o  ■ ...omedario  ■ co...el  ■ a...er  ■ ...amático  ■ ve...e  ■ mo...er  ■ coba...e  ■ a...ede

**CE 5** **17** **Mira esta fotografía de Madrid. Describe dónde están…**

la Cibeles

el autobús

la Puerta de Alcalá

el semáforo

los setos

la señal de tráfico

las vallas

**18** **Fíjate en este texto. Un dibujante gracioso ha cambiado las preposiciones por dibujos. ¿Qué preposiciones faltan?**

Tom está ⊕ clase ✤ español porque quiere viajar 🌍 toda América el próximo verano. Este año sólo ha ido una semana ✱ Río de Janeiro ☺ practicar el portugués que sabe y le ha encantado el continente americano. Tom sale de casa todos los días — las 9 ✎ punto. Va ⇨ clase ✝ autobús, que lo deja ✳ la calle Claudio Coello. Desde allí se dirige ⚡ su escuela caminando. Cruza ⚔ el paso de peatones porque es muy disciplinado y nunca atraviesa la calle ▭ la mitad. Se queda 🌐 la escuela ✐ las 12 y media. ◷ ese momento decide si vuelve ☁ casa ☆ almorzar o se marcha ✕ parque de El Retiro ►

correr un rato o ✄ practicar deporte. Como está ✄ vacaciones, permanece un poco de tiempo ☎ la acera sin decidirse ♤ una cosa u otra. Al final anda un poco ✈ la calle Serrano y se dirige ✉ el parque de El Retiro. ☛ donde está ahora ✄ el parque sólo hay un kilómetro y decide que puede empezar ✎ correr. Cuando llega a El Retiro, se encuentra con una manifestación, y la policía no lo deja entrar ✎ las tres. Entonces decide tomar el autobús ⟿ regresar ☼ casa. Ha hecho ya algo ✪ ejercicio. Mientras está ✱ el autobús recibe una llamada ♥ su novia. Lo llama ☏ la oficina ⇉ invitarlo ♠ almorzar.

**19** **Entre estos dos dibujos hay ocho diferencias. Escribe cuáles son.**

Ej.: *El mono está encima de la rama del árbol / está debajo de la rama.*

**20** Escucha atentamente y escribe en cada apartado lo que corresponde.

|  | delante | detrás | encima | debajo | enfrente | al lado | cerca | lejos |
|---|---|---|---|---|---|---|---|---|
| casa |  |  |  |  |  |  |  |  |
| Juan |  |  |  |  |  |  |  |  |
| gato |  |  |  |  |  |  |  |  |
| escuela |  |  |  |  |  |  |  |  |
| estación |  |  |  |  |  |  |  |  |
| Pedro |  |  |  |  |  |  |  |  |
| María |  |  |  |  |  |  |  |  |
| Correos |  |  |  |  |  |  |  |  |
| Pepe |  |  |  |  |  |  |  |  |
| diccionario |  |  |  |  |  |  |  |  |
| coche |  |  |  |  |  |  |  |  |

**21** Lee con atención los siguientes recados.

He arreglado tu teléfono móvil. Ya no tienes que llamar a averías. Por favor, llámame para salir esta noche.

Hemos venido a arreglar su teléfono, pero no la hemos encontrado en casa. Por favor, llámenos y díganos cuándo podemos volver.

Cariño, te he dejado un bocadillo y un refresco en la mesa de la cocina. Tómatelo todo antes de hacer los deberes. Yo regresaré hoy muy tarde.

Cariño, te he dejado los cigarrillos y un recado de Ana en la mesa de la cocina. Quiere que le lleves un bocadillo y un refresco. Está hoy en casa pintando las paredes.

 Ahora escúchalos y di en qué orden aparecen.

**22** Ahora vas a escribir un recado a tu compañero. Tu profesor te va a dar las palabras que tienes que usar.

**23** **Fíjate en esta carta.**

> *Zamora, 3 de agosto de 2001*
>
> *Querida María:*
>
> *Ya estoy en España. Este fin de semana vamos a recorrer algunas ciudades de Castilla, que son preciosas. La comida es muy buena y siempre te sirven mucha cantidad. Creo que voy a engordar algunos kilos. La gente es muy amable y acogedora. Ya me he recuperado del viaje, ¡es muy largo!*
>
> *Espero verte pronto.*
>
> *Besos,*
>
> *Katherine*

**1.** ¿Dónde aparece la fecha?

................................................................

**2.** ¿En qué orden aparecen el lugar y la fecha?

................................................................
................................................................

**3.** ¿Cómo empezamos la carta?

................................................................

**4.** ¿Cómo nos despedimos?

................................................................

## ESQUEMA GRAMATICAL

### PARA DAR UNA OPINIÓN

Yo creo que...

Yo pienso que...

A mí me parece que...

Yo opino que...

En mi opinión, ...

Para mí, ...

### PARA EXPRESAR ACUERDO O DESACUERDO

(No) tienes razón porque...

Yo (no) estoy de acuerdo   ⇨ con lo que has dicho.

⇨ contigo.

⇨ con eso.

⇨ con tu opinión.

### PARA PEDIR OPINIÓN

¿Tú qué crees?

¿Tú qué piensas?

¿A ti qué te parece?

¿Tú qué opinas?

### PARA AÑADIR ARGUMENTOS

Eso es verdad, pero además...

Tienes razón, pero...

Es cierto, incluso...

### PREPOSICIONES DE LUGAR

**en.** Sirve para localizar en el espacio.
*Honduras está **en** Centroamérica.*

**por.** Indica un movimiento en el espacio.
*He viajado **por** todo México.*

**para.** Indica un movimiento en el espacio, el destino.
*Voy **para** España.*

**a.** Indica dirección a un lugar. *Voy en coche a Sevilla.*

**hacia.** Indica la dirección. *Voy **hacia** El Retiro.*

**de / desde.** Indica el punto de partida en el espacio.
*He salido **de** Córdoba a las siete.*

**hasta.** Indica el punto final en el espacio. *He ido **hasta** El Retiro.*

**desde... hasta / de... a.** Indica el principio y el fin de un espacio.
*De Madrid a Cáceres hay trescientos kilómetros.*

Nuestro planeta Tierra está "enfermo". No lo cuidamos suficientemente. La primera vez que todos los gobiernos del mundo se reúnen para hablar de medio ambiente es en 1992 en Río de Janeiro (Brasil). Desde entonces, todos los pueblos hablan de *calentamiento del planeta, deforestación, tala indiscriminada de bosques, lluvia ácida, agujeros en la capa de ozono, efecto invernadero, deshielo de los casquetes polares, desertización, ecosistema,* etc. Ante esta situación tan alarmante los gobiernos aumentan la protección de las zonas naturales e impiden que se destruya el *hábitat* de animales y plantas en vías de extinción.

En España hay once parques naturales, reservas en las que la fauna y la flora autóctonas en peligro se conservan en su hábitat natural. De estos once parques, cuatro están en las islas Canarias, uno en las islas Baleares y los seis restantes en la Península. También en España podemos encontrar numerosos espacios naturales protegidos. En los últimos años la licenciatura en Medio Ambiente acoge a muchos estudiantes que, preocupados por el futuro de nuestro planeta, quieren realizar sus estudios universitarios en esta facultad.

⇨ ¿Sabrías explicar los términos en cursiva?

⇨ ¿En tu país existe también preocupación por estas cuestiones del medio ambiente?

⇨ Fíjate en estas fotos. ¿Sabrías identificar de dónde son? Te ayudamos con algunos nombres: Baleares, Huesca, Asturias, Ciudad Real, Lanzarote, Huelva, La Gomera.

# Hablemos del pasado

## 8

### á m b i t o 1 Biografías

▶ Hablar del pasado

▶ Contar la vida de una persona

▶ Situar los hechos en el pasado

▶ Relacionar hechos en el pasado

### á m b i t o 2 ¡Qué experiencia!

▶ Hablar de acontecimientos y hechos históricos; situarlos en el tiempo

▶ Referirse a acontecimientos o hechos pasados y valorarlos

**Escucha y relaciona. Después, ordena los datos de la biografía de cada personaje.**

Pablo Neruda

F. García Lorca

J. L. Borges

1. Fue diplomático.
2. Nació en España.
3. Nació en Chile.
4. Escribió *Yerma*.
5. Trabajó en la Biblioteca Nacional de Argentina.

6. Vivió en Ginebra.
7. Nació en Buenos Aires.
8. Murió en 1986.
9. Estudió derecho.
10. Escribió teatro y poesía.

11. Murió en 1973.
12. Escribió *Ficciones*.
13. Ganó el Premio Nobel.
14. Murió en 1936.
15. Escribió *20 poemas de amor y una canción desesperada*.

**2** **Comprueba con tus compañeros el ejercicio anterior.**

**3** **Completa los verbos.**

NAC-
NAC-ISTE
NAC-
NAC-IMOS
NAC-
NAC-

VIV-
VIV-ISTE
VIV-
VIV-
VIV-
VIV-IERON

GAN-É
GAN-
GAN-
GAN-AMOS
GAN-ASTEIS
GAN-

MOR-Í
MOR-
MUR-IÓ
MOR-
MOR-
MUR-

VI
V-ISTE
V-
V-IMOS
V-ISTEIS
V-

TRABAJ-
TRABAJ-
TRABAJ-Ó
TRABAJ-AMOS
TRABAJ-
TRABAJ-

**4 Completa con los verbos que faltan y pon los signos de puntuación.**

Salvador Dalí [imagen] el 11 de mayo de 1904 [imagen] educación secundaria en el instituto de Figue-

ras  A los trece años [imagen] su primer cuadro

En 1923 [imagen] a Madrid para estudiar en la Academia de Bellas Artes de San Fernando Ese año

[imagen] a Luis Buñuel y a Federico García Lorca En la primavera de 1927 [imagen] a París y

[imagen] de Gala  Aquel año [imagen] con Luis Buñuel los escenarios de *Un perro andaluz* Al terminar los

estudios [imagen] para exponer en Nueva York Chicago etc. En 1955 [imagen] con Gala  y [imagen] en

Cadaqués En 1982 [imagen] Gala y Dalí [imagen] El 23 de enero de 1989 [imagen] en Figueras

**5 Escucha y comprueba el ejercicio anterior.**

**6 Escribe todas las expresiones temporales que aparecen en el texto.**

_____  } + indefinido   _____ } + indefinido
_____                    _____
_____

**7 Relaciona las columnas y construye frases siguiendo el ejemplo.**

Ej.: *En 1939 el Maestro Rodrigo compuso el* Concierto de Aranjuez.

[imagen]   dibujar   libro: *La tabla de Flandes*, 1990

[imagen]   rodar   cómic: *Mafalda*, 1967

[imagen]   componer   música: *Concierto de Aranjuez*, 1939

[imagen]   escribir   película: *Bodas de sangre*, 1981

**8** **Observa estos dibujos de la vida de Dalí y construye frases como en el ejemplo.**

*Cuando terminó de estudiar, viajó a París.*
*Al terminar de estudiar, se fue a París.*

_____   _____

_____   _____

**9** **Y tú, ¿qué hiciste?**

Cuando terminé la escuela primaria _____

Al acabar el bachillerato _____

Cuando _____

Al _____

Cuando _____

Al _____

**10** **Escucha y clasifica las palabras. Ten en cuenta la sílaba tónica.**

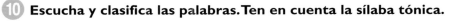

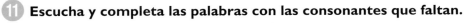

**11** **Escucha y completa las palabras con las consonantes que faltan.**

1. …ico
2. a…o
3. ni…o
4. mu…a…o
5. ara…a

6. cu…ara
7. sue…o
8. no…e
9. ca…a
10. co…e

**12** **Observa los dibujos. Construye frases según el ejemplo y relaciónalas con el tiempo actual.**

*Vivió en Madrid en 1978.*
*Se mudó a Barcelona en 1999.*
*Hace X años que vive en Barcelona.*

_____
_____
_____

_____    _____
_____    _____
_____    _____

**13** **En parejas. Relacionad las viñetas y contad la vida de este personaje.**

**CE 10**

**14** Clasifica los siguientes verbos.

| regulares | irregulares |
|---|---|
| | |

VIAJAR

RECIBIR

IR

VENIR

GANAR

ESTAR

CONOCER

TENER

HACER

DECIR

MORIR

TERMINAR

SER

PRODUCIR

**15** Fíjate en estos recortes de prensa que Elena Pérez, gran admiradora del cantante mexicano Miguel Luis, guarda desde hace varios meses: declaraciones, entrevistas, conciertos, etc. Ayúdala a relacionar estos acontecimientos entre sí a partir de la fecha del 8 de febrero de 2000.

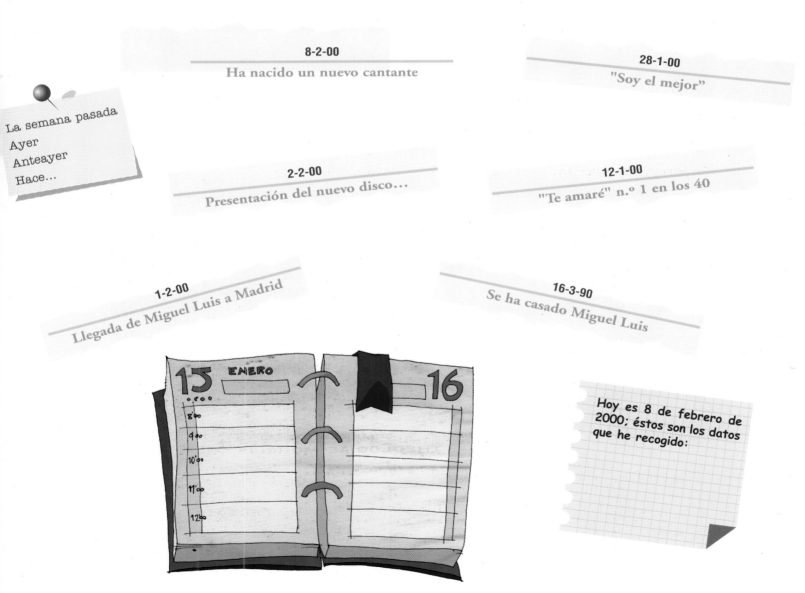

8-2-00
Ha nacido un nuevo cantante

28-1-00
"Soy el mejor"

La semana pasada
Ayer
Anteayer
Hace…

2-2-00
Presentación del nuevo disco…

12-1-00
"Te amaré" n.º 1 en los 40

1-2-00
Llegada de Miguel Luis a Madrid

16-3-90
Se ha casado Miguel Luis

15 ENERO          16

Hoy es 8 de febrero de 2000; éstos son los datos que he recogido:

**16** Completa con la forma verbal adecuada. Pregunta a tu compañero y escribe la respuesta.

| | Tu compañero |
|---|---|
| ¿Cuándo (nacer) ..........? | |
| ¿Dónde (nacer) ..........? ¿Cuándo (empezar) .......... a estudiar? | |
| ¿Cuándo (entrar) .......... en la universidad? | |
| ¿Cuándo (conocer) .......... a tu mejor amiga? | |
| ¿Cuál (ser) .......... tu primer trabajo? | |
| ¿En qué año (enamorarse) .......... por primera vez? | |
| ¿Cuándo (hacer) .......... tu primer viaje? | |
| ¿Cuál (ser) .......... el día más importante de tu vida? | |
| ¿Cuándo (irse) ........ a vivir solo? | |

**CE 14** **17** Con los datos obtenidos, escribe un breve relato de la vida de tu compañero.

## ESQUEMA GRAMATICAL

### PRETÉRITO INDEFINIDO
**Verbos regulares**

| | BAIL-AR | BEB-ER | SAL-IR |
|---|---|---|---|
| yo | bail-**é** | beb-**í** | sal-**í** |
| tú | bail-**aste** | beb-**iste** | sal-**iste** |
| él | bail-**ó** | beb-**ió** | sal-**ió** |
| nosotros | bail-**amos** | beb-**imos** | sal-**imos** |
| vosotros | bail-**asteis** | beb-**isteis** | sal-**isteis** |
| ellos | bail-**aron** | beb-**ieron** | sal-**ieron** |

**Verbos irregulares**

| | I | terminaciones | IR / SER |
|---|---|---|---|
| hacer | **hic- / hiz-** | - e | fui |
| venir | **vin-** | - iste | fuiste |
| | **U** | - o | fue |
| | | - imos | fuimos |
| estar | **estuv-** | - isteis | fuisteis |
| tener | **tuv-** | - ieron | fueron |

### EXPRESAR TIEMPO

**1. Marcadores temporales de pretérito indefinido**

▶ *Ayer*
▶ *Ese año, aquel día*
▶ *El año pasado*
▶ *La semana pasada*
▶ *El verano pasado*
▶ *En 1992*
▶ *En agosto*
▶ *En Navidad*
▶ *El 30 de julio*

**2. Construcciones temporales**

▶ *Al* + infinitivo
   *Al volver a su país se casó con Pilar.*
▶ *Cuando* + indefinido
   *Cuando cumplió 22 años se trasladó a Roma.*
▶ *Hace* + cantidad de tiempo + *que* + indefinido
   *Hace cinco años que se separó.*
▶ *Hace* + cantidad de tiempo + *que* + presente
   *Hace cinco meses que vivo en Segovia.*

**1** Escucha atentamente y escribe la fecha debajo de las fotografías.

1._____

2._____

3._____

4._____

5._____

6._____

**2** Completa el cuadro con los datos anteriores.

| Acontecimiento | ¿En qué país fue? | ¿Qué día fue? | ¿En qué año fue? |
|---|---|---|---|
| | | | |
| | | | |
| | | | |
| | | | |
| | | | |

**3** Escribe frases con los datos del ejercicio anterior.

Ej.: *La caída del Muro de Berlín fue el 9 de noviembre de 1989.*
*La caída del Muro de Berlín tuvo lugar en 1989.*
*Fue en Alemania.*

**CE 3** **4** **Ordena cronológicamente los acontecimientos del ejercicio 1.**

Primero fue ........................., luego tuvo lugar ......................................, después
pasó ........................., más tarde .........................y por último .....................

**5** **Escribe por orden cronológico los acontecimientos más importantes ocurridos en tu país, y cuéntaselos a tus compañeros. Utiliza la estructura del ejercicio anterior.**

_____
_____
_____
_____

**CE 4** **6** **Fíjate en cómo valoran estas personas los acontecimientos anteriores. Escribe su opinión en los bocadillos y clasifícalos en positivos y negativos.**

Positivos          _____          Negativos          _____

          _____                    _____

          _____                    _____

**7** **Fíjate en el ejemplo y completa.**

Muy bueno: _buen-ísimo._          Muy interesante: .........................

Muy malo: .........................          Muy aburrido: .........................

Muy divertido: .........................

¡Estupendo!
¡Genial!
¡Horrible!
La charla fue interesantísima.
La charla fue estupenda.

**8** En grupos de tres, jugad con un dado y unas fichas. Tenéis que valorar la última vez que habéis realizado las acciones que indique vuestra casilla.

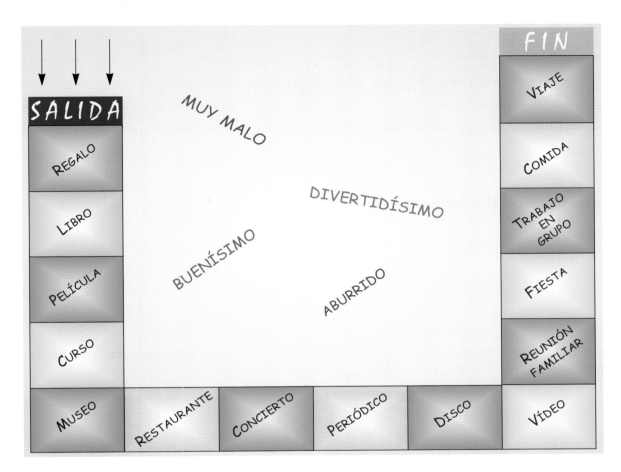

**9** Ahora, pregunta a tu compañero por sus experiencias buenas y malas.

| buenas | malas |
|---|---|
|  |  |

**CE 5**

**10** Escribe el infinitivo de los siguientes verbos.

1. trajo _____
2. durmieron _____
3. construyó _____
4. huyeron _____
5. soñasteis _____

6. leyó _____
7. disteis _____
8. conduje _____
9. cayeron _____
10. serviste _____

**CE 6** **11** Escucha a estos personajes y escribe qué cosas hicieron y cuándo.

| ¿Qué hicieron? | ¿Cuándo? |
|---|---|
| 1. | |
| 2. | |
| 3. | |
| 4. | |
| 5. | |

**CE 7.10.11** **12** Clasifica los marcadores temporales del ejercicio anterior.

● pretérito perfecto                          ○ pretérito indefinido

● _____          ○ _____

● _____          ○ _____

● _____          ○ _____

● _____          ○ _____

**13** ¿Alguna vez has hecho alguna de estas cosas? ¿Cuándo? Compara tus respuestas con las de tu compañero.

**14** **En las siguientes series hay una palabra que no pertenece al grupo. Señálala.**

1. tren, barco, coche, avión, autobús, terminal
2. revisor, conductor, alas, azafata, piloto
3. arcén, autopista, muelle, aparcamiento, pistas de aterrizaje
4. pilotar, arrancar, navegar, conducir, revisar

**15** **Ayuda a María a redactar su diario. Presta atención a la puntuación.**

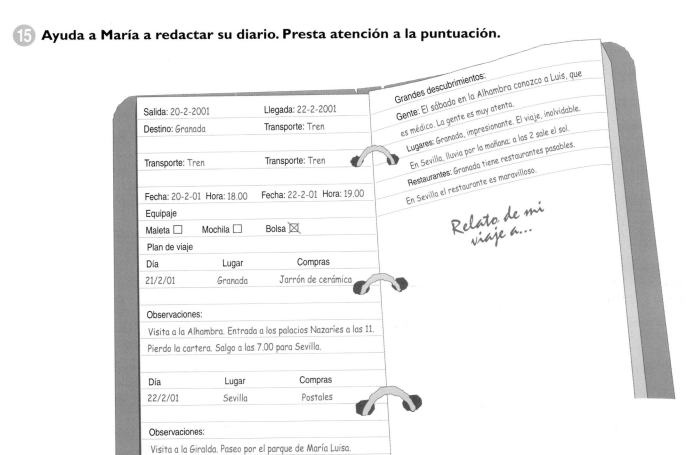

Salida: 20-2-2001     Llegada: 22-2-2001

Destino: Granada     Transporte: Tren

Transporte: Tren     Transporte: Tren

Fecha: 20-2-01  Hora: 18.00     Fecha: 22-2-01  Hora: 19.00

Equipaje

Maleta ☐     Mochila ☐     Bolsa ☒

Plan de viaje

| Día | Lugar | Compras |
|---|---|---|
| 21/2/01 | Granada | Jarrón de cerámica |

Observaciones:

Visita a la Alhambra. Entrada a los palacios Nazaríes a las 11.
Pierdo la cartera. Salgo a las 7.00 para Sevilla.

| Día | Lugar | Compras |
|---|---|---|
| 22/2/01 | Sevilla | Postales |

Observaciones:

Visita a la Giralda. Paseo por el parque de María Luisa.
Como en un restaurante típico. Visita a la catedral.

Grandes descubrimientos:

Gente: El sábado en la Alhambra conozco a Luis, que es médico. La gente es muy atenta.

Lugares: Granada, impresionante. El viaje, inolvidable. En Sevilla, lluvia por la mañana; a las 2 sale el sol.

Restaurantes: Granada tiene restaurantes pasables. En Sevilla el restaurante es maravilloso.

*Relato de mi viaje a...*

**16** **Escucha y escribe lo que opina María acerca de su viaje.**

Me gustó la Alhambra

**CE 14** ⑰ **Háblanos de tu último viaje. Escribe tus respuestas y luego pregunta a tu compañero sobre el suyo.**

| | tú | tu compañero |
|---|---|---|
| ¿Cuándo fuiste? | | |
| ¿Dónde? | | |
| ¿Con quién? | | |
| ¿Cuánto duró? | | |
| ¿Qué visitaste? | | |
| ¿Qué lugares te gustaron más? | | |
| ¿Dónde comiste? | | |
| ¿Conociste a alguien? | | |
| ¿Qué hiciste el primer día? | | |
| ¿En qué medio de transporte fuiste? | | |
| ¿Hiciste muchas fotos? | | |
| ¿Dónde dormiste? | | |
| ¿Qué hiciste la última noche? | | |

**CE 15, 16, 17, 18**  ⑱ **Escucha y señala el orden en que son leídas estas palabras.**

☐ callo     ☐ valla     ☐ campaña     ☐ sueño     ☐ cuña

☐ cayó     ☐ vaya     ☐ chillar     ☐ cheque     ☐ chófer

## ESQUEMA GRAMATICAL

### LOCALIZACIÓN ESPACIAL Y TEMPORAL

▶ Para situar acontecimientos en el tiempo podemos usar *ser, tener lugar* y *ocurrir.*

*El comienzo de la Segunda Guerra Mundial fue en 1939.*
*El primer caso de clonación tuvo lugar en 1996.*

▶ Para situar acontecimientos en el espacio se utiliza *ser.*

*El concierto fue en el Pabellón de los Deportes.*
*El accidente ha sido en las cercanías del aeropuerto.*

▶ Para situar personas, animales, cosas y objetos en el espacio se utiliza *estar.*

*El Museo de Armas está en la calle Nebrija.*
*El presidente estuvo en Colombia, en viaje oficial.*

### ORGANIZADORES DEL RELATO

| | ¿Qué hiciste ayer? |
|---|---|
| primero | **Primero** comí con Luis y Ana, |
| luego, después, más tarde | **luego** hice algunas compras, |
| por último | **por último,** me fui al cine y |
| al final | **al final** llegué a casa agotada. |

### VALORACIÓN DE ACONTECIMIENTOS

| fantástico(a) fenomenal genial un rollo fatal horrible | muy bueno(a) – buenísimo(a) muy divertido(a) – divertidísimo(a) muy interesante – interesantísimo(a) muy largo(a) – larguísimo(a) muy aburrido(a) – aburridísimo(a) | un poco aburrido(a) un poco largo(a) |
|---|---|---|

### PRETÉRITO PERFECTO / PRETÉRITO INDEFINIDO

▶ Los dos tiempos sirven para contar sucesos pasados terminados.

▶ Se usa el pretérito perfecto cuando los sucesos pasados tienen relación con el presente del hablante (*hoy, esta semana, hace diez minutos,* etc.), y el indefinido cuando las acciones pasadas no tienen relación con el presente (*ayer, el año pasado, en 1960,* etc.).

*Ayer **se acostó** muy tarde y **hoy no ha ido** a clase de español.*

**1** ¿Conoces a estas mujeres? ¿Sabes por qué fueron importantes en España e Hispanoamérica?

1

2

3

4

7

5

6

**2** Lee los textos y relaciónalos con las fotografías.

### GABRIELA MISTRAL
Escritora chilena. Considerada una de las más importantes poetisas hispanoamericanas. Sus primeros versos aparecieron recogidos con el título *Desolación*, en 1922. Recibió el Premio Nobel de Literatura en 1945. Murió en Nueva York en 1957.

### ROSA CHACEL
Escritora española. Nació en Valladolid en 1898. Estudió en la Academia de Bellas Artes de Madrid. Fue una importante novelista, pero también escribió varios libros de poemas. Cuando acabó la guerra se exilió en Brasil, donde vivió hasta 1985. En 1987 recibió el Premio Nacional de las Letras Españolas. Murió en 1994.

### LOLA FLORES
Cantante, "bailaora" y actriz española. Nació en Jerez de la Frontera en 1923. Fue una de las personalidades más importantes del género folclórico español. Se la conoció con el nombre de *la Faraona*, título de una de sus películas más famosas. Estuvo casada con un gran guitarrista. Murió en 1995. Una de sus hijas, Rosario, es una cantante actual muy popular en España.

### MARGARITA XIRGU
Actriz española. Nació en 1888. Dedicó toda su vida al teatro, donde obtuvo grandes triunfos. Fue una excelente actriz para la comedia y el drama. En 1945 estrenó en Argentina la célebre obra de Federico García Lorca *La casa de Bernarda Alba*. En Montevideo dirigió la Compañía Nacional y creó la Escuela de Arte Dramático.

### DOLORES IBÁRRURI
Política española conocida como la *Pasionaria*. Nació en 1895 en el País Vasco. Fue una destacada líder sindical, secretaria general y presidenta del PCE (Partido Comunista de España). Perteneció al bando republicano durante la Guerra Civil. Al perder la guerra los republicanos, se exilió en Moscú. Volvió a España en 1977 y murió en 1989.

### GLORIA FUERTES
Poetisa y cuentista española. Nació en Madrid en 1918. Desde muy joven se dedicó a escribir. Los temas de sus poesías fueron la vida, la muerte, el amor, el dolor. La Guerra Civil española la marcó mucho. Fue una mujer muy querida por todo el mundo. Escribió poemas y cuentos para niños. Murió en 1998.

### FRIDA KAHLO
Pintora mexicana. Nació en 1907. Empezó a estudiar medicina, pero dejó sus estudios porque tuvo un grave accidente de tráfico en 1925. Fue una pintora admirada por Picasso y Breton, entre otros. Su pintura se caracterizó por elementos expresionistas y surrealistas. Los temas de su obra fueron populares, folclóricos y autobiográficos. Se casó dos veces con el pintor Diego de Rivera. Murió en México en 1954.

**3** ¿Qué mujeres famosas conoces de tu país? Coméntalo con tus compañeros.

# Recuerdos de la infancia

**9**

## ámbito **1** Así éramos

▶ Describir lugares, personas y cosas del pasado

▶ Hablar de acciones habituales en el pasado

▶ Valorar el carácter de una persona en el pasado

▶ Hablar de deseos y gustos en el pasado

▶ Expresar cambios (físicos y de personalidad)

▶ Expresar cambios en los hábitos

## ámbito **2** Todo cambia

▶ Expresar cambios (físicos y de personalidad)

▶ Expresar la continuidad de características físicas y de personalidad

▶ Expresar cambios en los hábitos

▶ Narrar hechos del pasado y describir a sus protagonistas y los lugares en que sucedieron

▶ Hablar de hechos concretos y de acciones habituales en el pasado

**1** **Lee y subraya los verbos.**

Cuando yo era pequeño tenía muchos juguetes. Uno de los que más me gustaban era Pepe, un elefante de trapo. Pepe era de color rosa con lunares azules. Tenía unas orejas muy grandes que hacían ruido cuando se movían. Recuerdo que también jugaba mucho con un coche de bomberos que parecía de verdad; llevaba una sirena roja que sonaba muy fuerte y una escalera muy larga. Pero, de todos los juguetes, recuerdo especialmente un parque zoológico, que todavía conservo, en el que había toda clase de animales: leones, tigres, jirafas, monos, osos… Cada uno tenía su nombre y su personalidad, y, aunque a veces luchaban entre sí, se llevaban bien y eran buenos amigos. Yo pasaba horas y horas jugando con mi zoo y soñando aventuras increíbles. Hoy ese sueño se ha hecho realidad: soy veterinario y trabajo en un parque natural rodeado de animales.

En el texto aparece un nuevo tiempo de pasado: el imperfecto. Escribe las formas y sus infinitivos.

| era | ⇨ | ser | tenía | ⇨ | tener | jugaba | ⇨ | jugar |
|-----|---|-----|-------|---|-------|--------|---|-------|
| _____ | ⇨ | _____ | _____ | ⇨ | _____ | _____ | ⇨ | _____ |
| _____ | ⇨ | _____ | _____ | ⇨ | _____ | _____ | ⇨ | _____ |
| _____ | ⇨ | _____ | _____ | ⇨ | _____ | _____ | ⇨ | _____ |

**2** **¿Conoces los nombres de estos animales? Escríbelos con ayuda del diccionario.**

1. _____  2. _____  3. _____  4. _____  5. _____  6. _____  7. _____  8. _____

9. _____  10. _____  11. _____  12. _____  13. _____  14. _____  15. _____  16. _____

**3** **Observa los dibujos y completa.**

Cuando Julián era pequeño _____
Su madre _____
Su juguete favorito _____

Cuando Esther era pequeña _____
Su padre _____
Su habitación _____

**4** **¿De qué hablan? Escucha y relaciona.**

▷ Enrique

▷ José

▷ Pilar

▷ Elena

**5** **Ordena el texto según los dibujos.**

▶ A los doce años tocaba el piano, jugaba al fútbol y veía mucho la televisión.

▶ De pequeño dormía doce horas. Era gordito. Tenía poco pelo. Jugaba mucho con mi osito de peluche.

▶ Iba a la escuela del pueblo. Era una escuela antigua y pequeña. Siempre llevaba un uniforme azul, que no me gustaba, y todas las mañanas mi madre se enfadaba conmigo porque no quería ponérmelo.

▶ De joven conducía el coche de mi padre y salía con mis amigos a pasear por el pueblo o íbamos al cine.

▶ Cuando tenía nueve años, normalmente leía cuentos y escribía en mi diario, y a menudo montaba en bicicleta.

Señala todas las expresiones que hay en el texto para hablar de acciones habituales. ¿Conoces otras? Habla con tu compañero y poned algunos ejemplos.

**6** **Observa el álbum de Ana. Escribe las cosas que hacía.**

Ej.: *Cuando era pequeña, Ana hacía teatro en el colegio.*

Pregunta a tu compañero qué hacía cuando era pequeño. Escribe las respuestas y cuéntaselo al resto de la clase.

_____

_____

_____

_____

_____

_____

 **7** Mario es sociólogo y está haciendo un estudio comparativo sobre los hábitos de los niños de antes y los de ahora. Tiene mucho interés en saber cuántas horas dedicaban sus compañeros a ver la televisión cuando eran pequeños. Escucha y anota sus respuestas.

| | todos los días, siempre | con frecuencia | a menudo | algunas veces | poco | casi nunca | nunca |
|---|---|---|---|---|---|---|---|
| Ana | | | | | | | |
| Blas | | | | | | | |
| Juan | | | | | | | |
| Carlos | | | | | | | |
| Diana | | | | | | | |
| Esteban | | | | | | | |
| Tere | | | | | | | |
| Francisco | | | | | | | |
| Gonzalo | | | | | | | |
| Inés | | | | | | | |

**1.** Escucha nuevamente y contesta.

1. ¿Qué hacía Ana en su tiempo libre?
2. ¿Qué programas le gustaban a Blas?
3. ¿Por qué Carlos no veía la televisión?
4. ¿Cuándo veía Esteban la televisión?
5. ¿Para qué la veía Gonzalo?

**2.** Y tú, ¿con qué frecuencia hacías esto?

- ► hacer gimnasia
- ► levantarse tarde
- ► beber cerveza
- ► acostarse temprano
- ► leer novelas de amor
- ► estudiar
- ► pensar en el futuro
- ► salir por las noches
- ► escribir en un diario
- ► jugar con los amigos

**8** **Observa el dibujo. ¿Sabes quién es cada uno? Piensa en un adjetivo para describirlos.**

✔ Pedro siempre estaba dormido; por eso no hacía los deberes.

✔ A Juan no le gustaba compartir sus cosas.

✔ Marcos se pasaba el día escribiendo poemas de amor.

✔ Margarita se subía en las mesas y saltaba de una a otra.

✔ José hacía los deberes en casa.

✔ Paula hablaba y hablaba sin parar.

✔ Elvira siempre nos saludaba con un beso.

✔ Paco escuchaba con atención a la maestra y no se movía de su sitio.

✔ Yo nunca encontraba mis cosas; nunca recordaba dónde las dejaba.

**9** **Forma parejas de contrarios con los siguientes adjetivos.**

| | | | |
|---|---|---|---|
| ❑ sincero | ❑ hablador | ❑ tímido | ❑ generoso |
| ❑ egoísta | ❑ desagradable | ❑ trabajador | ❑ mentiroso |
| ❑ agradable | ❑ optimista | ❑ pesimista | ❑ perezoso |

Ahora piensa en una persona (real o ficticia) y elige siete adjetivos para describirla. Explica a tu compañero por qué has escogido esos adjetivos.

**CE 10, 11** **10** **En parejas. Fijaos en las fotografías y caracterizad a cada personaje con tres adjetivos.**

1._____

_____

_____

2._____

_____

_____

3._____

_____

_____

**11 Escucha este diálogo y completa.**

*Rebeca:* ¡Hola, abuelo!

**Abuelo:** ¡Hola, Rebeca! ¿Qué te pasa? No tienes buena cara. ¿Estás cansada?

*Rebeca:* Sí…, estoy cansadísima. ………… un examen de economía y no he dormido en toda la noche.

**Abuelo:** ¿Qué tal te …………?

*Rebeca:* Regular. Me han puesto uno de los temas que peor me sabía.

**Abuelo:** Bueno, no te preocupes. Seguro que apruebas. Ven, tómate un café calentito.

*Rebeca:* Abuelo, ¿cuando ……… joven estudiabas?

**Abuelo:** No, desgraciadamente no estudiaba. ………… en un pueblo muy pequeño y no ……… escuela. Para estu-

diar teníamos que ir a un pueblo cercano, pero tampoco teníamos coche, así que ………… a mi padre en el campo. ………… a los animales y ordeñaba las vacas; luego, mi padre y yo ………… la leche en el pueblo.

*Rebeca:* Abuelo, entonces…, la vida ha cambiado mucho, ¿no?

**Abuelo:** Sí, sí, muchísimo. Los jóvenes ahora ………… todo lo que queréis. Antes no ………… ni la mitad de las cosas que tenéis ahora, pero éramos felices.

*Rebeca:* ¿Y cómo se ………… los jóvenes en el pueblo? ¿Había bares y discotecas?

**Abuelo:** No, no había nada, sólo un bar. ………… a pasear, jugábamos a las cartas e ………… al baile cuando eran las fiestas.

**Lee el diálogo y marca verdadero (V) o falso (F).**

1. El abuelo iba a la escuela de un pueblo cercano. ☐
2. Ayudaba a su padre en el campo. ☐
3. La vida no ha cambiado demasiado. ☐
4. Antes los jóvenes tenían la mitad de las cosas que tienen ahora. ☐
5. Antes no eran felices. ☐
6. En el pueblo no había ni un solo bar. ☐
7. Iban al baile todos los días. ☐

**12 Observa estos dibujos.**

1. Completa con tu compañero esta ficha.

| | **Antes** | **Ahora** |
|---|---|---|
| físico | _____ | _____ |
| ropa | _____ | _____ |
| carácter | _____ | _____ |
| gustos | _____ | _____ |
| hábitos | _____ | _____ |

2. Ahora, escribid cómo han cambiado su físico, su ropa, su carácter, etc.

*Antes era un chico, ahora es una chica.* _____
_____
_____
_____

**13** Escribe cuatro cosas que hayan cambiado en tu vida, coméntalas con tu compañero y compara con el resto de la clase.

| | Antes | Ahora |
|---|---|---|
| 1 | | |
| 2 | | |
| 3 | | |
| 4 | | |

**14** En español, las palabras que tienen una sola sílaba no se acentúan, excepto en algunos casos, para evitar confusiones. Con ayuda del diccionario, explica la diferencia que hay entre estos pares de palabras.

▶ el: _____
▶ él: _____
▶ se: _____
▶ sé: _____

▶ de: _____
▶ dé: _____
▶ mi: _____
▶ mí: _____

▶ te: _____
▶ té: _____
▶ si: _____
▶ sí: _____

▶ tu: _____
▶ tú: _____
▶ que: _____
▶ qué: _____

**15** Lee el texto y acentúa las palabras señaladas cuando sea necesario.

**Mi** padre era un hombre **de** carácter fuerte. Siempre me decía: "María, hija, **tu** tienes **que** aprender a defenderte en la vida. **Si** no cambias, **te** van a hacer sufrir". **El** pensaba **que** yo era demasiado débil y **que,** por esa razón, los demás niños me quitaban los juguetes. Pero lo que **el** no sabía es que para **mi** era divertido compartir y regalar. Yo **se que mi** padre me lo decía por **mi** bien, pero a **mi** no me gustaba ser una niña antipática y egoísta, como **el** quería. Un día le pregunté: "¿**Que** tengo que hacer para defenderme? ¿Pegar a los niños? ¿Quitarles sus juguetes?". **El** me contestó que **si,** y entonces yo dije: "Bueno, pues si es así, prefiero sufrir y darles mis juguetes, por lo menos es divertido".

**ESQUEMA GRAMATICAL**

**PRETÉRITO IMPERFECTO**
**Verbos regulares**

| | AM-AR | BEB-ER | ESCRIB-IR |
|---|---|---|---|
| yo | am-**aba** | beb-**ía** | escrib-**ía** |
| tú | am-**abas** | beb-**ías** | escrib-**ías** |
| él | am-**aba** | beb-**ía** | escrib-**ía** |
| nosotros | am-**ábamos** | beb-**íamos** | escrib-**íamos** |
| vosotros | am-**abais** | beb-**íais** | escrib-**íais** |
| ellos | am-**aban** | beb-**ían** | escrib-**ían** |

**Verbos irregulares**

| | SER | IR | VER |
|---|---|---|---|
| yo | era | iba | veía |
| tú | eras | ibas | veías |
| él | era | iba | veía |
| nosotros | éramos | íbamos | veíamos |
| vosotros | erais | ibais | veíais |
| ellos | eran | iban | veían |

**Usos del pretérito imperfecto**

1. Hablar de costumbres y hábitos en el pasado:
   *Mi abuelo siempre nos compraba regalos.*
2. Describir personas, lugares y cosas dentro de un contexto de pasado:
   *Mi madre era una mujer muy guapa; tenía el pelo largo y moreno.*
3. Describir las situaciones o los contextos de las acciones:
   *Cuando tenía doce años, me enfadaba mucho con mi hermana.*

**1** **Lee la carta que Julián escribe a un viejo amigo.**

Estimado Juan:

Hoy, después de 15 años, me decido por fin a escribirte. Estaba en casa ordenando mis libros y mis cosas y entre los papeles apareció una foto de cuando estábamos en la universidad. ¡Cómo pasa el tiempo! ¡Y cuánto hemos cambiado! Yo, por lo menos, sí. Ahora soy serio y responsable. He dejado de fumar y de beber, hago deporte todos los días y cuido mi alimentación (la salud es lo primero). Todas mis energías las concentro en mi trabajo y en mi familia. He dejado de luchar por utopías y para salvar el mundo. Sí, ya ves, me he vuelto materialista. Ya no me interesa la política y tampoco pierdo el tiempo pensando cómo podemos mejorar las cosas (me he dado cuenta de que no depende de nosotros).

Sin embargo, todavía me gusta la música, y por eso sigo componiendo de vez en cuando.

Marta y yo seguimos juntos, aunque todavía no nos hemos casado (en esto no hemos cambiado mucho, porque seguimos sin creer en el matrimonio). Tenemos dos hijos estupendos, por lo que ya no tengo tiempo para nada.

Ya ves, me he vuelto mediocre y convencional, pero soy más feliz que antes y estoy muy satisfecho con lo que tengo.

Un abrazo,

Julián

**1.** Haz una lista con las cosas que siguen igual y otra con las que han cambiado en la vida de Julián.

| IGUAL | HA CAMBIADO |
|---|---|
| _____ _____ | _____ _____ |
| _____ _____ | _____ _____ |
| _____ _____ | _____ _____ |

**2.** Escribe las frases del texto que tengan las siguientes estructuras:

**IGUAL**  seguir + gerundio
seguir sin + infinitivo
todavía + verbo

**Ej.:** *Seguimos sin creer en el matrimonio.*

**HA CAMBIADO**  dejar de + infinitivo
volverse + adjetivo de carácter
ya no + verbo

**Ej.:** *He dejado de fumar y de beber.*

**2** **En parejas. Observad y escribid qué ha cambiado.**

**CE 3.4** **3** **Escribe qué cosas han cambiado en tu vida y cuáles siguen igual.**

**4** **Lee y subraya los verbos.**

El martes por la noche llegamos a Santillana. El pueblo parecía abandonado. No había nadie por las calles y las luces de las casas estaban apagadas. Hacía mucho frío. Encontramos el hotel rápidamente. En cuanto nos dieron las llaves, subimos a nuestras habitaciones. Estábamos cansados a causa del largo viaje; además, queríamos darnos un baño para relajarnos. El recepcionista nos dijo que el desayuno siempre se servía a las 8. Las habitaciones eran algo pequeñas, pero estaban limpias y bien cuidadas. Tenían dos camas, una mesilla y un armario. Los balcones daban a la calle principal y estaban adornados con flores de muchos colores. El baño era compartido. En las habitaciones hacía calor porque había una estufa, pero no en el pasillo, donde el frío helaba los huesos. El hotel era un poco caro para nosotros. Normalmente dormíamos en pensiones y, a veces, alquilábamos habitaciones en casas particulares.

Nos quedamos en el hotel durante todo el mes. Por las mañanas, visitábamos pueblos vecinos en busca de posibles clientes. Por lo general regresábamos al atardecer, pero en ocasiones, si el pueblo era grande, llegábamos por la noche. Los fines de semana descansábamos, paseábamos y nos preparábamos para los días siguientes.

Clasifica los verbos en estos dos grupos.

| verbos que expresan acciones concretas | verbos que describen personas, cosas o hechos |
|---|---|
| **Ej.:** *llegamos* | **Ej.:** *parecía abandonado* |
| | |

**CE 5** **5** **Señala cuáles de estas expresiones se utilizan normalmente con imperfecto y cuáles con indefinido.**

▶ ayer
▶ todos los días
▶ a menudo
▶ la semana pasada

▶ el jueves
▶ hace dos días
▶ por las tardes
▶ el año pasado

▶ el sábado y el domingo
▶ en 1998
▶ normalmente
▶ a veces

▶ el verano pasado
▶ todos los veranos

Completa estas frases con las expresiones anteriores.

1. _____ paseaba por el parque.
2. _____ nos bañamos en la piscina.
3. _____ viajaba al Caribe.
4. _____ nos bañábamos en el mar.
5. _____ fueron al cine.

6. _____ comprábamos caramelos.
7. _____ vendieron el coche.
8. _____ iban al teatro.
9. _____ bebía mucha leche.
10. _____ comí calamares.

### 6 ¿Sabes de quién se trata?

- Nació en Málaga.
- Pasó gran parte de su vida en Francia.
- Le gustaba pintar.
- Murió en Mougins en 1973.
- Fue el principal representante del cubismo.
- Era republicano y antifranquista.
- Pintó el *Guernica*.

- Nació en Génova.
- Le gustaba viajar.
- Era aventurero.
- Vino a España para cumplir un deseo.
- Se entrevistó con la reina Isabel la Católica.
- Hizo un gran viaje por el Atlántico.
- Mostró a Europa la existencia de América.

En pequeños grupos, escribid siete pistas sobre dos personajes reales o de ficción. Leedlas al resto de los compañeros, que deberán adivinarlos con el menor número de pistas posible.

1. _____
2. _____
3. _____
4. _____
5. _____
6. _____
7. _____

1. _____
2. _____
3. _____
4. _____
5. _____
6. _____
7. _____

### 7 Entrevista a tu compañero y escribe un pequeño informe sobre su vida.

- ¿Cuándo naciste?
- ¿Dónde?
- ¿Cómo eras de pequeño?
- ¿Qué te gustaba hacer?
- ¿Dónde vivías?
- ¿Eras buen estudiante?
- ¿Hiciste algún viaje importante?
- ..........................
- ..........................
- ..........................

**Informe**

### 8 El detective Villarejo investiga un robo en la mansión de los marqueses de Alcántara. Mira los dibujos y contesta a sus preguntas.

1. ¿Lleva mucho tiempo trabajando para los marqueses?

2. ¿Cuándo compraron el reloj?

3. ¿Cuándo se dio usted cuenta de que ya no estaba en su sitio?

4. ¿Cuándo llamó a la policía?

5. ¿Cuánto tiempo estuvo aquí la policía?

6. ¿Cuándo se fue usted a su casa?

**Tiempo exacto**
a + hora
en + año, mes
por + momento del día
ø + día de la semana

**Inicio**
desde + hora, día, parte del día, mes, año...

**Punto límite**
hasta + hora, día, parte del día, mes, año...

**Recorrido en el tiempo**
desde ...... hasta
de ...... a

**9** **Mira los dibujos y escribe lo que le pasó a David el martes, día 13.**

**10** **¿Te ha ocurrido alguna vez algo extraño? Escucha y completa.**

▶ Fue en _____. Yo era _____

▶ Llegamos a la ciudad _____

▶ Visitamos los lugares más importantes y _____

▶ Era de noche. Hacía un calor espantoso y _____

▶ Nada más oír el primer golpe abrí, pero _____

▶ Cerré la puerta rápidamente. Ahora _____

▶ Me metí en la cama y me tapé hasta la cabeza, aunque _____

▶ A los diez minutos _____

**Escucha de nuevo y contesta a las preguntas.**

1. ¿En qué ciudad sucedieron los hechos? _____

2. ¿Por qué Elvira no bajó a cenar? _____

3. ¿Qué oyó en el pasillo? _____

4. ¿Por qué no pudo llamar por teléfono? _____

5. ¿Cuántas veces llamaron a la puerta? _____

**11** **En parejas. Leed la historia de Fernando y Marta.**

**ALUMNO A**

Fernando y Marta se conocieron en 1985. Él trabajaba en un banco. Dos años después se casaron. Al principio vivían tranquilos y sin problemas. Marta no madrugaba porque sus clases empezaban a las 10:00. Cuando volvía de la facultad, preparaba la comida y hacía las tareas de la casa. Durante los fines de semana, Fernando se ocupaba de la casa.

Marta acabó la carrera en 1989. Se trasladaron a vivir a San Sebastián. A Marta no le gustaba su nuevo hogar porque se sentía muy sola, no conocía a nadie y Fernando casi no tenía tiempo para estar con ella. Un día, Marta desapareció. Lo extraño fue que no se llevó nada, todas sus cosas estaban allí: su ropa, sus libros, sus fotos, su cartera con sus documentos. Fernando tardó una semana en notar la ausencia de su mujer porque estaba demasiado ocupado. Cuando se dio cuenta de que ni la veía ni la oía, pensó simplemente que se había vuelto invisible. Y vivió feliz para siempre.

1. Pide a tu compañero la siguiente información:
   ▶ Ocupación de Marta.
   ▶ Lugar en el que vivían.
   ▶ Vida diaria de Fernando.
   ▶ Ocupación de Marta durante los fines de semana.
   ▶ Lugar donde vivía la familia de Marta.
   ▶ Razón del cambio de residencia.
   ▶ Razón de la depresión de Marta.
   ▶ Fecha de la desaparición de Marta.
   ▶ Estado de la casa tras la desaparición.
   ▶ Lo que dice Fernando.

**ALUMNO B**

Fernando y Marta se conocieron en 1985. Ella estudiaba economía. Después de salir un tiempo juntos, se casaron. Vivían en un pequeño apartamento en el centro de la ciudad. Fernando se levantaba a las 7:00, desayunaba y se iba a su oficina. Durante los fines de semana, Marta descansaba un poco, preparaba los exámenes o iba a visitar a su familia, que vivía en Cáceres. El año en el que Marta acabó la carrera, Fernando fue nombrado director de la zona norte, por lo que se fueron a vivir a otra ciudad. Marta estaba muy deprimida porque no encontraba trabajo. Durante las Navidades de 1990, Marta desapareció. Fernando no se dio cuenta porque la casa seguía estando limpia y la comida preparada. Cuando notó que ni la veía ni la oía dijo: "Bueno, nadie es perfecto", y vivió feliz para siempre.

1. Pide a tu compañero la siguiente información:
   ▶ Trabajo de Fernando.
   ▶ Fecha de la boda.
   ▶ Comienzos de la vida en común.
   ▶ Vida diaria de Marta.
   ▶ Año del fin de los estudios de Marta.
   ▶ Ciudad del nuevo hogar.
   ▶ Razones por las que no le gustaba la nueva situación.
   ▶ Forma de la desaparición.
   ▶ Tiempo que tardó Fernando en darse cuenta de la ausencia de Marta.
   ▶ Lo que piensa Fernando.

2. Escribe de nuevo la historia con los datos obtenidos y compárala con la de tu compañero.

**12** **El detective Villarejo sospecha que fue el mayordomo el autor del robo en la mansión de los marqueses. En parejas, reconstruid la historia con los datos que ha recogido.**

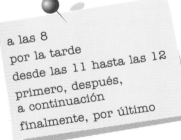

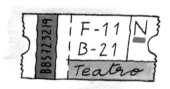

**13** Palabras encadenadas. Poneos en círculo y formad cadenas de palabras. Hay que contestar rápidamente.

po–lo → lo–sa → sa–po →

**14** Formad grupos de tres o cuatro personas y seguid las instrucciones de vuestro profesor.

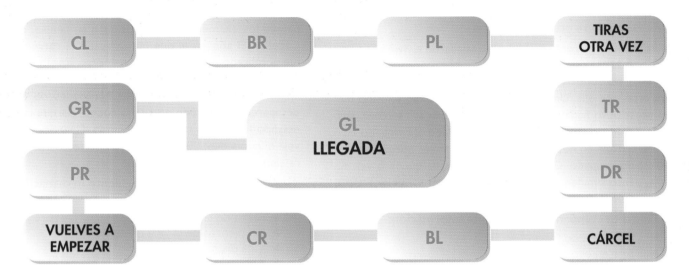

| CL | BR | PL | TIRAS OTRA VEZ |
|---|---|---|---|
| GR | | | TR |
| PR | GL LLEGADA | | DR |
| VUELVES A EMPEZAR | CR | BL | CÁRCEL |

## ESQUEMA GRAMATICAL

**Expresar la continuidad de una acción**
*seguir* + gerundio (oración afirmativa)
  *¿Sigues practicando la natación?*
*seguir sin* + infinitivo (oración negativa)
  *Seguimos sin creer nada de lo que dices.*
*todavía* + verbo conjugado
  *¿Todavía practicas la natación?*

**Expresar que una acción no continúa realizándose**
*dejar de* + infinitivo
  *Por fin he dejado de fumar.*
*ya no* + verbo
  *Elvira y Ramón ya no se hablan.*

**Expresar cambios de carácter**
*volverse* + adjetivo de carácter
  *Después de años de delincuencia se volvió honrado.*

### Contraste pretérito indefinido / pretérito imperfecto

**INDEFINIDO**
▶ Sirve para narrar hechos concretos del pasado.
  *El año pasado conoció a una chica estupenda y se casó con ella.*
▶ Suele ir acompañado de marcadores temporales del tipo: *ayer, la semana pasada, el mes / año pasado, en 1998...*

**IMPERFECTO**
▶ Sirve para describir:
  personas, cosas, animales.
  *Marta era algo antipática y un poco seria.*
  hechos habituales.
  *Le gustaba pasear por el campo al atardecer.*
  situaciones y contextos
  *Cuando vivía en Madrid, trabajaba en una oficina.*
▶ Suele ir acompañado de marcadores temporales del tipo: *normalmente, frecuentemente, a menudo, (casi) siempre, de vez en cuando, a veces...*

### PREPOSICIONES PARA EXPRESAR TIEMPO

▶ **Tiempo exacto**
  *a* + hora
    *Empecé a trabajar a las 7.*
  *en* + año, mes
    *Nació en 1975.*
  *por* + momento del día
    *Volví a casa por la tarde.*
  ø + días de la semana
    *Iba al cine los sábados.*
▶ **Inicio**
  *desde* + hora, día, parte del día, mes, año...
    *Estudio español desde agosto.*

▶ **Punto límite**
  *hasta* + hora, día, parte del día, mes, año...
    *Te esperé en el bar hasta las 10.*
▶ **Recorrido en el tiempo**
  *desde ...... hasta*
    *Vivió en Caracas desde 1923 hasta 1934.*
  *de ...... a*
    *Trabajaba en el hospital como voluntario de 8 a 12.*

En todas las culturas existe una serie de gestos que nos ayudan a comunicarnos con mayor expresividad y de manera más rápida. Algunos de estos gestos tienen un carácter prácticamente universal, pero otros son propios de una u otra cultura. Dentro del ámbito hispánico, la lista de gestos es larguísima; no sólo se utilizan una gran cantidad de ellos, sino también en numerosas ocasiones. Con los gestos podemos elogiar, insultar, mostrar acuerdo o desacuerdo, ordenar, amenazar, etc. A veces, estos gestos se utilizan junto con la expresión oral para reforzar su significado, pero otras la sustituyen y son, por lo tanto, el único elemento de que disponemos para entender el mensaje.

Es importante conocer el significado y el valor de estos elementos, pues forman parte de la cultura y de la lengua. Su desconocimiento puede ocasionar malentendidos graves y situaciones embarazosas, especialmente en aquellos casos en que el gesto tiene significados diferentes según las lenguas; en alguna de ellas posee un valor negativo.

**1** **Observa y explica el significado de estos dibujos.**

**2** **¿Sabes cómo se expresan mediante gestos estas ideas? ¿Es igual en tu lengua?**

| | | |
|---|---|---|
| ✓ beber | ✓ oír | ✓ mucha gente |
| ✓ comer | ✓ aquí / allí | ✓ adiós |
| ✓ hablar | ✓ dinero | |

**3** **Explica algo a tus compañeros mediante gestos; ellos deben adivinar de qué se trata.**

**1** Fíjate en este folleto, e imagina que estás realizando ese viaje. Hoy es el cuarto día: escribe lo que has hecho y lo que no has hecho todavía.

## RECORRIDO POR LOS ANDES

**1.er día: España – La Paz**

Vuelo a La Paz. Noche a bordo.

**2.º día: La Paz**

Llegada a la capital de Bolivia. Día libre.

**3.er día: La Paz – Cuzco**

Traslado al aeropuerto y vuelo con destino Cuzco, capital arqueológica de América del Sur. Por la tarde, visita de la ciudad (la Catedral, Plaza de Armas, Plaza del Regocijo, Convento de Sto. Domingo) y ruinas incas cercanas (Fuerte de Sacsayhuaman, Tambomachay y Puca Pucará).

**4.º día: Cuzco – Pisac – Urubamba**

Visita al mercado indígena de Pisac. Continuación del viaje a Ollantaytambo para visitar la fortaleza inca. Llegada y alojamiento en Urubamba.

**5.º día: Urubamba – Machu Picchu – Cuzco**

Salida hacia Machu Picchu, emplazamiento arqueológico inca ubicado en la cima de una montaña. Destacan en esta ciudad los trabajos en piedra, los acueductos, las terrazas de cultivo y las plataformas ceremoniales.

**6.º y 7.º día: Cuzco – Huatajata**

Viaje en avión hasta La Paz. Desde aquí, salida por carretera hasta Huatajata, población situada a orillas del lago Titicaca. Allí visitaremos el Eco Pueblo Andino, que incluye un pueblo de artesanos, una villa de pescadores, un ejemplo del Salar de Uyuni y las islas flotantes de los Urus-Chipaya. Cena en el restaurante del lago mientras se contempla la espectacular puesta de sol sobre el lago. Al día siguiente, tras el desayuno, crucero por el lago Titicaca y visita a la isla del Sol y la isla de la Luna, donde se encuentra el templo de las Vírgenes del Sol de Iñak Uyu.

**8.º día: Huatajata – Tiwanaku – La Paz.**

Salida por carretera hacia La Paz, pasando por las ruinas de Tiwanaku.

**9.º día:** Recorrido por La Paz. Tras el almuerzo, salida hacia España.

**2** Entre vosotros hay cuatro visitantes de otro planeta que intentan parecerse a los humanos, pero han hecho hoy algunas cosas que no son normales. Describe estas acciones utilizando los siguientes verbos.

- ▶ levantarse
- ▶ ducharse
- ▶ lavarse los dientes
- ▶ desayunar
- ▶ ir a trabajar
- ▶ comer
- ▶ volver a casa
- ▶ ir al cine
- ▶ tomar una copa
- ▶ ponerse el pijama
- ▶ acostarse

**3** ¿Qué sabes de la vida de Goya? Aquí tienes su biografía. Escríbela nuevamente en pasado.

*1746:* Nace en Fuendetodos, Zaragoza.

*1760:* Inicia sus estudios de pintura en el taller de José Luzán.

*1770:* Viaja a Italia para continuar su formación.

*1772:* Tras una enfermedad se queda sordo.

*1773:* Se casa con Josefa Bayeu.

*1776:* Comienza su trabajo en los cartones de la Real Fábrica de Tapices.

*1780:* Ingresa en la Real Academia de Bellas Artes.

*1784:* Nace Javier, su único hijo legítimo.

*1785:* Es nombrado pintor del Rey de España.

*1797:* Se traslada a Sanlúcar de Barrameda, donde pasa una temporada con la duquesa de Alba, de quien dicen que es amante. La pinta vestida y desnuda.

*1805:* Conoce a Leocadia Zorrilla de Weiss, su nueva amante.

*1814: La Maja vestida y La Maja desnuda,* en poder de Godoy, son incautados por la Inquisición, que lo llama a declarar porque considera estas obras obscenas.

*1824:* Huye de España; pasa una corta temporada en Burdeos.

*1828:* Muere en Burdeos el día 16 de abril.

**4** Escribe una carta a un amigo contándole tu último viaje. ¿Dónde fuiste? ¿Qué viste? ¿Qué es lo que más te gustó? ¿Cómo fuiste? ¿Cuántos días estuviste? ¿Qué personas importantes destacan en la historia o la cultura de esa ciudad? ¿Ocurrió algún hecho histórico importante en ese país?

-------------------------------------------------------------------------------

-------------------------------------------------------------------------------

-------------------------------------------------------------------------------

-------------------------------------------------------------------------------

-------------------------------------------------------------------------------

-------------------------------------------------------------------------------

**5** Escribe los sustantivos correspondientes a estos verbos. Consulta tu diccionario.

- nacer
- crecer
- enfermar
- morir
- viajar
- vivir

- estudiar
- trabajar
- actuar
- conocer
- triunfar
- fracasar

**6** Valora estos hechos y razona tu opinión.

- ✓ La llegada del hombre a la Luna.
- ✓ El descubrimiento del ADN.
- ✓ Los últimos juegos olímpicos.
- ✓ La guerra de los Balcanes.
- ✓ La prohibición de fumar en todos los lugares públicos.

- ✓ Tu último viaje.
- ✓ El último libro que has leído.
- ✓ Tu última fiesta.
- ✓ Tus primeras vacaciones sin familia.
- ✓ La última película que has visto.

**7** En grupos. Elegid algunas opciones y construid una historia. Después, redactadla para el periódico local.

| LUGAR | PERSONAJES | HECHOS |
|---|---|---|
| Hospital | Familia Pérez | Pelea |
| Comisaría | Catalina, modelo | Accidente de tráfico |
| Bar de copas | Hombre sospechoso | Descubrimiento |
| Patio de vecinos | Juan y Enrique, estudiantes | de un narcotraficante |
| | Sonia, taxista | Robo |
| | Andrés, camarero | Aparición de una maleta |
| | Marta, enfermera | con 1 millón de dólares |
| | María, bombera | Ataque de celos |
| | | Incendio |

# Y mañana, ¿qué?

**10**

**1** Lee con atención el texto.

El siglo XXI ya está aquí. Se abre una nueva etapa en la historia de la humanidad, una etapa que estará marcada por el desarrollo tecnológico y científico. En opinión de los expertos, en el siglo XXI el hombre conquistará el espacio; creará nuevas y más rápidas redes de comunicación; descubrirá el origen de muchas enfermedades hoy mortales y desarrollará fármacos para su curación; vivirá más años; inventará instrumentos y aparatos que harán nuestra vida más cómoda; disfrutará más de su tiempo libre. Pero según estos mismos expertos, durante el siglo XXI aumentarán las desigualdades entre países ricos y pobres; las guerras, el hambre y las sequías acabarán con una parte muy importante de la población mundial; degrada-remos más el medio ambiente y agotaremos los recursos naturales que todavía quedan; disminuirán los delitos contra la propiedad (robos) pero aumentarán los delitos contra las personas (violaciones, asesinatos, agresiones); nos volveremos más insolidarios. El nuevo siglo abre nuevas puertas a la esperanza, pero también es fuente de incertidumbre y de temor.

**1.** Fíjate en cómo se forma el futuro simple regular y completa la tabla.

**Futuro simple**

conquistar
vivir
volver

-é
-ás
-á
-emos
-éis
-án

| crear | aumentar | destruir | disminuir | volver |
|---|---|---|---|---|
| | | | | |
| | | | | |
| | | | | |
| | | | | |
| | | | | |
| | | | | |

**2.** Pero también hay futuros irregulares, como los siguientes:

*haré, cabré, pondré, podré, querré, saldré, habré, diré, sabré, valdré, vendré, tendré*

Indica cuál es el infinitivo de cada uno y clasifícalos en estos tres grupos.

| -dré | -ré | otros |
|---|---|---|
| | | |

**2** ¿A qué área pertenecen estos verbos?

*inventar, investigar, conservar, crear, secar, agotar, desarrollar, destruir, descubrir, reciclar*

▶ tecnología        ▶ medio ambiente

Busca el sustantivo correspondiente.

inventar → invento          agotar
investigar                  desarrollar
conservar                   destruir
crear                       descubrir
secar                       reciclar

**3** **Habla con tu compañero sobre qué cosas se pueden reciclar y de qué forma. Contádselo al resto de la clase.**

Ahora, en pequeños grupos, pensad qué cosas en el futuro se pueden:

▶ investigar ▶ desarrollar ▶ descubrir ▶ crear ▶ inventar

**CE 5** **4** **No hay duda de que en el futuro tendremos que cuidar más el medio ambiente. ¿Qué medidas creéis que se pueden tomar para conservarlo mejor?**

1. _____

2. _____

3. _____

4. _____

5. _____

Transformad las frases anteriores en otras con futuros.

*Para conservar mejor el medio ambiente hemos decidido que…*

1. _____

2. _____

3. _____

4. _____

5. _____

**5** **Vuelve a leer el texto del ejercicio 1 y clasifica las predicciones de los expertos.**

| POSITIVAS | NEGATIVAS |
|---|---|
| _____ | _____ |
| _____ | _____ |
| _____ | _____ |
| _____ | _____ |

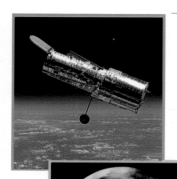

En grupos, elegid tres hechos positivos y tres negativos y analizad las consecuencias que pueden traer.

Ej.: *El hombre conquistará el espacio.*

*Visitaremos otros planetas.*
*Conoceremos los misterios del universo.*
*Descubriremos nuevos recursos.*
*Sabremos si hay o no vida inteligente fuera de la Tierra.*

**6** **Y tú, ¿cómo crees que será el futuro?**

▶ vivienda                    ▶ fronteras

▶ alimentos                ▶ música

▶ educación               ▶ cine

▶ relaciones familiares

**7** **Los siguientes dibujos reflejan distintas visiones del futuro. Descríbelas y di a qué personaje corresponde cada una.**

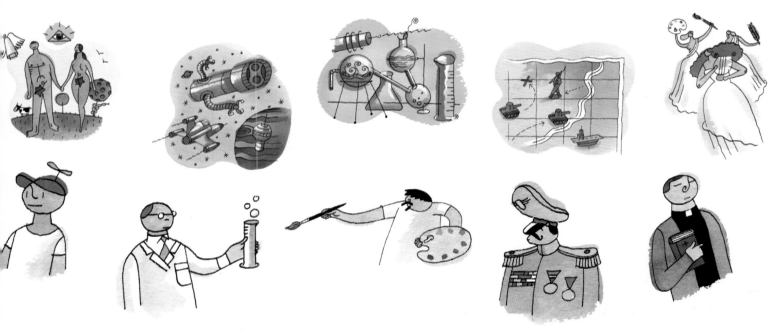

**8** **Pedro, Alicia y Paco quieren conocer su futuro. Por ello, han visitado a una adivina. Escucha lo que nos cuentan y completa el cuadro.**

|  | amor | trabajo | dinero | salud |
|---|---|---|---|---|
| Pedro |  |  |  |  |
| Alicia |  |  |  |  |
| Paco |  |  |  |  |

**9** **Tu amigo Jaime está muy preocupado por ti; quiere saber si estás preparado para el futuro. Explica qué harás en los siguientes casos.**

✓ Si suspendes los exámenes.

✓ Si te pagan muy poco en tu trabajo.

✓ Si te quedas sin trabajo.

✓ Si te deja tu novio(a).

✓ Si te toca la lotería.

✓ Si pierdes todo tu dinero en la Bolsa.

✓ Si te nombran presidente de tu club (deportivo, cultural...).

✓ Si te acusan de robar.

**10 Escucha y relaciona.**

1. encontrar un buen trabajo
2. comprar un coche
3. ir a Estambul
4. conocer a la mujer de mi vida
5. vivir una historia de amor increíble
6. no querer volver
7. quedarme a vivir allí
8. vender mi coche
9. alquilar un apartamento
10. encontrar un trabajo

➡ vivir una historia de amor increíble
➡ vender mi coche
➡ buscar un trabajo
➡ no querer volver
➡ comprar un coche
➡ ir de vacaciones a Estambul
➡ quedarme a vivir en Estambul
➡ alquilar un apartamento
➡ comprarme otro coche
➡ conocer a la mujer de mi vida

A continuación, pon los infinitivos en la forma correcta y forma frases.

**11 Lee el texto y escribe uno similar.**

**DIEZ RAZONES PARA EMPEZAR EL SIGLO XXI CON OPTIMISMO Y UNA PARA HACERLO CON PESIMISMO**

Nombre y apellido: *Andreu Buenafuente*
Profesión: *Productor de radio y televisión*

1. Javier Cámara seguirá saliendo todos los domingos por la noche en Tele 5.
2. Maruja Torres continuará escribiendo lo que todos pensamos pero no nos atrevemos a decir.
3. Las Spice Girls recapacitarán y no se reunirán de nuevo.
4. Todo el mundo tendrá teléfono móvil y las compañías dejarán de molestarnos con sus campañas.
5. Serrat se animará y sacará otro disco que nos encantará.
6. Woody Allen seguirá superándose en cada película.
7. España irá tan bien que volverá la alternancia política.
8. Bill Gates se retirará y dejará que los demás también nos ganemos la vida.
9. Santiago Segura rodará la segunda parte de *Torrente* (¡qué remedio!).
10. Mi madre me seguirá llamando los viernes para que nos veamos durante el fin de semana.
11. Pinochet seguirá "enfermo" y conseguirá eludir la justicia.

*El País Semanal*

Nombre y apellido:
Profesión:

1. _____
2. _____
3. _____
4. _____
5. _____
6. _____
7. _____
8. _____
9. _____
10. _____
11. _____

Habla con tus compañeros y compara tus razones con las suyas. ¿Tenéis alguna en común?
¿Cuáles?

**CE 13**

**12** **Carlos no sabe qué hará el próximo fin de semana. Observa su bloc de notas y el folleto, y forma frases con lo que hará y con lo que tal vez haga.**

Hacer la compra.

Si tengo tiempo, llamar a Luisa para quedar.

Recuerda: El viernes se estrena la última película de Carlos Saura.

Mi madre vuelve el domingo de su viaje.

Terminar el proyecto ???

| CAMPUS UNIVERSITARIO - ACTIVIDADES | | |
|---|---|---|
| **VIERNES** | **SÁBADO** | **DOMINGO** |
| - Exposición de fotografía: "Perspectivas", Alejandro Pérez. Facultad de Filosofía. | - Partido de fútbol: Sociedad Deportiva Universitaria vs. Asociación de Vecinos. Campo de fútbol municipal. 12.00. | - Inauguración de la exposición de pintura "Nuevos Talentos" a cargo del Concejal de Cultura. 11:00. |
| - "El cine del nuevo siglo", José Luis Garci. Salón de Actos. 17:00. | - Teatro Universitario "La Galera", *Pic-nic,* de Fernando Arrabal. 20:00. Al término, mesa redonda sobre la figura de este dramaturgo. | - Sala de proyecciones: *Viridiana,* de Luis Buñuel. 12:30. |
| - Fiesta hawaiana. Bar de copas Fiesta. A partir de las 22:00. | - Bar de copas Música, Música, actuación del grupo Rebeldes. 22:00. | - Recogida de libros, ropa y otros enseres para ser entregados a la ONG Igualdad de Oportunidades. Comenzará a las 10:00. Colabora y ayuda. |

Cosas que hará

- _____
- _____
- _____

Cosas que tal vez haga

- _____
- _____
- _____

**13** **Vamos a jugar. Se trata de formar frases de duda con el dibujo de la casilla en la que caigas. Sigue las instrucciones del profesor.**

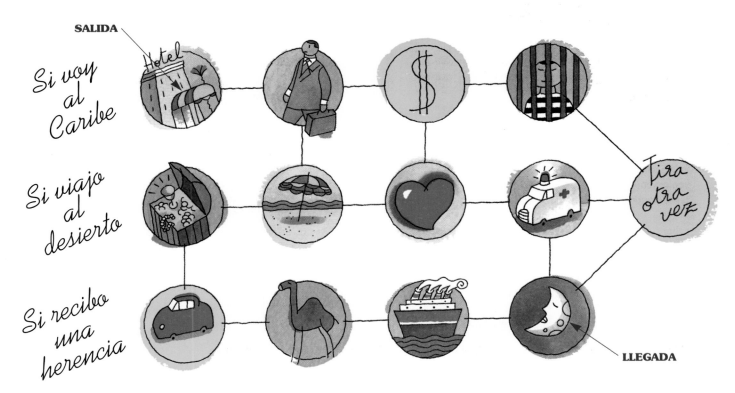

**14** Fíjate en los dibujos. ¿Qué crees que pasa? Formula hipótesis.

## ESQUEMA GRAMATICAL

### FUTURO SIMPLE
**Verbos regulares**

|  | CANTAR | VENDER | VIVIR |
|---|---|---|---|
| yo | cantar-**é** | vender-**é** | vivir-**é** |
| tú | cantar-**ás** | vender-**ás** | vivir-**ás** |
| él | cantar-**á** | vender-**á** | vivir-**á** |
| nosotros | cantar-**emos** | vender-**emos** | vivir-**emos** |
| vosotros | cantar-**éis** | vender-**éis** | vivir-**éis** |
| ellos | cantar-**án** | vender-**án** | vivir-**án** |

**Verbos irregulares**

▶ **poner:** pondré, pondrás, pondrá, pondremos, pondréis, pondrán
**salir:** saldré, saldrás, saldrá, saldremos, saldréis, saldrán
**valer:** valdré, valdrás, valdrá, valdremos, valdréis, valdrán
**venir:** vendré, vendrás, vendrá, vendremos, vendréis, vendrán
**tener:** tendré, tendrás, tendrá, tendremos, tendréis, tendrán

▶ **caber:** cabré, cabrás, cabrá, cabremos, cabréis, cabrán
**poder:** podré, podrás, podrá, podremos, podréis, podrán
**querer:** querré, querrás, querrá, querremos, querréis, querrán
**haber:** habré, habrás, habrá, habremos, habréis, habrán
**saber:** sabré, sabrás, sabrá, sabremos, sabréis, sabrán

▶ **hacer:** haré, harás, hará, haremos, haréis, harán
**decir:** diré, dirás, dirá, diremos, diréis, dirán

### Usos del futuro

▶ Predicciones
• Sobre circunstancias ajenas:
*Durante el fin de semana hará sol y subirán las temperaturas.*
*El precio de la gasolina bajará la semana que viene.*
• Sobre nosotros mismos:
*Encontrarás un buen trabajo y tendrás mucho éxito.*
▶ Hablar de una acción futura con idea de inseguridad y de lejanía:
*—¿Cuándo terminarás el trabajo?*
*—No sé, pero creo que lo terminaré mañana.*

### Expresar duda y probabilidad

▶ *quizás / tal vez* + presente de indicativo o subjuntivo: duda y probabilidad en el presente y en el futuro.
*Quizás conquistemos el espacio.*

▶ *a lo mejor* + presente / futuro de indicativo: duda y probabilidad en el presente / futuro.
*A lo mejor se curará el cáncer.*

### Expresar condiciones

▶ *si* + presente + futuro: condición para que se cumpla una acción en el futuro.
*Si tengo dinero, viajaré por todo el mundo.*

▶ *si* + presente + imperativo: consejo, recomendación, orden, para el futuro
*Si tienes dinero, viaja por todo el mundo.*

## 1 Y tú, ¿qué opinas?

▶ Me ha parecido fácil, porque _____

▶ Difícil, porque _____

▶ Muy difícil, porque _____

## 2 ¿Qué es lo que más te ha ayudado a aprender español? Todos estos aspectos son importantes para conocer una lengua. Ordénalos según la importancia que les atribuyas.

▶ Asistir a clase todos los días y poner mucha atención.

▶ Participar en clase.

▶ Hacer todos los deberes y estudiar mucho en casa.

▶ Practicar en cualquier ocasión con nativos.

▶ Leer, ver la televisión y escuchar música en español.

▶ Aprender la gramática y el vocabulario.

## 3 Escucha y señala qué ha sido lo más difícil del curso de español para estos estudiantes.

|   | La gramática | La pronunciación | La conversación | El vocabulario |
|---|---|---|---|---|
| 1 |  |  |  |  |
| 2 |  |  |  |  |
| 3 |  |  |  |  |
| 4 |  |  |  |  |
| 5 |  |  |  |  |

Ahora tú. Numera del 1 al 4 por orden de dificultad. ¿Algún compañero coincide contigo?

1. _____

2. _____

3. _____

4. _____

**4** **Aprender gramática te parece:**

▶ necesario / innecesario
▶ práctico / inútil
▶ divertido / aburrido
▶ interesante / sin interés

¿Cómo te gusta aprender gramática?

Con reglas, porque _____
_____

Jugando, porque _____
_____

Haciendo ejercicios, porque _____
_____

Participando en la explicación, porque _____
_____

**5** **"Palabras, palabras." Cuando estudiamos una lengua, al principio, es necesario aprender largas listas de palabras. ¿Recuerdas el significado de éstas?**

▶ estómago
▶ banco
▶ cocina
▶ peine
▶ bombero

▶ cuñado
▶ excursión
▶ resfriado
▶ odiar
▶ nevar

▶ plaza
▶ elefante
▶ invento

¿Cómo consigues recordarlas? Numera del 1 al 6 estos métodos según la frecuencia con que los utilices.

✓ Las escribo en mi diccionario particular, junto con un ejemplo.
✓ Las escribo y las repito muchas veces.
✓ Las agrupo y las asocio por familias o por temas.
✓ Las asocio a las palabras correspondientes en mi lengua.
✓ Las relaciono con otras a las que se parecen.
✓ Las relaciono con alguna idea o imagen concreta.

**6** **Cuando no conocemos el significado de una palabra, podemos deducirlo de diferentes formas.**

POR EL CONTEXTO

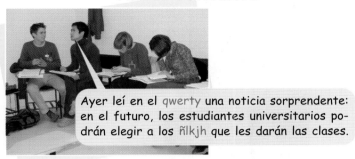

Ayer leí en el qwerty una noticia sorprendente: en el futuro, los estudiantes universitarios podrán elegir a los ñlkjh que les darán las clases.

Sí, es verdad. ¿Qué te mnbvc tu novio?

Ayer fue el día de los enamorados.

Un ramo de nbvcc.

POR LA SITUACIÓN

Buenos días, ¿kjhjhuoelk?

Me he dejado el reloj en casa. ¿iuencuidoiunbv?

¿Qué crees que ha preguntado?

¿Qué crees que ha preguntado?

POR LA FORMA

*Querido diario:*
*Esta mañana he recibido una carta de Luis. Me la ha entregado el* **cartero** *en persona. Me fijé en la* **cartera** *y vi que estaba llena. Pensé en sus destinatarios e imaginé la reacción ante los posibles mensajes.*

Pepito era un niño *enfermizo* y *debilucho*. Todas las semanas iba, al menos una vez, a la *enfermería* de la escuela. Su padre trabajaba de *portero* en un edificio de lujo del centro de Caracas. A Pepito le gustaba estar con su padre en la *portería,* ver entrar y salir a la gente y hablar un rato con ellos.

**1.** ¿Qué significan *cartero* y *cartera?*

**2.** ¿Con qué palabras relacionas *enfermizo* y *enfermería?* ¿Y *portero* y *portería?*

**3.** ¿Con qué palabra relacionas *debilucho?*

**1.** **¿Qué haces tú cuando no sabes el significado?**

▶ Se lo pregunto a la persona con quien hablo.

▶ Lo busco en el diccionario inmediatamente.

▶ Me callo, no digo ni hago nada.

▶ Lo deduzco por el contexto, la situación, la forma.

**2.** **Como ya tienes experiencia en aprender una lengua extranjera, danos algunos consejos:**

*Para aprender nuevas palabras hay que...*

1. _____

2. _____

3. _____

4. _____

**7** *Hablando se entiende la gente.* **Lee estos comentarios y señala con cuál estás de acuerdo.**

Para hablar una lengua hay que conocer su gramática. Hablar una lengua no es entenderse más o menos (para esto, no necesitamos hablar: es suficiente con los gestos). Por eso es tan importante su estudio como su práctica.

Lo más importante para aprender una lengua es practicar; es más importante que estudiar su gramática.

### ¿Eres de los que practican o de los que estudian? Veámoslo.

1. Cuando el profesor pregunta en clase, eres de los primeros en contestar.
2. Sólo hablas cuando te preguntan: te da vergüenza.
3. Quieres hablar más, pero no te atreves porque crees que te vas a equivocar.
4. Te preocupa mucho cometer errores.
5. Antes de hablar piensas mucho cómo se dice e intentas aplicar la gramática.
6. Aprovechas cualquier ocasión para hablar, aunque no conozcas a la gente.
7. Intentas hablar siempre en español con tus compañeros, incluso con los de tu misma lengua.
8. Buscas siempre amigos que hablen en español.
9. Prefieres pasar tu tiempo libre con personas de tu misma nacionalidad.
10. No te importa equivocarte: pueden entenderte, que es lo importante.
11. Te gusta que te corrijan, incluso en público.
12. Te molesta que te interrumpan para corregirte.
13. Siempre te parece que los demás hablan mejor que tú.

**Puntuación**

Anota cinco puntos por cada respuesta que coincida con las siguientes:

Afirmativas: 1, 6, 7, 8, 10, 11

Negativas: 2, 3, 4, 5, 9, 12, 13

**Resultados**

*De 0 a 30 puntos*

Tienes que poner más empeño; practicar es fundamental. ¿Para qué quieres aprender una lengua si no quieres hablarla? Anímate, lánzate y no te preocupes tanto por la corrección. Eres demasiado perfeccionista. Equivocarse es natural en el aprendizaje. El error sirve para darse cuenta de nuestros "puntos débiles" e indicarnos que debemos estudiar más.

Piensa que todos tus compañeros también se equivocan; si no se equivocaran, estarían en el nivel superior o serían ellos los profesores.

*De 30 a 65 puntos*

¡Bien! Sigue así, y en poco tiempo podrás hacer frente a cualquier situación. Sabes lo que quieres y qué es lo mejor para conseguirlo. No obstante, no olvides que tienes que esforzarte por corregir tus errores, pues aprender significa ir mejorando. No dejes de practicar, pero estudia, asiste a las clases y escucha lo que el profesor te enseñe. La combinación de la práctica y la teoría es el camino más rápido y eficaz para un buen aprendizaje.

**8** En grupos de cuatro, intentad poneros de acuerdo sobre las características que ha de tener un curso ideal de español. A continuación, haremos una puesta en común.

| LA CLASE | LOS ESTUDIANTES |
|---|---|
| EL PROFESOR | LA ESCUELA |

**9** Lee las opiniones de este grupo de estudiantes sobre su curso de español.

Creo que ha sido un curso bueno, he aprendido mucho y ya puedo hablar con españoles.

Yo también puedo ya hablar algo, pero creo que he practicado poco.

Yo el año pasado estudié español, pero aprendí menos porque no tenía amigos con quienes hablar. Este año he conocido a muchos españoles y he practicado mucho.

Yo no he aprendido mucho, porque todo esto ya lo sabía, pero lo he pasado muy bien.

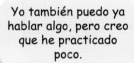

¿Tú qué piensas de este curso? Contesta el test y comenta tus respuestas con tus compañeros.
¡Con sinceridad! Nos ayudará a mejorar.

| | nada / mal | poco / regular | normal / bien | mucho/ muy bien | OBSERVACIONES |
|---|---|---|---|---|---|
| 1. ¿Qué te parece la clase? | | | | | |
| 2. ¿Qué piensas de la actitud de tus compañeros en clase? | | | | | |
| 3. ¿Qué opinas de la preparación del profesor(a)? | | | | | |
| 4. ¿Cómo es la actitud del profesor(a) hacia los alumnos? | | | | | |
| 5. ¿El profesor(a) te ha ayudado mucho? | | | | | |
| 6. ¿Qué te ha parecido este libro? | | | | | |
| 7. ¿Crees que los ejercicios para casa han sido suficientes? | | | | | |
| 8. ¿Crees que las actividades para practicar han sido interesantes? | | | | | |
| 9. ¿Qué piensas de los ejercicios? | | | | | |
| 10. ¿Cuánto crees que has aprendido? | | | | | |

**10 Lee las opiniones de algunos estudiantes.**

Yo creo que estudiar español ha sido muy divertido. La gramática, a veces, ha sido difícil porque los verbos tienen muchas irregularidades (el inglés no tiene tantas). Pero no me ha parecido difícil porque el profesor explica muy bien y hemos hablado mucho. Ha sido práctico y divertido.

Para mí el español es una lengua fácil, sobre todo la pronunciación. Bueno, yo soy italiana y para mí el mayor problema son los pasados, que se usan de forma diferente. El curso ha sido divertido, aunque a veces me aburría haciendo algunos ejercicios. Además, las clases empiezan demasiado temprano para mí, y algunos días me dormía.

Yo creo que la gramática es muy complicada; no hay muchas reglas y hay muchas excepciones. Me parece difícil aprender una lengua que tiene más excepciones que reglas.

Hay demasiados tiempos pasados, y no se sabe bien cuándo hay que utilizar cada uno. Este curso ha sido muy útil, y ya puedo hablar un poco, pero tengo que estudiar mucho más, hay muchas cosas que aprender.

**1.** ¿Con cuál de ellas te identificas? ¿Por qué?

**2.** Comenta tus opiniones con tus compañeros y, entre todos, elaborad un pequeño informe sobre el curso.

**11 Anécdotas.**

¿Recuerdas cuando Niclas se cayó de la silla?

¡Ah! Sí. ¡Qué divertido!

**INFORME**

Curso _____        Año _____

Nivel _____

Profesor/a _____

ASPECTOS POSITIVOS


ASPECTOS NEGATIVOS


| LO MEJOR | LO PEOR |
|---|---|
|  |  |

En grupos de tres o cuatro, pensad en las cosas más divertidas que han ocurrido durante el curso. Después, comentadlo con los demás grupos.

**12 ¿Ya sabes lo que vas a hacer después de este curso? Escribe lo que crees que harás en cada uno de estos momentos.**

✓ El próximo fin de semana _____

✓ El próximo mes _____

✓ Después de las vacaciones _____

✓ El año que viene _____

✓ Al finalizar mis estudios _____

**1** Niclas y Sophie están haciendo planes para sus próximas vacaciones. Tienen dos meses para descansar, por lo que han decidido hacer un recorrido por España. Escucha lo que dicen y marca en el mapa el itinerario.

Éstos son los lugares que han decidido visitar. Relaciónalos con alguno de los objetivos de la visita.

- Pamplona
- Málaga
- Barcelona
- Gerona
- Salamanca
- Valencia
- Segovia, Toledo, Ávila
- Granada
- Madrid
- Córdoba
- Sevilla
- Santiago de Compostela

- interés artístico e histórico
- final del Camino de Santiago
- fiesta de los sanfermines
- Sagrada Familia; costa
- playa, sol, fiesta nocturna
- antiguo barrio árabe
- arquitectura árabe; gazpacho
- vida de los españoles
- ambiente estudiantil
- playa; descanso
- interés sociocultural
- Museo Dalí

**2** Lee este texto.

Uno de los principales recursos económicos de España es el turismo. Cada año llegan a nuestro país miles de personas en busca de sol y playa, lugares pintorescos, cultura y buena comida. Su privilegiada situación geográfica, su clima y su historia hacen posible que en una extensión relativamente pequeña el visitante pueda disfrutar de gran variedad de paisajes, de tradiciones, de formas de vida, etc. España es un país de contrastes, y ahí reside su mayor encanto. Tenemos numerosas playas y muchas zonas de montaña; grandes ciudades, modernas y cosmopolitas y pueblos de vida tradicional; zonas de clima seco y caluroso, y otras húmedas y de temperaturas medias; lugares de descanso y sitios para conocer gente y relacionarse.

En parejas. Buscad lugares en España donde encontremos estos elementos.

- playa, sol y clima seco
- playa y montaña; temperaturas medias
- museos, lugares artísticos
- vida tradicional

- fiesta, vida social, diversión
- relajación, tranquilidad
- historia
- nieve

## LECCIÓN I - ¿Quiénes somos?

### Ámbito 1 - ¿Cómo te llamas?

#### Ejercicio 1
**Bruce:** Hola, ¿cómo te llamas?
**Paco:** Me llamo Paco, ¿y tú?
**Bruce:** Bruce.
**Paco:** ¿De dónde eres?
**Bruce:** Soy inglés, de Londres, ¿y tú?
**Paco:** Yo soy español, de Sevilla. ¿Cómo te apellidas?
**Bruce:** Johnston, ¿y tú?
**Paco:** Rodríguez.

#### Ejercicio 5
Alemania, Brasil, Ceuta, Dinamarca, Egipto, Francia, Grecia, Honduras, India, Jamaica, Kenia, Lituania, Marruecos, Noruega, España, Oslo, Portugal, Quito, Roma, Sudán, Turquía, Uruguay, Venezuela, Taiwán, Luxemburgo, Yugoslavia, Zambia.

#### Ejercicio 5 Escucha y repite
a, b, c, d, e, f, g, h, i, j, k, l, m, n, ñ, o, p, q, r, s, t, u, v, w, x, y, z

#### Ejercicio 9
cero, uno, dos, tres, cuatro, cinco, seis, siete, ocho, nueve, diez, once, doce, trece, catorce, quince, dieciséis, diecisiete, dieciocho, diecinueve, veinte

#### Ejercicio 10
cero, uno, dos, tres, cuatro, cinco, seis, siete, ocho, nueve, diez, once, doce, trece, catorce, quince, dieciséis, diecisiete, dieciocho, diecinueve, veinte

#### Ejercicio 13
veintiuno, veintidós, veintitrés, veinticuatro, veinticinco, veintiséis, veintisiete, veintiocho, veintinueve, treinta, treinta y uno, treinta y dos, treinta y tres, treinta y cuatro, treinta y cinco, treinta y seis, cuarenta, cuarenta y uno, cuarenta y dos, cincuenta, cincuenta y uno, cincuenta y dos, sesenta, setenta, ochenta, noventa, noventa y uno, noventa y dos, noventa y tres, noventa y cuatro, noventa y cinco, noventa y seis, noventa y siete, noventa y ocho, noventa y nueve, cien

#### Ejercicio 16
**A:** ¿Cómo se dice *teacher* en español?
**B:** Profesor.
**A:** Más despacio, ¿puedes repetir, por favor?
**B:** Profesor.

**A:** No entiendo. ¿Cómo se escribe? ¿Puedes deletrear?

**B:** Pe-ere-o-efe-e-ese-o-ere.

**A:** ¿Es así?
**B:** Sí.
**A:** ¿Qué significa *escuchar*?
**B:** Prestar atención.

#### Ejercicio 17
1.
**A:** ¿Cómo se dice *table* en español?
**B:** Mesa.
**B:** Mesa.
2.
**B:** ¿Qué significa *bombero* en español?
3.
**B:** Khlkhlkjhkj.

### Ámbito 2 - ¿Cómo estás?

#### Ejercicio 1
**Paco:** ¡Hola, Paula! Mira, éste es Giovanni, un amigo italiano.
**Paula:** ¡Hola!, ¿qué tal?
**Giovanni:** Bien, gracias, ¿y tú?
**Paula:** Muy bien.

**Laura:** ¡Hola, Pepe! Buenas noches. Pasa, pasa.
**Pepe:** ¡Hola, Laura! Buenas noches.

**Hombre sin identificar:** Mira, Ana, éstos son mis profesores, María y Luis.
**Ana:** Encantada.

**Niclas:** ¡Hola! Me llamo Niclas.
**Jenny:** ¿Qué tal, Niclas?

#### Ejercicio 5
**Giovanni:** Adiós, Ana, nos vemos en clase. Buenas noches.
**Ana:** Adiós, Giovanni, hasta mañana.
**Luis:** Adiós, María, hasta luego.
**María:** Hasta luego, Luis, buenas noches.
**Pepe:** Adiós, Pedro, encantado.
**Pedro:** Encantado, Pepe, adiós.

#### Ejercicio 9
1.
**A:** ¡Hola! ¿Cómo estás?
**B:** Muy bien, ¿y tú?
**A:** Bien, gracias.
2.
**A:** Ana, te presento a Enrique.
**B:** ¡Hola, Enrique! ¿Qué tal?
3.
**A:** Éste es el señor González.
**B:** ¿Qué tal está, señor González?
**C:** Bien, gracias.
4.
**A:** Buenos días, Rebeca, ¿qué tal estás?
**B:** Muy bien, gracias.

5.
**A:** ¿Es usted el señor Rodríguez?
**B:** Sí, soy yo.
**A:** Me llamo Claudia y soy la secretaria del director comercial.
**B:** Encantado.

#### Ejercicio 11.3
**Carmen:** Paco, escríbeme pronto, por favor.
**Paco:** Sí, pero... ¿dónde vives? No recuerdo tu dirección.
**Carmen:** Escribe. Vivo en la calle Juanelos, n.° 33, 1.°, letra C. Barcelona.
**Paco:** Calle Juanelos, n.° 33, 1.°, letra C. Barcelona.
**Carmen:** Sí.
**Paco:** ¿Cuál es el código postal?
**Carmen:** ¡Ah! Sí, es el 08801. Oye, Paco, ¿cuál es tu dirección?
**Paco:** Escribe: plaza de los Santos Niños, n.° 19, 3.er piso, letra A. Alcalá de Henares, Madrid.
**Carmen:** Plaza de los Santos Niños, n.° 19, 3.er piso, letra A. Alcalá de Henares, Madrid.
**Paco:** Sí. Carmen, tu teléfono es el 93/8883456, ¿no?
**Carmen:** Sí, ¿y el tuyo?
**Paco:** El 91/8807645. ¡Oye, Carmen! ¿Cuál es tu apellido?
**Carmen:** García, ¿y el tuyo?
**Paco:** Rodríguez.

#### Ejercicio 13
1.
**A:** ¿Diga?
**B:** ¿Está Carolina?
**A:** Sí, soy yo.
2.
**A:** Seguros Vabién. ¿Dígame?
**B:** ¿Me pone con la extensión 234, por favor?
**A:** Sí, un momento.
3.
**A:** ¿Diga?
**B:** ¿Está Claudia?
**A:** Sí, pero no puede ponerse. ¿Quién es?
**B:** Soy Eduardo.
**A:** ¡Hola, Eduardo! Mira, Claudia está en la ducha...
4.
**A:** ¿Dígame?
**B:** ¿La señora García, por favor?
**A:** No, no está en este momento. ¿De parte de quién?
**B:** Soy Pilar Núñez.
**A:** ¿Quiere dejarle algún recado?
**B:** No, luego la llamo.
5.
**A:** ¿Diga?
**B:** ¿Está Mar?
**A:** Sí, ¿de parte de quién?

## Ejercicio 15

1. Tengo diecinueve años.
2. ¿A qué te dedicas?
3. Mi número de teléfono es el 90358672.
4. Soy médico y tengo 38 años.
5. ¿De dónde eres?
6. ¿Cuántas lenguas hablas?
7. Se llama Arturo y es estudiante.
8. Éste es el nuevo director.
9. ¿Cuál es el número de teléfono del taller?
10. ¿Cómo te apellidas?

## Ejercicio 16

1. Me llamo Carlos, ¿y tú?
2. ¿Cómo se llama la nueva secretaria?
3. Éste es Alfonso, el nuevo director.
4. ¡Hola, Carmen!, ¿qué tal?
5. Adiós, hasta pronto.

# LECCIÓN 2 - Mi mundo

## Ámbito 1 - La casa
### Ejercicio 4

Ésta es mi casa. Es muy grande, tiene tres habitaciones, un salón, un cuarto de baño y una cocina. En mi habitación hay una cama, una mesa de estudio, un armario para mi ropa y dos estanterías con muchos libros. En el cuarto de baño hay una bañera, un lavabo y un retrete. Mi padre se pasa todo el día en el salón. Ahí hay dos sillones y un sofá. Hay una televisión y una alfombra muy grande: es el lugar preferido de mi gato. La cocina es el lugar más bonito, hay muchas cosas: un lavavajillas, un horno y un frigorífico. En los armarios hay vasos, platos, tazas, cazuelas, la jarra del agua, una cafetera, sartenes. En los cajones hay cuchillos, cucharas, tenedores y trapos de cocina.

## Ámbito 2 - La clase
### Ejercicio 5

Tengo una habitación grande y con mucha luz. Mi cama está enfrente de la puerta. Al lado de la cama hay una mesa muy desordenada. Encima de la mesa hay muchas cosas. Hay bolígrafos, un diccionario y un ordenador. Entre la ventana y la puerta hay un armario muy bonito con muchos cajones. Dentro del armario están mis libros. Debajo de la ventana hay un sillón muy cómodo para leer. Detrás del sillón hay una lámpara.

### Ejercicio 6

**Juan:** Mamá, ¿dónde está mi mochila?
**Madre:** Tu mochila está allí, al lado de la ventana.
**Juan:** ¿Y dónde están mis bolígrafos?
**Madre:** Ahí, debajo de la mesa.
**Juan:** ¿Y mi diccionario de inglés?

**Madre:** Está encima de la cama.
**Juan:** ¿Hay un cuaderno de matemáticas al lado de mi carpeta?
**Madre:** No, hay un libro de literatura.
**Juan:** ¿Y dónde está mi cuaderno de matemáticas?
**Madre:** No lo sé, aquí en tu habitación no está.

### Ejercicio 11

casa, comedor, cocina, que, aquí, cama, cigarro, zoo, queso, cuaderno, cuchara, parque, zapato, zumo, centro, cine, cenicero, sacapuntas, quiniela, cero, coche

### Ejercicio 12

goma, cajón, guapa, guitarra, gato, gente, jefe, guerra, jirafa, joven, juego, gitano

### Ejercicio 13

higos, guantes, botijo, hamburguesa, tijeras, jirafa, guepardo

# LECCIÓN 3 - Mi vida

## Ámbito 1 - Un día normal
### Ejercicio 4

**Pablo:** Hola, Marta, ¿qué tal?
**Marta:** Hola, primo, muy bien, ¿y tú qué tal estás?
**Pablo:** Muy bien. ¿Trabajas aquí?
**Marta:** No, aquí trabaja Javier, él es mecánico. Yo trabajo en el hospital de ahí enfrente. ¿Y tú qué haces por aquí?
**Pablo:** Hoy no tengo clase, el profesor está enfermo, voy a ver a mi novia.
**Marta:** ¿Dónde trabaja Laura?
**Pablo:** Laura es camarera y trabaja en la hamburguesería de ahí, cerca de esa empresa.
**Marta:** ¡Ah! Ahí trabaja mi hermano Paco.
**Pablo:** ¡Ahí también!
**Marta:** Sí. Bueno, tengo algo de prisa. Da recuerdos a tus padres.
**Pablo:** De tu parte. Da recuerdos a tus padres y hermanos.

### Ejercicio 6

me siento, prefiero, me acuesto, miento, sueño, vuelo, empiezo, duermo, me visto, pido

### Ejercicio 9

**Paco:** Ésta es mi madre, es profesora; y éste es mi padre, trabaja en una compañía aérea, es piloto.
**Gema:** ¿Quién es ésta?
**Paco:** Ésta es mi hermana.
**Gema:** ¿A qué se dedica?
**Paco:** Es enfermera.
**Gema:** ¿Está casada?

**Paco:** No. Está soltera, pero tiene novio. Es éste. Se llama Pedro y es agente de seguros.
**Gema:** ¿Y éstos quiénes son?
**Paco:** Son mis abuelos.
**Gema:** ¿Trabajan o están jubilados?
**Paco:** Están jubilados.
**Gema:** ¿Cuántos años tienen?
**Paco:** Mi abuelo setenta años y mi abuela, setenta y dos. Mira, ésta es mi hermana pequeña. Tiene ocho años.
**Gema:** ¿Y éste quién es?
**Paco:** Es mi tío Juan, el hermano de mi madre. Está divorciado. El niño es mi primo Juan Carlos. ¡Ah! Y éste es mi perro. Se llama Budy.

### Ejercicio 11

1.
Yo normalmente me levanto a las siete y media. Siempre desayuno lo mismo, café con leche y dos tostadas. A menudo compro el periódico deportivo. Me gustan todos los deportes pero nunca practico ninguno en serio. A veces juego con mi hijo al fútbol porque a él le divierte mucho.

2.
Soy una gran deportista en mi tiempo libre. Nunca me siento a ver la televisión, siempre estoy haciendo deporte. A menudo corro por el parque de El Retiro, es muy sano. Normalmente practico la natación en la piscina municipal. ¡Me encanta! A veces, también juego al fútbol con mis amigos, aunque prefiero los deportes individuales.

## Ámbito 2 - Un día de fiesta
### Ejercicio 6

**Pilar:** ¡Hola, Ana! ¿Qué tal?
**Ana:** ¡Hola, Pilar! Bien. Busco un vestido para Nochevieja.
**Pilar:** ¡Ah! ¿Qué haces en Nochevieja?
**Ana:** Este año voy a hacer lo mismo que todos los años. Siempre hago lo mismo.
**Pilar:** Yo también.
**Ana:** Ceno con mi familia, y normalmente mi madre y yo hacemos la cena.
**Pilar:** ¿Qué soléis cenar?
**Ana:** Depende, a veces cenamos marisco y otros años cenamos carne.
**Pilar:** Nosotros nunca cenamos carne, no nos gusta mucho.
**Ana:** Después de cenar tomamos las uvas.
**Pilar:** ¿En casa?
**Ana:** Bueno, generalmente sí.
**Pilar:** Yo nunca las tomo en casa, siempre en la Puerta del Sol con mis amigos.
**Ana:** ¡Qué divertido! Yo, después de las uvas, normalmente me voy a una gran fiesta hasta el amanecer, es lo más divertido.

**Pilar:** Yo nunca voy a fiestas, a veces estoy en la calle y otras veces estoy en los bares; no me gustan las fiestas donde hay tanta gente.

### Ejercicio 11.1
israelí, regla, perro, Enrique, alrededor

### Ejercicio 11.2
toro, pera, faro, marmota

### Ejercicio 12
Enrique, ratón, enredar, enriquecer, israelí, carro, caro, perro, loro, puro, cigarro, toro

### Ejercicio 13
El cielo está enladrillado,
quién lo desenladrillará.
El desenladrillador
que lo desenladrille
buen desenladrillador será.

Había un perro
debajo de un carro.
Vino otro perro
y le arrancó el rabo.
Pobrecito perro,
cómo corría
al ver que su rabo no lo tenía.

### Ejercicio 15
campo, cambio, canto, tango, tronco, atender, también, tampoco, ensuciar, enfriar

## A nuestra manera
### Ejercicio 1
**A (hablante argentino):** ¿Por qué no me cuentas qué haces en España en Nochebuena?

**B (hablante español):** Aquí nos reunimos toda la familia para cenar, después cantamos villancicos y comemos polvorones y turrón.

**C (hablante venezolano):** En Venezuela comemos hallacas, que es una comida que se hace con tortas de maíz rellenas de carne y hojas. ¿Tienen en Argentina alguna comida típica?

**A:** No, allá no tenemos comida típica ni cantamos villancicos. Allá es verano y comemos normalmente jamón con melón y cochino. Lo más típico es el *panetone,* que comemos antes de darnos los regalos.

**B:** ¿Qué es el *panetone?*

**A:** Es un pan dulce.

**C:** Nosotros también damos los regalos en Nochebuena.

**B:** En España casi todo el mundo recibe los regalos el cinco de enero.

**A y C:** ¡El cinco de enero!

## LECCIÓN 4 - Lo normal

## Ámbito 1 - Tareas
### Ejercicio 2
César y Ana son muy ordenados y tienen un horario con la frecuencia con la que han de hacer las tareas de la casa. Así, César limpia los cristales una vez al mes, barre el suelo dos veces a la semana, pone la lavadora y hace la compra una vez a la semana, normalmente las dos cosas los sábados por la mañana. Hace su cama y la de Ana todas las mañanas una vez al día, claro. César lava los platos después de desayunar y después de cenar, es decir, dos veces al día, y Ana los lava una vez al día después de comer. César no hace la comida porque no sabe, y Ana hace la comida una vez cada tres días. Ana los sábados tiende la ropa cuatro veces al mes y tres veces al mes plancha. Friega el suelo las mismas veces que César lo barre, y limpia el polvo muchas veces al día, tiene alergia.

### Ejercicio 4
**A:** Cristina, pon la mesa; vamos a comer ya.
**B:** Papá, no puedo en este momento.
**A:** Cristina, vamos a comer ahora mismo; pon la mesa.

**A:** José, ¿puedes tender la ropa?
**B:** Sí, ahora mismo.

**A:** Mamá, ¿puedes comprarme chocolate?
**B:** No, no puedes comer tanto dulce, hija.

**A:** Raúl, ¡no hay vasos limpios!
**B:** ¡Ah! Después pongo el lavavajillas.
**A:** No, ponlo ahora.

### Ejercicio 5
1.
**Isabel:** Hola, ¿está Antonio?
**Antonio:** Sí, soy yo.
**Isabel:** Hola, Antonio, soy Isabel. Tengo el coche en el taller y no puedo ir a la fiesta de Carmen. ¿Puedes recogerme en mi casa?
**Antonio:** Claro, ¿a qué hora?
**Isabel:** A las siete.
2.
**Rodrigo:** ¿Laura?
**Laura:** ¿Qué?
**Rodrigo:** Hasta la noche no llego a casa. Así que ponte los zapatos y baja la basura.
**Laura:** ¡Jo! No me apetece.
**Rodrigo:** Vamos, baja la basura.
3.
**A:** Tengo mucha prisa y no puedo hacer la comida, ¿puedes hacer algo para comer?
**B:** Sí, no te preocupes; yo lo hago.
4.
**Esther:** Hola, Lola. Te llamo porque mañana me voy de vacaciones.
**Lola:** Hum.
**Esther:** Sabes que tengo un perro, ¿no?
**Lola:** Sí, Tarzán. ¡Es una monada! ¡Me encantan los perros!

**Esther:** Pues voy a estar fuera una semana y no sé dónde dejarlo. ¿Puedes quedarte tú con él?
**Lola:** Me encantaría pero esta semana yo también me voy de vacaciones.
**Esther:** No te preocupes, se lo voy a decir a Juan.

### Ejercicio 7
cien, ciento uno, ciento dos, ciento tres, ciento cuatro, ciento cinco, doscientos, doscientos uno, doscientos veintidós, doscientos noventa y nueve, trescientos, cuatrocientos, cuatrocientos cincuenta, quinientos, seiscientos, setecientos, ochocientos, novecientos, mil, mil uno, mil cien, mil doscientos, mil doscientos cincuenta, mil quinientos sesenta, dos mil, tres mil, cuatro mil

### Ejercicio 9
**A:** Hola, buenos días. ¿Qué le pongo?
**B:** Quiero una docena de huevos.
**A:** Tenga. ¿Algo más?
**B:** Sí, una botella de vino blanco.
**A:** ¿Algo más?
**B:** Una barra de pan y un paquete de harina.
**A:** Tenga, ¿algo más?
**B:** Sí, un kilo de naranjas y doscientos cincuenta gramos de jamón.
**A:** Tenga, ¿quiere algo más?
**B:** Nada más, gracias. ¿Cuánto es?
**A:** Son 5,99.
**B:** ¡Qué caro!, ¿no?
**A:** Mire, el jamón es 2,70 euros, las naranjas son 0,54 €, la harina cuesta 0,41 €, el vino 0,96 €, los huevos son 1,11 euros y la barra de pan 0,27 €. Total: 5,99 euros.

### Ejercicio 14
**Esther:** Mira, Silvia, estos pantalones azules me gustan mucho.
**Silvia:** A mí me gustan más aquellos rojos, son más modernos.
**Esther:** ¡Ah! Sí, y esa camisa que está enfrente de los pantalones me encanta.
**Silvia:** A mí no; odio el color marrón.
**Esther:** No, ésa no, la camisa blanca que está debajo de la falda verde.
**Silvia:** ¡Ah! Sí, ésa sí me gusta.
**Esther:** Creo que hoy me lo compro todo. Me encantan todos los vestidos.
**Silvia:** A mí también, pero prefiero los pantalones, son más cómodos.

### Ejercicio 16
**A:** No me gustan nada los pantalones vaqueros.
**B:** A mí tampoco. Son tan incómodos...

**A:** Me gusta la ropa de verano porque no pesa nada.
**B:** A mí no. Es de unos colores muy fuertes.

**A:** Me encanta el gazpacho. Es una comida muy fresquita.

**B:** A mí también.

## Ejercicio 18

1.

**A:** Buenos días, ¿qué desea?

**B:** Quería unos pantalones vaqueros azules.

**A:** ¿Qué talla tiene?

**B:** La 40.

**A:** Aquí tiene, ¿le gustan éstos?

**B:** No, son un poco estrechos. ¿Los tiene más anchos?

**A:** Sí, tenemos estos modelos.

**B:** ¿Puedo probarme éstos?

**A:** Sí, claro, por supuesto.

(…)

¿Qué tal? ¿Cómo le quedan?

**B:** Muy bien, me quedan muy bien. ¿Cuánto cuestan?

**A:** 58,90 euros.

**B:** De acuerdo, me los llevo.

2.

**A:** Buenas tardes, ¿qué desea?

**B:** Quería unos zapatos de tacón.

**A:** ¿De qué color los quiere?

**B:** Negros, por favor.

**A:** ¿Qué número tiene?

**B:** El 37.

**A:** Tenemos todos estos modelos.

**B:** Éstos son demasiado altos. ¿Los tiene con menos tacón?

**A:** ¿Qué tal éstos?

**B:** Sí, éstos me gustan. ¿Puedo probármelos?

**A:** Por supuesto.

(…)

¿Le gustan?

**B:** Sí, son muy bonitos. ¿Cuánto cuestan?

**A:** 75,13 euros.

**B:** Son carísimos. ¿Tiene otros más baratos?

**A:** Sí, pero son de peor calidad.

**B:** Bueno, vale. Me los llevo.

## Ámbito 2 - ¿Qué me pasa, doctor?

### Ejercicio 2

Diálogo 1.

**A:** ¿Qué te pasa?

**B:** Me duele muchísimo la espalda.

Diálogo 2.

**A:** ¿Qué tal estás?

**B:** Fatal. No puedo andar. Me duelen mucho los pies.

Diálogo 3.

**A:** ¿Cómo estás?

**B:** Regular. Tengo dolor de muelas.

Diálogo 4.

**A:** ¿Te encuentras mal?

**B:** Sí. Me duele el estómago.

### Ejercicio 4

1.

**A:** Hola, María. ¿Qué tal estás?

**B:** Hoy estoy un poco triste.

**A:** ¿Por qué? ¿Qué te ha pasado?

**B:** Mi madre está enferma.

**A:** Vaya, lo siento.

2.

**C:** ¿Qué tal, Miguel? ¿Cómo estás?

**D:** Bueno, con mucho trabajo. Últimamente estoy doce horas al día en la oficina, y estoy muy cansado.

3.

**E:** ¿Qué tal en tu pueblo?

**F:** Ya sabes, es muy pequeño, no tiene muchas diversiones. Estoy muy aburrido.

4.

**G:** ¿Qué te pasa? ¿Estás cansado?

**H:** No, estoy preocupado.

**G:** ¿Por qué?

**H:** Tengo problemas en el trabajo.

### Ejercicio 9

1.

**A:** Hola, buenas tardes.

**B:** Buenas tardes. Pase y siéntese.

**A:** Gracias.

**B:** Dígame, ¿qué le pasa?

**A:** Tengo una tos muy fuerte, especialmente por las noches, y además casi no puedo respirar.

**B:** ¿Le duele la garganta?

**A:** Sí.

**B:** ¿Y la cabeza?

**A:** También.

**B:** ¿Tiene fiebre?

**A:** Sí, y también me duelen los brazos y las piernas. Bueno… todo el cuerpo.

**B:** Lo que usted tiene es gripe. Tómese este jarabe para la tos y póngase estas inyecciones.

**A:** Muy bien.

**B:** Por supuesto, no fume. Acuéstese y descanse. No vaya a la oficina, quédese en casa tres días como mínimo. No coja frío. Si la garganta le duele mucho, beba zumo de limón con miel. Si después de tres días no se encuentra mejor, vuelva a mi consulta.

**A:** Gracias, doctor.

**B:** De nada. Y cuídese.

2.

**C:** ¡Qué dolor de cabeza!

**D:** Pues si te duele la cabeza, tómate una aspirina. Mira, aquí tienes una.

**C:** No, gracias. No me gusta tomar medicinas. No sé qué me pasa, me encuentro mal. Aquí hace frío, ¿no?

**D:** No. A ver… ¡Huy! ¡Tienes fiebre! Creo que tienes gripe.

**C:** ¿En serio?

**D:** Sí. Si te encuentras mal, vete a casa y descansa, y mañana no vayas a la oficina.

**C:** Sí, buena idea.

**D:** Y si tienes tos, tómate un buen jarabe.

**C:** ¿Otra medicina? No, no.

**D:** Pues bebe zumo de limón con miel. Es un remedio natural. Y no fumes. Y lo más importante: no cojas frío.

**C:** Ya.

### Ejercicio 10

**A:** Consulta del doctor Bosque, dígame.

**B:** Hola, buenos días, quería pedir hora para esta tarde.

**A:** Un momento, por favor, ¿a qué hora le viene bien?

**B:** Pues a primera hora de la tarde, sobre las cuatro, más o menos.

**A:** ¿A las cuatro y media?

**B:** Muy bien, a esa hora me viene bien.

**A:** Bueno, entonces, hoy a las cuatro y media, ¿de acuerdo?

**B:** De acuerdo. Gracias, hasta la tarde.

**A:** Adiós.

### Ejercicio 14

sábado, médico, libro, árbol, edad, sofá

### Ejercicio 14.3

periódico, gramática, miércoles, médico, silla, azúcar, lápiz, mesa, camión, salón, turrón, adiós, avión

# LECCIÓN 5 - Nos divertimos

## Ámbito 1 - ¡Nos vamos de vacaciones!

### Ejercicio 1

**Juan:** ¿Dónde vamos esta Semana Santa?

**Carmen:** A mí me gustaría ir a la playa.

**Juan:** Yo prefiero ir a Sevilla.

**Carmen:** ¡Ah! Muy buena idea.

**Juan:** ¿Vamos en avión, en tren o en coche?

**Carmen:** Yo prefiero en avión; es más rápido.

**Juan:** Sí, pero el tren es más barato.

**Carmen:** Vale. ¿Dónde vamos a dormir?

**Juan:** No sé. ¿Qué prefieres, hotel, cámping o albergue?

**Carmen:** Prefiero el hotel, pero el albergue es más barato.

**Juan:** Bien, yo llamo al albergue para saber cuánto cuesta y dónde está.

**Carmen:** Vale, yo llamo a la estación de tren.

### Ejercicio 9

1.

Mi país está en Sudamérica. Limita al norte con Colombia y Ecuador, al sur con Chile, al este con Brasil y Bolivia y al oeste con el océano Pacífico. Tiene unas ruinas muy famosas por su esplendor y su historia. En mi país está el lago más alto del mundo, el Titicaca, y nuestra moneda se llama sol.

**2.**

Mi país es muy grande y alargado. Es muy montañoso. Los Andes ocupan la mayor parte del suelo. Tiene dos cosas importantes: las montañas y su larga costa del Pacífico. Son miles las islas que hay; por eso la pesca es una actividad importante para la economía de mi país. Por ser muy grande tiene tres climas: en el norte hace calor, el centro es templado y en el sur hace frío. Es gracioso el nombre de la moneda que tenemos. Se llama peso.

**3.**

Yo soy de Buenos Aires. Mi país es uno de los países más grandes de Hispanoamérica. Tenemos la montaña más alta de América, el Aconcagua, y la costa más larga. Hay muchos lagos y muchos ríos en mi país. Un lugar muy bonito para visitar son las cataratas del Iguazú. La comida típica son las carnes a la brasa.

## Ejercicio 11

**1.**

**A:** Albergue Sevilla, buenos días. ¿Dígame?

**B:** Buenos días, quiero una habitación.

**A:** ¿Es para un grupo?

**B:** No, es para dos personas. Quiero una habitación doble.

**A:** Lo siento, en este albergue la habitación más pequeña es para seis personas.

**B:** ¡Qué pena! Muchas gracias, adiós.

**A:** Adiós.

**2.**

**A:** Hotel Husa, buenos días.

**B:** Buenos días.

**A:** ¿Qué desea?

**B:** Quiero una habitación para el día cinco de agosto.

**A:** ¿Doble o individual?

**B:** Doble.

**A:** ¿Con pensión completa?

**B:** No, con media pensión.

**A:** No, no es posible, solamente tenemos pensión completa.

**B:** ¿Y cuánto cuesta?

**A:** 75,13 euros.

**B:** ¡Uf! Es muy caro. Lo siento, no la reservo.

**A:** Muy bien, hasta luego.

**3.**

**A:** Hotel Miramar, buenos días.

**B:** Buenos días.

**A:** ¿Qué desea?

**B:** Quiero reservar una habitación para el día cinco de agosto.

**A:** Para el cinco de agosto, un momento. Sí, tenemos habitaciones libres. ¿Doble o individual?

**B:** Doble, con media pensión.

**A:** De acuerdo.

**B:** ¿Cuánto cuesta?

**A:** 48,80 euros, con desayuno.

**B:** Vale, la quiero reservar.

---

**A:** ¿Cuál es su nombre?

**B:** Carmen García Pérez.

**A:** Muy bien, la esperamos el cinco de agosto.

## Ejercicio 14

**1.**

**A:** Oye, perdona, ¿dónde hay un farmacia por aquí?

**B:** Sigue todo recto y gira la primera a la izquierda. Allí, en la esquina, hay una farmacia.

**A:** Gracias.

**2.**

**A:** Oiga, perdone, ¿dónde está la oficina de Correos?

**B:** Muy cerca de aquí. La segunda calle a la derecha.

**A:** Gracias.

**3.**

**A:** Perdona, ¿hay un supermercado por aquí?

**B:** Sí, hay uno al final de esta calle.

**A:** ¿Está muy lejos?

**B:** No, a unos cinco minutos de aquí.

**A:** Gracias.

**4.**

**A:** Por favor, ¿la calle Corrientes?

**B:** Tome la primera calle a la izquierda y luego gire a la derecha.

**A:** ¿Está cerca de aquí?

**B:** Sí, sí.

**A:** Gracias.

## Ámbito 2 - Me gustan la música, el cine...

### Ejercicio 4

**Laura:** Juan, ¿qué te gusta hacer el fin de semana?

**Juan:** A mí me gusta ir al cine, nadar y estar con mis amigos. ¿Y a ti?

**Laura:** A mí me gustan los deportes.

**Juan:** ¿Qué deportes te gustan?

**Laura:** Me gustan el baloncesto y el tenis. Alberto, ¿qué te gusta hacer el fin de semana?

**Alberto:** A mí me gusta pasear por el campo y no me gusta ver la televisión.

### Ejercicio 5

**1.**

**Reportera:** Hola, buenas tardes. Trabajo en Radio Sol. ¿Qué te gusta hacer en tu tiempo libre?

**Entrevistado:** A mí me encanta salir con mis amigos y me gustan mucho los deportes.

**R:** ¡Ah! ¿Te gusta el fútbol?

**E:** No, odio el fútbol. Me gusta jugar al tenis pero odio el fútbol.

**R:** Me imagino que te gusta ir de compras, como a todo el mundo.

**E:** ¡Oh! No, no me gusta nada ir de compras, pero sí me gusta pasear por la ciudad.

**2.**

**Reportera:** Hola, buenas tardes. Trabajo en Radio Sol. ¿Qué te gusta hacer en tu tiempo libre?

---

**Entrevistado:** Me gusta mucho escuchar música y me encanta leer.

**R:** ¿Te gustan las novelas de amor?

**E:** No me gustan nada los libros de amor y odio los libros de aventuras. Me gustan los libros de Agatha Christie, las novelas policiacas.

### Ejercicio 9.1

**Laura:** Hola, buenas noches.

**Camarero:** Buenas noches. ¿Qué van a tomar?

**Laura:** Para mí, de primero pisto manchego.

**John:** Para mí, sopa de marisco.

**Camarero:** ¿Y de segundo?

**Laura:** Yo, ternera de Ávila.

**John:** Para mí, merluza a la vizcaína.

**Camarero:** ¿Y para beber?

**Laura:** Una botella de vino y otra de agua, por favor.

**Camarero:** Ahora mismo.

**Camarero:** ¿Quieren algo de postre?

**Laura:** Sí, arroz con leche.

**John:** Y helado de fresa.

**John:** Camarero, ¿nos trae la cuenta, por favor?

**Camarero:** Sí, tome.

### Ejercicio 11

**1.**

Pues a mí la comida china, la verdad, no me gusta mucho. En cambio, la italiana sí que me gusta, y además dicen que es muy sana, pero cuando salgo normalmente voy a un restaurante mexicano. Sí, a un mexicano o, mejor, a un indio, porque me encanta la comida muy picante; por eso, mi restaurante favorito es un indio que hay cerca de mi casa.

**2.**

Bueno, para mí no hay duda: cuando salgo a cenar, siempre prefiero ir a un restaurante italiano porque me encanta la pasta de todas las maneras posibles.

**3.**

Pues a mí lo que más me gusta es la cocina oriental, porque los ingredientes son muy diferentes a los nuestros, y a mí me gusta mucho probar cosas nuevas. Cuando quedo con mis amigos para cenar, prefiero ir a un chino, por ejemplo, y nunca pido los mismos platos.

**4.**

Me encantan los nachos con guacamole, los chiles muy picantes... Yo siempre los pido... En mi restaurante mexicano preferido, claro, porque no los hay en todas partes...

### Ejercicio 14

1. lama, lapa, tapa
2. dedo, dado, dudo
3. dos, tres, sol
4. cuelo, copo, dúo
5. cacho, cupe, cubo
6. zumo, sumo, tubo

7. taba, tema, baba
8. bebe, teme, Pepe
9. domo, tomo, pomo
10. mesa, pala, tacha
11. polo, loro, poro
12. mama, mamá, mano

# LECCIÓN 6 - ¿Puedo...?

## Ámbito 1 - Hay que estudiar
### Ejercicio 5
1.
**A:** ¿Puedes dejarme el jersey negro?
**B:** Lo siento, está sucio.
2.
**A:** ¿Puedes pasarme la sal?
**B:** Sí, enseguida te la paso.
3.
**A:** Disculpe. ¿Se puede pasar?
**B:** Entre, entre.
4.
**A:** ¿Puedes traerme un vaso de agua?
**B:** De acuerdo, ahora mismo te lo traigo.
5.
**A:** ¿Puedes dejarme tus llaves?
**B:** No, no las tengo.

### Ejercicio 8
| | |
|---|---|
| 1. arquitecto | 6. periodista |
| 2. ingeniero | 7. profesor |
| 3. economista | 8. dentista |
| 4. piloto | 9. político |
| 5. bombero | 10. actor |

### Ejercicio 9
| | |
|---|---|
| 1. actor | 6. periodista |
| 2. político | 7. bombero |
| 3. economista | 8. piloto |
| 4. dentista | 9. ingeniero |
| 5. profesor | 10. arquitecto |

## Ámbito 2 - ¡Que tengas suerte!
### Ejercicio 7
fontanero, revisor, político, cocinero, cantante, piloto, pintor, actor, barman, zapatero, músico

### Ejercicio 8
tómate, límite, árbitro, chófer, ole, ángulo, sello, está, liquido, cazo

### Ejercicio 9
**A:** ¿Qué haces?
**B:** Estoy escribiendo una tarjeta para Elena, pero no se me ocurre nada.
**A:** ¿Es su cumpleaños? Si es su cumpleaños… "felicidades", "feliz cumpleaños"…
**B:** No, no…, es su boda.
**A:** Entonces, "enhorabuena" o "felicidades".
**B:** "Enhorabuena"…; me gusta "enhorabuena".

**A:** También puedes poner "buena suerte" o "que tengas buena suerte", pero estas expresiones son más adecuadas para otras ocasiones.
**B:** No, prefiero "enhorabuena".
**A:** ¿Se va de viaje?
**B:** Sí, ¿por qué?
**A:** Escríbele "enhorabuena" y "buen viaje", "que tengas un buen viaje".
**B:** No…, voy a poner "enhorabuena".

# LECCIÓN 7 - ¿Cuidamos el medio ambiente?

## Ámbito 1 - ¿Qué has hecho hoy?
### Ejercicio 3
**Thèrèse:** ¡Hola, Mark!
**Mark:** ¡Hola, Thèrèse! ¿Qué tal?
**Thèrèse:** ¿Dónde has estado estos días? No te he visto en clase.
**Mark:** Esta semana he viajado a las Islas Canarias, en concreto a Tenerife. He ido a ver el Teide, la montaña más alta de España, que es un volcán precioso, y el valle de La Orotava, que tiene una vegetación exuberante.
**Thèrèse:** ¡Ah! ¡Qué bien! ¿Y te han gustado? Yo no he estado allí nunca.
**Mark:** Sí, mucho. Ha sido un viaje muy interesante, y me lo he pasado muy bien, aunque he tenido que viajar solo porque nadie ha podido acompañarme.
**Thèrèse:** Vaya, ¡qué pena! Tienes que contármelo todo en otro momento, ¿de acuerdo? Ahora tengo un poco de prisa. Hasta pronto.
**Mark:** Hasta pronto. Adiós, Thèrèse.

### Ejercicio 7
1.
Esta mañana he tenido un consejo de ministros y he recibido a los embajadores de México, Perú y Ecuador. Me han entrevistado en televisión y he comido con un grupo de alcaldes. Ha sido una mañana muy aburrida.
2.
Este mes he tenido veinte conciertos y he viajado por cuatro países. He perdido la voz en dos ocasiones y he recibido a doscientas fans. Ha sido un mes estupendo.
3.
Este año he vivido en España y he presentado un programa de televisión. He tenido un hijo y me he sentido muy feliz. Ha sido un año maravilloso.
4.
En estos últimos meses he escrito mi nueva novela. He vivido en Londres y he dado algunas conferencias en Nueva York y Calcuta. Han sido unos meses agotadores.
5.
Esta mañana me he levantado temprano, he desayunado y me he ido a entrenar. He hecho

muchos ejercicios y me he caído, pero no me he hecho daño. Despúes he jugado un rato con mi hijo. Ha sido una mañana divertida.

### Ejercicio 10
**Alicia:** ¡Hola, buenas tardes!
**Secretaria:** ¡Buenas tardes! ¿Venís a ayudar?
**Alicia:** Sí. Somos estudiantes de medicina.
**Secretaria:** ¿Habéis cooperado ya con Médicos Sin Fronteras?
**Alicia:** Sí. Yo he cooperado una vez en África. Y mi amigo no lo ha hecho todavía, pero tiene experiencia.
**Secretaria:** Contadme, entonces, lo que habéis hecho.
**Alicia:** Como he dicho, he estado en África y ya he trabajado con Médicos Sin Fronteras. He ayudado a cuidar niños enfermos.
**José:** Yo no he trabajado aún con Médicos Sin Fronteras, pero sí he trabajado con la Cruz Roja durante varios años.
**Secretaria:** ¿Qué habéis hecho exactamente?
**Alicia:** Yo he curado heridas, he cuidado enfermos y también he ayudado en operaciones quirúrgicas.
**José:** Yo todavía no he ayudado en operaciones quirúrgicas, pero sí he cuidado enfermos y he trabajado en una ambulancia.
**Secretaria:** Estupendo. Nos venís muy bien. ¿Habéis estado en América alguna vez?
**Alicia:** No. Yo no he estado nunca.
**José:** Yo sí, pero he estado de vacaciones. He viajado por Argentina y Chile.

### Ejercicio 11
**Alicia:** ¡Huy! Es muy fácil. Sólo tenemos que hacer cuatro cosas. A ver… No tengo todavía la fotocopia del pasaporte, pero sí he rellenado ya los impresos azul y blanco. No he ido todavía al médico.
**José:** Pues yo tengo ya la fotocopia del pasaporte, pero no he rellenado todavía los impresos azul y blanco. Yo tampoco he ido al médico. ¿De qué tengo que vacunarme? ¿Vamos juntos, Alicia?
**Alicia:** Bueno, si quieres… Podemos ir mañana, ¿de acuerdo?
**José:** Sí, de acuerdo. Pues entonces, hasta mañana.
**Alicia:** Hasta mañana.
**Secretaria:** Adiós, hasta mañana.

### Ejercicio 15
1.
Pues yo lo tengo muy claro. La vida en el planeta se acabará pronto porque estamos maltratando la Tierra. Los avances tecnológicos no sirven cuando los ecosistemas desaparecen. Hemos hecho muchos progresos importantes, pero esto ha significado el deterioro de la

superficie terrestre. Tenemos que decidir si preferimos el desarrollo tecnológico a la conservación de nuestro planeta.

2.

Pienso que no podemos frenar la carrera tecnológica porque deterioremos los ecosistemas. Al fin y al cabo no es una cosa importante y ya sabíamos que iba a ocurrir. Además, creo que los avances tecnológicos han hecho progresar la calidad de vida de las personas. Los avances de la Humanidad, tan importantes, no pueden parar por nada. Pensad qué preferís: los ecosistemas o la vacuna contra el cáncer, contra el sida o la llegada del hombre a Marte.

3.

Los ecosistemas no importan nada. El hombre es lo que cuenta. Tenemos que seguir trabajando para obtener conocimientos y descubrir nuevas vías de desarrollo que faciliten la vida de los hombres. No importa que mueran animales o plantas si el hombre consigue una vida más cómoda y feliz.

4.

La destrucción del planeta es la destrucción de la Humanidad. En todo el planeta hay equilibrio. Cuando falta una parte de ese equilibrio, todo cae y se rompe. La vida, entonces, pierde sentido. El hombre es insensible cuando no se preocupa de los seres vivos que lo rodean.

### Ejercicio 18

reciclar, contaminación, papel, guerra, planeta, ecológico, polución, vertidos

## Ámbito 2 - ¿Y tú qué opinas?

### Ejercicio 2

**Madre:** Hola, hijo. ¿Cómo estás?

**Juan:** ¡Hola, mamá! ¿Qué tal?

**Madre:** ¿Cómo ha sido tu fin de semana? Te he llamado varias veces y no te he encontrado en casa.

**Juan:** Sí. Este fin de semana he estado de excursión con unos amigos.

**Madre:** ¿Y adónde habéis ido?

**Juan:** Hemos ido a la sierra. Hemos hecho montañismo y largas caminatas. Ha sido agotador, pero muy agradable. Hemos dormido en un refugio y nos hemos divertido mucho.

**Madre:** ¿Cómo ha estado el tiempo? ¿Ha hecho mucho frío?

**Juan:** ¡Qué va! El tiempo ha estado estupendo. Ha hecho sol y el aire ha estado limpio. Allí no hay contaminación como en la ciudad.

**Madre:** Vaya, me alegro. Mira, te llamo para cenar el jueves con los tíos. ¿Te apetece?

**Juan:** ¿El jueves? Tengo ya un compromiso. No puede ser. Lo siento.

**Madre:** De acuerdo. No importa. Hasta otro rato.

**Juan:** Adiós, mamá.

### Ejercicio 9

**Enrique:** ¡Hola, Marta! ¿Qué tal?

**Marta:** ¡Hola, Enrique!

**Enrique:** ¿Qué lees?

**Marta:** Un libro interesantísimo. Habla de la vida en la Luna.

**Enrique:** ¡Qué tontería! Yo creo que nunca viviremos en la Luna. Podemos viajar hasta ella y estar allí unas horas, pero vivir, vivir... ¡Imposible!

**Marta:** Eso mismo opinaron las personas que leyeron a Julio Verne en el siglo XIX. Pensaban que no se podía ir a la Luna, ni viajar por debajo del mar, ni nada de eso. Yo opino que sí es posible.

**Enrique:** Bueno, eso es verdad. Pero vivir en la Luna me parece alucinante, ¿no crees?

**Marta:** Sí, a mí también, pero quizá algún día... Piensa que estamos destruyendo el planeta, no cuidamos los ecosistemas y no le prestamos atención al medio ambiente. A lo mejor necesitamos un lugar como la Luna para poder vivir, porque la Tierra no nos ofrece un lugar acogedor. ¿No has visto las películas de ciencia-ficción?

### Ejercicio 14

| | | |
|---|---|---|
| árbol | avaro | cortar |
| cárcel | color | soltar |
| triste | loro | carnaval |
| Álvaro | calor | sombrero |

### Ejercicio 15

muela, roza, pera, suero, calo, poro, pila, cuelo

### Ejercicio 16

cardo, dromedario, cordel, arder, dramático, verde, morder, cobarde, adrede

### Ejercicio 20

1. El árbol está delante de la casa.
2. Juan está detrás de los cristales.
3. El gato no puede esconderse encima de la mesa.
4. Como mi escuela no está lejos de casa, voy andando todos los días.
5. Durante algún tiempo hemos vivido enfrente de la estación.
6. He visto las fotos de la excursión y Teresa no está detrás de Pedro.
7. María no ha querido sentarse al lado tuyo en el concierto.
8. Como Correos está cerca de casa, yo envío el paquete para Sevilla.
9. Pepe tiene el número 23 y Antonio el 21; no está delante de él, como dices.
10. La carta está encima del diccionario.
11. Hemos aparcado el coche al lado mismo del parque de El Retiro.

### Ejercicio 21

1.

Cariño, te he dejado un bocadillo y un refresco en la mesa de la cocina. Tómatelo todo

antes de hacer los deberes. Yo regresaré hoy muy tarde.

2.

Cariño, te he dejado los cigarrillos y un recado de Ana en la mesa de la cocina. Quiere que le lleves un bocadillo y un refresco. Está hoy en casa pintando las paredes.

3.

Hemos venido a arreglar su teléfono, pero no la hemos encontrado en casa. Por favor, llámenos y díganos cuándo podemos volver.

4.

He arreglado tu teléfono móvil. Ya no tienes que llamar a averías. Por favor, llámame para salir esta noche.

## LECCIÓN 8 - Hablemos del pasado

### Ámbito 1 - Biografías

### Ejercicio 1

1.

Pablo Neruda nació en Chile, trabajó de diplomático en varios países. Escribió *20 poemas de amor y una canción desesperada*. Pablo Neruda ganó el Premio Nobel. Murió en 1973.

2.

Federico García Lorca nació en España, estudió derecho. Escribió teatro y poesía. Escribió *Yerma*. Murió en 1936.

3.

Jorge Luis Borges nació en Buenos Aires. Vivió muchos años en Ginebra. Trabajó en la Biblioteca Nacional de Argentina. Escribió *Ficciones*. Murió en 1986.

### Ejercicio 5

Salvador Dalí nació el 11 de mayo de 1904. Estudió educación secundaria en el instituto de Figueras. A los trece años pintó su primer cuadro. En 1923 viajó a Madrid para estudiar en la Academia de Bellas Artes de San Fernando. Ese año conoció a Luis Buñuel y a Federico García Lorca. En la primavera de 1927 viajó a París y se enamoró de Gala. Aquel año diseñó con Luis Buñuel los escenarios de *Un perro andaluz*. Al terminar los estudios, pintó para exponer en Nueva York, Chicago, etc. En 1955 se casó con Gala y vivieron en Cadaqués. En 1982 murió Gala y Dalí enfermó. El 23 de enero de 1989 murió en Figueras.

### Ejercicio 10

muere, publicó, llamo, caminó, describió, nace, escuchó, escribió, pinta, sale

### Ejercicio 11

chico, año, niño, muchacho, araña, cuchara, sueño, noche, caña, coche

## Ámbito 2 - ¡Qué experiencia!

Ejercicio 1

**A:** ¿Qué estás haciendo?

**B:** Un trabajo sobre los acontecimientos más importantes del siglo XX.

**A:** ¿Cuáles has elegido?

**B:** Sólo tengo tres: el nacimiento de la Organización de Naciones Unidas, el 24 de octubre de 1945; la creación de la Comunidad Económica Europea, el 25 de marzo de 1957; la llegada del hombre a la Luna…

**A:** … fue el día 12 de octubre de 1968.

**B:** Sí, … me faltan tres.

**A:** Puedes poner la caída del Muro de Berlín, el 9 de noviembre de 1989.

**B:** Vale, ¿alguna más? Necesito dos más.

**A:** Pues…, la llegada al poder de Nelson Mandela, el 10 de mayo de 1994… y la descolonización de Hong Kong, el 1 de julio de 1997.

**B:** ¡Perfecto! Ya lo tengo todo.

Ejercicio 6

**A:** Buenos días, estamos haciendo una encuesta acerca de los acontecimientos más importantes del siglo XX. ¿Cómo valoraría usted la creación de la ONU?

**B:** Para mí fue un acontecimiento estupendo.

**A:** Señor, ¿qué opina usted de la llegada del hombre a la Luna?

**C:** Fue increíble.

**A:** Señora…, es su turno. ¿Cómo valoraría la creación de la Comunidad Económica Europea?

**D:** Fue desastrosa, no aportó nada nuevo; sólo estaban los grandes. Ahora mi visión ha cambiado.

**A:** ¿Y ustedes? ¿Cómo valorarían la caída del Muro de Berlín?

**E:** Yo creo que para algunos alemanes fue una pérdida económica. Alemania perdió mucho desde el punto de vista económico.

**A:** Para terminar, ¿cómo valorarías la llegada de Nelson Mandela al poder?

**F:** Fue genial. Después de tantos años en la cárcel, me pareció maravilloso.

**A:** Por último, ¿y la descolonización de Hong Kong?

**G:** Para mí fue indiferente, pero para mi amigo Mao fue triste, muy triste… después de tantos años de esplendor económico.

Ejercicio 11

1.

**A:** Carmen, estoy contentísima, mañana me voy a montar a caballo. ¿Has montado alguna vez a caballo?

**B:** El verano pasado en Almería monté a caballo. Fue sensacional.

2.

**A:** He suspendido el examen de conducir, estoy hecho polvo.

**B:** No te preocupes…

**A:** ¿Tú has suspendido algún examen?

**B:** ¡Hombre! Esta mañana he suspendido el examen de matemáticas.

3.

**A:** Mira lo que me he encontrado en la calle.

**B:** ¡Qué bonito!

**A:** ¿Tú te has encontrado algo alguna vez?

**B:** Sí, hace unos años me encontré una pulsera de oro en el parque de El Retiro.

4.

**A:** Alfonso, ¿puedo hacerte una pregunta muy personal?

**B:** Depende.

**A:** ¿Has conocido a alguien maravilloso?

**B:** ¿Eso es una pregunta personal?… Sí, en agosto de 1992 conocí a mi novia. Ella es la persona más maravillosa del mundo.

5.

**A:** Lo sabía, lo sabía…

**B:** ¿Qué te pasa?

**A:** El niño perdió las maletas nada más llegar a Madrid, la semana pasada.

**B:** No te preocupes, yo las perdí el verano pasado y aparecieron a las dos semanas.

Ejercicio 16

**A:** ¡Hombre, María! ¿Cuándo has vuelto?

**B:** Esta mañana he vuelto de mi viaje a Granada.

**A:** ¿Y qué tal?, ¿te ha gustado?

**B:** Muchísimo… El viernes estuve en la Alhambra y me gustó mucho, también me gustaron los jardines, ¡qué bonitos!

**A:** ¿Y la gente?, ¿cómo es?

**B:** Me gustó mucho la gente, es simpática, cordial, agradable…

**A:** ¿Dónde te has alojado?

**B:** Estuve en dos hoteles fantásticos. La verdad es que me han encantado los hoteles.

**A:** ¿Fuiste en avión o en tren?

**B:** Fui en tren porque me agrada viajar viendo el paisaje. Es que siempre me han gustado los trenes. Bueno, el viaje en tren de esta mañana me ha gustado muchísimo… Me ha encantado el desayuno que nos han puesto.

**A:** Vamos… que tu viaje ha sido todo un éxito.

**B:** Indudablemente.

Ejercicio 18

| | |
|---|---|
| 1. callo | 6. chófer |
| 2. vaya | 7. cuña |
| 3. chillar | 8. valla |
| 4. sueño | 9. campaña |
| 5. cayó | 10. cheque |

# LECCIÓN 9 - Recuerdos de la infancia

## Ámbito 1 - Así éramos

Ejercicio 4

**Enrique:** Mi casa era estupenda. Estaba a la entrada del pueblo. Era de color blanco, como todas las demás, y pequeña pero muy acogedora. Mi habitación estaba en la segunda planta y tenía un pequeño balcón. Detrás de mi casa estaba la iglesia y todas las mañanas oíamos sonar las campanas.

**José:** Yo vivía en un apartamento a las afueras de la ciudad. Era un edificio pequeño, de cuatro o cinco plantas, y no había muchos más en la zona. Estábamos un poco aislados del resto. No me gustaba vivir allí: era muy aburrido.

**Pilar:** Yo también vivía en un edificio parecido, pero el mío era muy grande y había muchos alrededor. Además, estaba en el centro. Nosotros vivíamos en la última planta y teníamos una terraza grande. Desde allí podíamos ver buena parte de la ciudad. Enfrente de mi bloque había un parque muy bonito en el que jugábamos por las tardes.

**Elena:** Mi casa también era agradable. Estaba en una urbanización muy bonita rodeada de flores y árboles. Mi habitación estaba en la buhardilla. En el salón había una chimenea que encendíamos en invierno. Me gustaba mucho sentarme junto al fuego. Teníamos un jardín con una pequeña piscina.

Ejercicio 7

**Narrador:** Yo creo que los niños pasan demasiadas horas frente al televisor. A mí me parece que antes era diferente: dedicaban más tiempo a jugar con sus amigos…, a leer. ¿Vosotros veíais mucho la televisión?

**Ana:** Yo la veía pocas veces, porque por las tardes, después del colegio, iba a una escuela de música para aprender a tocar la guitarra.

**Blas:** A mí me gustaban mucho los dibujos animados y las películas del oeste, por eso aprovechaba cualquier ocasión para ver la tele. Mi madre se enfadaba mucho conmigo por esta razón.

**Juan:** Yo, casi nunca. No había buenos programas.

**Carlos:** Yo no tenía televisión, porque vivía con mis abuelos en un pueblo muy pequeño y para ellos era algo innecesario.

**Diana:** Pues yo la veía los sábados y los domingos después de comer, aunque no todos. El resto de la semana no tenía mucho tiempo libre, porque tenía que ayudar a mi madre con mis hermanos (soy la mayor de seis hermanos). Bueno, la verdad es que tampoco me gustaba mucho, me aburría.

**Esteban:** A mí también me aburría; yo prefería jugar en la calle con mis amigos. Sólo la veía cuando estaba enfermo, y casi nunca lo estaba. Era un niño muy saludable.

**Tere:** A mí me encantaba; yo me pasaba el día entero frente al televisor.

**Francisco:** Yo la veía muchas veces, pero también tenía tiempo para jugar. ¡Ah, qué época tan bonita! Ahora, sin embargo, el tiempo pasa volando y no tengo tiempo libre para disfrutar.

**Gonzalo:** Cuando yo era niño vivía en Francia. Veía a menudo la televisión porque eso me ayudaba a aprender el idioma, pero la verdad es que no me gustaba. No entendía nada.

**Inés:** Yo, ni mucho ni poco. Veía algunos programas infantiles, algunas películas…, no sé. Pero, sin duda, veía la tele mucho menos que los niños de ahora.

## Ejercicio 11

**Rebeca:** ¡Hola, abuelo!

**Abuelo:** ¡Hola, Rebeca! ¿Qué te pasa? No tienes buena cara. ¿Estás cansada?

**Rebeca:** Sí…, estoy cansadísima. He tenido un examen de economía y no he dormido en toda la noche.

**Abuelo:** ¿Qué tal te ha salido?

**Rebeca:** Regular. Me han puesto uno de los temas que peor me sabía.

**Abuelo:** Bueno, no te preocupes. Seguro que apruebas. Ven, tómate un café calentito.

**Rebeca:** Abuelo, ¿cuando eras joven estudiabas?

**Abuelo:** No, desgraciadamente no estudiaba. Vivíamos en un pueblo muy pequeño y no había escuela. Para estudiar teníamos que ir a un pueblo cercano, pero tampoco teníamos coche, así que ayudaba a mi padre en el campo. Cuidaba los animales y ordeñaba las vacas; luego mi padre y yo vendíamos la leche en el pueblo.

**Rebeca:** Abuelo, entonces…, la vida ha cambiado mucho, ¿no?

**Abuelo:** Sí, sí, muchísimo. Los jóvenes ahora tenéis todo lo que queréis. Antes no teníamos ni la mitad de las cosas que tenéis ahora, pero éramos felices.

**Rebeca:** ¿Y cómo se divertían los jóvenes en el pueblo? ¿Había bares y discotecas?

**Abuelo:** No, no había nada, sólo un bar. Salíamos a pasear, jugábamos a las cartas e íbamos al baile cuando eran las fiestas.

## Ámbito 2 - Todo cambia

### Ejercicio 10

Ésta es una historia real, verídica, que me sucedió durante unas vacaciones en Granada, en un pequeño y misterioso hotel. Fue en 1995. Yo era guía turística y estaba recorriendo Andalucía con un grupo de franceses. Llegamos a la ciudad por la mañana. Visitamos los lugares más importantes y a las 21:00 nos fuimos al hotel. Yo no bajé a cenar porque estaba cansada. Me quedé viendo la televisión y descansando. Decidí darme una ducha antes de acostarme. Mientras me duchaba, oí que llamaban a la puerta. Salí de la ducha rápidamente, me puse el albornoz y abrí. No había nadie. Entonces pensé: "Claro, he tardado demasiado en abrir y se han ido". Era de

noche. Hacía un calor espantoso y el aire acondicionado no funcionaba, por eso abrí todas las ventanas. Cuando terminé de ducharme me puse el pijama y empecé a leer. Nuevamente llamaron a la puerta. Esta vez abrí con gran rapidez, pero tampoco vi a nadie. Estaba algo asustada y un poco nerviosa. Me quedé quieta tras la puerta, esperando a que volvieran a llamar. Y llamaron. Nada más oír el primer golpe abrí, pero no había nadie. Increíble. No sabía qué hacer. De repente, oí que alguien gritaba: "¿Quiénes sois? ¿Qué queréis? Dejadme en paz". Cerré la puerta rápidamente. Ahora estaba muerta de miedo. De nuevo llamaron; esta vez no abrí (el miedo no me dejaba moverme). Me dirigí hacia el teléfono con la intención de avisar al recepcionista, pero cuando llegué al lugar donde estaba el teléfono se apagaron las luces, dejó de funcionar la televisión ¡y el teléfono! Estaba incomunicada. "¿Qué puedo hacer?", me pregunté una y otra vez. Me metí en la cama y me tapé hasta la cabeza, aunque hacía más de 40°. A los diez minutos volvió la luz, pero yo no salí de la cama hasta la mañana siguiente. Durante el desayuno pregunté al grupo si le pasó algo extraño la noche anterior, si se quedaron sin luz. Me respondieron que no. La carne se me puso de gallina.

# LECCIÓN 10 - Y mañana, ¿qué?

## Ámbito 1 - Mañana será otro día

### Ejercicio 8

**Pedro:** Bueno, doña Rosita, ¿qué ve usted en mi futuro?

**Doña Rosita:** Veo muchas cosas… y muy interesantes. Encontrarás un trabajo estupendo en una gran empresa; te gustará trabajar allí, conocerás mucha gente, podrás viajar; y además tendrás un sueldo muy bueno, porque te veo en una casa grande y con un coche estupendo.

**Pedro:** Parece un gran futuro. ¡Qué bien! ¿Y de salud? ¿Y en el amor? ¿Encontraré a la mujer de mi vida?

**Doña Rosita:** De salud bien. El estómago te traerá algunos problemas, pero los superarás. En cuanto al amor, las cosas no parecen tan buenas, aunque veo muchas mujeres. Veo que te casarás tres veces y te separarás también tres veces.

**Alicia:** Y a mí, doña Rosita, ¿qué me puede contar?

**Doña Rosita:** Vamos a ver. Tú sí encontrarás al hombre de tu vida y estarás con él siempre; veo, además, niños (tendréis varios hijos). Te veo feliz, aunque tu situación económica no será demasiado buena. Te será difícil encontrar un buen trabajo y no podrás vivir con lujos, pero bueno, sabrás enfrentarte a las dificultades y a los problemas. Además, vivirás mucho tiempo y gozarás de una salud magnífica.

**Paco:** ¿Qué me deparará a mí el futuro, doña Rosita?

**Doña Rosita:** Por lo que veo aquí, no trabajarás; sin embargo, vivirás sin dificultades, viajarás, comprarás una casa estupenda… en fin, de alguna manera tendrás mucho dinero; tal vez te toque la lotería, recibas una herencia, no sé…, no se ve claramente. Estarás siempre soltero, aunque veo grandes amores, pero también grandes fracasos. Pero bueno, podrás vivir con total libertad y a tu manera.

### Ejercicio 10

Si encuentro un buen trabajo me compraré un coche para ir de vacaciones con él a Estambul; siempre he querido conocer esta ciudad. Si voy a Estambul seguro que conoceré a la mujer de mi vida, y en ese caso viviré una historia de amor increíble, como en las películas. Entonces, no querré volver a España nunca más y me quedaré allí a vivir. Si me quedo en esa fantástica ciudad, tendré que vender mi coche para conseguir dinero y poder alquilar un apartamento. No podré quedarme siempre en un hotel; son muy caros. Cuando se me acabe el dinero, buscaré un trabajo allí para pagar el apartamento y poder quedarme más tiempo.

## Ámbito 2 - Esto se acaba

### Ejercicio 3

1.

Para mí lo más difícil es la conversación, porque cuando intento hablar se me olvidan las palabras, las reglas y lo confundo todo. Además, no puedo hablar rápido porque no puedo pensar.

2.

Para mí la pronunciación es muy difícil. Yo intento pronunciar bien la "erre" pero no lo consigo, y por eso a veces no me entienden. También es muy difícil pronunciar la "ce". Mis amigos españoles me dicen que se nota muchísimo mi acento francés. Bueno, este verano voy a practicar mucho para mejorar mi pronunciación y mi acento.

3.

Yo también tengo el mismo problema. Para mí es muy difícil la pronunciación, tan difícil como la gramática. Me gusta mucho hablar, y aunque sé que hablo mal no me importa; por eso la conversación ha sido para mí lo mejor.

4.

Para mí es muy difícil el vocabulario. Cada día hemos aprendido muchas palabras nuevas, y no consigo recordarlas. Me gusta conocer el nombre de todas las cosas, por eso siempre estoy preguntando: "¿Cómo se llama esto?". Tengo un cuaderno en el que apunto todas las palabras, pero enseguida se me olvidan. Es lo más difícil.

5.

Para mí lo más difícil es la gramática, porque hay muchas reglas y muchas excepciones. Todavía no entiendo bien los tiempos pasados, y no sé utilizar el subjuntivo. Mi profesor me dice que el próximo curso lo aprenderé todo y que entonces la gramática me parecerá fácil, pero yo no lo creo. ¡Los verbos son tan difíciles!

## A nuestra manera
Ejercicio 1

**Niclas:** Saldremos de Santiago de Compostela, ¿vale?

**Sophie:** Vale; aunque sea el final del Camino de Santiago, para nosotros será el comienzo de nuestro recorrido.

**Niclas:** Después visitaremos Pamplona; estamos en julio, por lo que podremos ver los *sanfermines*.

**Sophie:** De acuerdo, será muy divertido. Es una fiesta muy famosa en todo el mundo. Pero yo no pienso correr delante de los toros.

**Niclas:** ¿Quieres que vayamos después a Gerona?

**Sophie:** Vale, no sé nada de ella.

**Niclas:** En uno de sus pueblos, Figueras, está el Museo Dalí.

**Sophie:** ¿Sí?, ¿de verdad? Entonces, tenemos que pasar por allí.

**Niclas:** ¿Quieres que vayamos después a Barcelona?

**Sophie:** Sí, me encantaría conocer esta ciudad. Me han hablado mucho de la Sagrada Familia.

**Niclas:** A mí de sus playas. Podremos darnos un baño en sus costas. Echo de menos el mar.

**Sophie:** Bueno, y después ¿qué?

**Niclas:** Hombre, ya que estamos en el Mediterráneo, podemos visitar Valencia y pasar allí algunos días de playa y descanso.

**Sophie:** Sí, nos vendrá bien relajarnos unos días y coger fuerzas para continuar el camino.

**Niclas:** Si seguimos hacia el sur podemos pasar por Granada.

**Sophie:** ¿No has estado nunca?

**Niclas:** No.

**Sophie:** Es una ciudad maravillosa. Yo he estado varias veces y la conozco bien, pero no me importará volver. Haré de guía en la Alhambra y en el Albaicín, un antiguo barrio árabe muy pintoresco.

**Niclas:** De acuerdo.

**Sophie:** Yo creo que podemos seguir recorriendo Andalucía. Cerca de Granada está Málaga. Es una ciudad de grandes playas y mucha animación por las noches.

**Niclas:** Vale, ¿te parece bien que después visitemos Sevilla y Córdoba?

**Sophie:** Estupendo.

**Niclas:** En Córdoba tendremos la oportunidad de ver obras maestras de la arquitectura árabe.

**Sophie:** Sí, y tomar el mejor gazpacho de España.

**Niclas:** Tienes razón. En Sevilla podremos ver de cerca cómo viven los españoles, porque conozco allí una familia que nos ha invitado a pasar con ellos unos días.

**Sophie:** ¿Dónde iremos después de Andalucía?

**Niclas:** Si quieres, podemos visitar Salamanca. Es una ciudad en la que hay muchos estudiantes, españoles y extranjeros, por eso siempre hay mucha marcha.

**Sophie:** Vale, y después podemos volver a Madrid, y ya desde aquí hacer excursiones a algunas ciudades cercanas muy famosas y de gran interés histórico y artístico, como Segovia.

**Niclas:** Sí, perfecto. También podemos ir a Toledo y Ávila. Están muy cerca.

**Sophie:** Serán unas vacaciones estupendas, las mejores de mi vida.

# GLOSARIO

Este glosario recoge una selección de los términos aprendidos en cada lección. No pretende ser un diccionario, sino una herramienta de consulta que facilite a los alumnos y al profesor el trabajo en clase. En la traducción a cinco idiomas se ha incluido la variante brasileña entre paréntesis a continuación del portugués.

| ESPAÑOL | INGLÉS | FRANCÉS | ALEMÁN | ITALIANO | PORTUGUÉS (BRASILEÑO) |
|---|---|---|---|---|---|
| **Lección I - Ámbito I** | | | | | |
| alemán | German | allemand | deutsche | tedesco | alemão |
| americano | American | américain | amerikanisch | americano | americano |
| año | year | année | Jahr | anno | ano |
| apellido | surname | nom de famille | Nachname | cognome | apelido (sobrenome) |
| árabe | Arab | arabe | arabisch | arabo | árabe |
| argelino | Algerian | algérien | algerisch | algerino | argelino |
| argentino | Argentinian | argentin | argentinisch | argentino | argentino |
| boliviano | Bolivian | bolivien | bolivianisch | boliviano | boliviano |
| brasileño | Brazilian | brésilien | brasilianisch | brasiliano | brasileiro |
| chileno | Chilean | chilien | chilenisch | cileno | chileno |
| contestar | to answer | répondre | antworten | rispondere | contestar (responder) |
| coreano | Korean | coréen | koreanisch | coreano | coreano |
| cubano | Cuban | cubain | kubanisch | cubano | cubano |
| economista | economist | économiste | Volkswirtschaftler | economista | economista |
| edad | age | âge | Alter | età | idade |
| egipcio | Egyptian | égyptien | ägyptisch | egiziano | egípcio |
| escribir | to write | écrire | schreiben | scrivere | escrever |
| escuchar | to listen | écouter | hören | ascoltare | escutar |
| español | Spanish | espagnol | spanisch | spagnolo | espanhol |
| estudiante | student | étudiant | Student | studente | estudante |
| fecha de nacimiento | date of birth | date de naissance | Geburtsdatum | data di nascita | data de nascimento |
| francés | French | français | französisch | francese | francês |
| hablar | to speak | parler | reden, sprechen | parlare | falar |
| hola | hello | salut, hello | hallo | ciao | olá |
| holandés | Dutch | hollandais | holländisch | olandese | holandês |
| húngaro | Hungarian | hongrois | ungarisch | ungherese | húngaro |
| indio | Indian | indien | indisch | indiano | índio |
| inglés | English | anglais | englisch | inglese | inglês |
| irlandés | Irish | irlandais | irisch | irlandese | irlandês |
| italiano | Italian | italien | italienisch | italiano | italiano |
| japonés | Japanese | japonais | japanisch | giapponese | japonês |
| lengua | language | langue | Sprache | lingua | linguagem |
| marcar | to mark | marquer | markieren | segnare | marcar |
| médico | doctor | médecin | Arzt | medico | médico |
| mexicano | Mexican | mexicain | mexikanisch | messicano | mexicano |
| mirar | to look at | regarder | ansehen | guardare | olhar |
| nacionalidad | nationality | nationalité | Staatsangehörigkeit | nazionalità | nacionalidade |
| no | no | non | nein | no | não |
| nombre | name | nom | Name | nome | nome |
| oír | to hear | entendre | hören | udire | ouvir |
| país | country | pays | Land | paese | país |
| pasaporte | passport | passeport | Reisepaß | passaporto | passaporte |
| peruano | Peruvian | peruvian | peruanisch | peruviano | peruano |
| portugués | Portuguese | portugais | portugiesisch | portoghese | português |
| preguntar | to ask | demander | fragen | domandare | perguntar |
| profesor | teacher | professeur | Lehrer | professore | professor |
| relacionar | to relate | rapporter, relier | in Verbindung bringen | mettere in relazione | relacionar |
| rumano | Romanian | roumain | rumänisch | rumeno | romeno |
| ruso | Russian | russe | russisch | russo | russo |
| sí | yes | oui | ja | sì | sim |
| turco | Turkish | turc | türkisch | turco | turco |
| uruguayo | Uruguayan | uruguayen | uruguayisch | uruguaiano | uruguaio |
| venezolano | Venezuelan | vénézuélien | venezolanisch | venezuelano | venezuelano |
| ver | to see | voir | sehen | vedere | ver |
| **Lección I - Ámbito 2** | | | | | |
| adiós | goodbye | au revoir | auf wiedersehen | addio | adeus |
| agenda | note-book, diary | agenda | Terminkalender, Taschenkalender | agenda | agenda |
| autobús | bus | autobus | Bus | autobus | autocarro (ônibus) |
| aeropuerto | airport | aéroport | Flughafen | aeroporto | aeroporto |

| ESPAÑOL | INGLÉS | FRANCÉS | ALEMÁN | ITALIANO | PORTUGUÉS (BRASILEÑO) |
|---------|--------|---------|--------|----------|----------------------|
| bien | good; well | bien | gut, wohl | bene | bem |
| bombero | fireman | pompier | Feuerwehrmann | pompiere | bombeiro |
| buenas noches | goodnight | bonne nuit | gute Nacht | buonanotte | boa noite |
| buenas tardes | good afternoon | bonsoir | guten Abend | buonasera | boa tarde |
| buenos días | good morning | bonjour | guten Morgen | buongiorno | bom dia |
| calle | street | rue | Straße | via | rua |
| ciudad | city; town | ville | Stadt | città | cidade |
| código postal | postal code | code postal | Postleitzahl | codice postale | código postal |
| cómo | how | comment | wie | come | como |
| cuál | which | quel, quelle | welche (r, s) | quale | qual |
| cuándo | when | quand | wann | quando | quando |
| dónde | where | où | wo | dove | onde |
| encantado | pleased | enchanté | sehr erfreut | incantato, felice | encantado |
| fenomenal | great | formidable | fabel haft | fenomenale | formidável |
| gracias | thank you | merci | danke | grazie | obrigado |
| hablar | to speak | parler | reden, sprechen | parlare | falar |
| hasta luego | see you later | à tout à l'heure | bis später | ciao | até logo |
| hasta mañana | see you tomorrow | à demain | bis morgen | a domani | até amanhã |
| hasta pronto | see you soon | à bientôt | bis bald | a presto | até já |
| hasta siempre | all the best, see you | au revoir | auf ewig | arrivederci | até mais |
| hospital | hospital | hôpital | Krankenhaus | ospedale | hospital |
| mal | bad | mal | schlecht | male | mal |
| mucho gusto | nice to meet you | enchanté | sehr erfreut | piacere | muito gosto (muito prazer) |
| número de teléfono | phone number | numéro de téléphone | Telefonnummer | numero di telefono | número do telefone |
| piso | floor | étage | Stockwerk | piano | andar |
| policía | police | police | Polizei | polizia | polícia |
| qué | which | que | was, welche | che | que |
| quién | who | qui | wer | chi | quem |
| ser | to be | être | sein | essere | ser |
| tener (edad) | to be (years, old) | avoir (âge) | (... Jahre alt) sein | avere (età) | ter (idade) |
| universidad | university | université | Universität | università | universidade |

## Lección 2 - Ambito I

| ESPAÑOL | INGLÉS | FRANCÉS | ALEMÁN | ITALIANO | PORTUGUÉS (BRASILEÑO) |
|---------|--------|---------|--------|----------|----------------------|
| agua caliente | hot water | eau chaude | warmes Wasser | acqua calda | água quente |
| aire acondicionado | air conditioning | air conditionné | Klimaanlage | aria condizionata | ar condicionado |
| alfombra | carpet | tapis | Teppich | tappeto | alfombra, tapete |
| al lado (de) | next to/beside | à côté de | neben | a fianco (di) | ao lado (de) (do lado) |
| almorzar | to have lunch | déjeuner | Mittag essen | pranzare | almoçar |
| alquiler | rent | location | Miete | affitto | aluguer (aluguel) |
| antiguo | old, antique | ancien | alt, antik | antico | antigo |
| apartamento | apartment | appartement | Appartement | appartamento | apartamento |
| armario | cupboard, wardrobe | armoire | Schrank | armadio | armário |
| ascensor | lift | ascenseur | Fahrstuhl | ascensore | elevador |
| aseo | toilet | toilette | Badezimmer | toilette | asseio (toalete) |
| balcón | balcony | balcon | Balkon | balcone | varanda |
| bañera | bathtub | baignoire | Badewanne | vasca da bagno | banheira |
| barato | cheap | bon marché | billig | economico, a buon mercato | barato |
| bonito | lovely, pretty | joli | hübsch | bello, carino | bonito |
| botella | bottle | bouteille | Flasche | bottiglia | garrafa |
| buhardilla | garret, loft | mansarde | Dachboden | mansarda | águas-furtadas (água-furtada) |
| cafetera | coffee pot | cafetière | Kaffeekanne, Kaffeemaschine | caffettiera | cafeteira |
| cafetería | coffee shop, cafe | cafétéria | café | tavola calda | café |
| calefacción | heating | chauffage | Heizung | riscaldamento | aquecimento |
| cama | bed | lit | Bett | letto | cama |
| caro | expensive | cher | teuer | caro | caro |
| casa | house | maison | Haus | casa | casa |
| cazuela | casserole | casserole | Kasserole | casseruola | caçarola |
| cenar | to have dinner | dîner | Abend essen | cenare | cear (jantar) |
| céntrico | central | central | zentral gelegen | centrale | cêntrico (central) |
| cepillo de dientes | toothbrush | brosse à dents | Zahnbürste | spazzolino da denti | escova dos dentes (escova de dentes) |
| chalé | chalet | chalet | Villa | villa | chalé (casa) |
| cocina | kitchen | cuisine | Küche | cucina | cozinha |
| cocina eléctrica | electric stove | cuisinière électrique | Elektroherd | cucina elettrica | cozinha eléctrica |
| comenzar | to begin | commencer | beginnen | cominciare | começar |
| comer | to eat | manger | essen | mangiare | comer |
| comprar | to buy | acheter | kaufen | comperare, acquistare | comprar |
| copa | stemmed glass | coupe | Glas | coppa | copa (taça) |
| cortina | curtain | rideau | Vorhang | tenda | cortina |
| cuadro | painting, picture | tableau | Gemälde | quadro | quadro |
| cuarto de baño | bathroom | salle de bain | Badezimmer | bagno | quarto de banho (banheiro) |

| ESPAÑOL | INGLÉS | FRANCÉS | ALEMÁN | ITALIANO | PORTUGUÉS (BRASILEÑO) |
|---|---|---|---|---|---|
| cuchara | spoon | cuiller | Löffel | cucchiaio | colher |
| cuchillo | knife | couteau | Messer | coltello | faca |
| delante (de) | in front of | devant | vor | davanti | diante |
| desayunar | to have breakfast | déjeuner | frühstücken | fare colazione | tomar o pequeno-almoço (tomar café da manhã) |
| debajo (de) | under | sous | unter, unterhalb | sotto | debaixo |
| detrás (de) | behind | derrière | hinter | dietro | detrás |
| dormitorio | bedroom | chambre à coucher | Schlafzimmer | camera da letto | dormitório, quarto |
| ducha | shower | douche | Dusche | doccia | duche (ducha) |
| ducharse | to have a shower | se doucher | sich duschen | farsi la doccia | duchar-se (tomar banho de chuveiro) |
| encima (de) | on top of, above | sur | auf, über | su | em cima |
| enfrente (de) | in front of | en face | gegenüber | di fronte | em frente |
| entrada | entry | entrée | Eingang | entrata | entrada |
| entrar | to enter | entrer | eintreten | entrare | entrar |
| entre | between, among | entre | zwischen, unter | fra | entre |
| espejo | mirror | miroir | Spiegel | specchio | espelho |
| estantería | shelves | rayonnage | Regal | scaffalatura | estante |
| estudiar | to study | étudier | studieren | studiare | estudar |
| exterior | outside | extérieur | außere | esteriore | exterior |
| fregadero | sink | évier | Spülbecken | lavello | pia |
| frigorífico | refrigerator | frigorifique | Kühlschrank | frigorifero | frigorífico |
| garaje | garage | garage | Garage | garage | garagem |
| habitación | room | chambre | Zimmer | stanza, camera | habitaçao (quarto) |
| horno | oven | four | Ofen | forno | forno |
| interior | interior, inside | intérieur | innenere | interiore | interior |
| irse | to go away | partir | gehen | andarsene | ir-se |
| jabón | soap | savon | Seife | sapone | sabão |
| jardín | garden | jardin | Garten | giardino | jardim |
| jarra | jar, mug | jarre, pot | Krug, kanne | brocca, giara | jarra |
| lámpara | lamp | lampe | Lampe | lampada | lâmpada |
| lavabo | washbasin | lavabo | Waschbecken | lavandino | lavabo, lavatório (pia) |
| lavadora | washing machine | machine à laver | Waschmaschine | lavatrice | máquina de lavar roupa |
| lavarse | to wash | se laver | sich waschen | lavarsi | lavar-se |
| lavavajillas | dishwasher | lave-vaisselle | Geschirrspülmaschine | lavastoviglie, lavapiatti | máquina de lavar pratos (máquina de lavar louça) |
| leche | milk | lait | Milch | latte | leite |
| levantarse | to get up | se lever | aufstehen | alzarsi | levantar-se |
| llamarse | to be called | s'appeler | heißen, sich nennen | chiamarsi | chamar-se |
| luz | light | lumière | Licht | luce | luz |
| mantel | tablecloth | nappe | Tischdecke | tovaglia | toalha-de-mesa |
| mesa | table | table | Tisch | tavola | mesa |
| mesilla | bedside table | table de nuit | Nachttisch | tavolino | mesinha-de-cabeceira (mesa-de-cabeceira) |
| moderno | modern | moderne | modern | moderno | moderno |
| nuevo | new | nouveau | neu | nuovo | novo |
| parqué | parquet | parquet | Parkett | parquet | parqué (parquê) |
| pasillo | corridor | couloir | Flur | corridoio | corredor |
| piscina | swimming pool | piscine | Schwimmbad | piscina | piscina |
| pizarra | blackboard | tableau noir | Tafel | lavagna | quadro negro, lousa escolar (lousa) |
| planta | plant | plante | Pflanze | pianta | planta |
| plato | plate, dish, course | assiette | Teller | piatto | prato |
| ponerse (la ropa), vestirse | to get dressed | mettre (des vêtements), s'habiller | sich anziehen (Kleidung) | vestirsi | vestir-se |
| precio | price | prix | Preis | prezzo | preço |
| precioso | precius, lovely | précieux, très jolie | kostbar, wunderschön | prezioso | precioso |
| puerta | door | porte | Tür | porta | porta |
| regresar | to return | rentrer | zurückkommen | ritornare | regressar |
| retrete | toilet, W.C. | W.C. | W.C. Wasserklosett | gabinetto W. C. | retrete (W.C) |
| salir | to leave, to go out | sortir | aus-, hinaus-, herausgehen | uscire | sair |
| salón | hall | salon | Wohnzimmer | salone | salão |
| sartén | frying pan | poêle | Pfanne | padella | frigideira |
| servilleta | napkin | serviette | Serviette | salvietta, tovagliolo | guardanapo |
| silla | chair | chaise | Stuhl | sedia | cadeira |
| sillón | armchair | fauteuil | Sessel | poltrona | poltrona |
| sofá | sofa | sofa | Sofa | divano | sofá |
| suelo | ground, floor | sol, plancher | Boden | suolo, pavimento | chão, soalho |
| taza | cup | tasse | Tasse | tazza | chávena (xícara) |
| televisión | television | télévision | Fernsehen | televisione | televisão |
| tenedor | fork | fourchette | Gabel | forchetta | garfo de mesa |
| terraza | terrace | terrasse | Terrasse | terrazza | terraço |
| toalla | towel | serviette de toilette | Handtuch | asciugamano | toalha |
| tomar | to take | prendre | nehmen | prendere | tomar |
| tostada | toast | toast | Toast | toast | torrada |
| vaso | glass | verre | Glas | bicchiere | copo |

| ESPAÑOL | INGLÉS | FRANCÉS | ALEMÁN | ITALIANO | PORTUGUÉS (BRASILEÑO) |
|---|---|---|---|---|---|
| vender | to sell | vendre | verkaufen | vendere | vender |
| venir | to come | venir | kommen | venire | vir |

## Lección 2 - Ámbito 2

| ESPAÑOL | INGLÉS | FRANCÉS | ALEMÁN | ITALIANO | PORTUGUÉS (BRASILEÑO) |
|---|---|---|---|---|---|
| ahí | there | là | dort | là | aí |
| allí | there | là-bas | dort | là | ali |
| alto | tall | grand, haut | hoch | alto | alto |
| alumno | pupil | élève | Schüler | alunno | aluno |
| amable | kind | aimable | freundlich | amabile, gentile | amável |
| antipático | unpleasant, unfriendly | antipathique | unsympathisch | antipatico | antipático |
| aquí | here | ici | hier | qui | aqui |
| aspecto físico | physical appearance | aspect physique, allure | Aussehen | aspetto fisico | aspecto físico |
| bajo | short | bas | niedrig | basso | baixo |
| barba | beard | barbe | Bart | barba | barba |
| bigote | moustache | moustache | Schnurrbart | baffo | bigode |
| bolígrafo | ballpoint pen | stylo à bille | Kugelschreiber | penna a sfera | esferográfica (caneta) |
| borrador | rubber | gomme | Radierer | gomma da cancellare | minuta |
| camarero | waiter | garçon | Kellner | cameriere | camareiro (garçom) |
| carácter | character | caractère | Charakter | carattere | carácter |
| carpeta | folder, portfolio | chemise, dossier | Akten(mappe) | cartella | coberta (pasta) |
| clase | classroom | classe | Klasse | classe | classe |
| corto (pelo) | short (hair) | courts (cheveux) | kurzhaarig | corti (capelli) | curto (cabelo) |
| cuaderno | notebook | cahier | Heft | quaderno | caderno |
| decidido | decided, resolute | décidé, résolu | entschlossen, energisch | deciso, risoluto | decidido, resoluto |
| delgado | slim, thin | mince | dünn | magro | delgado |
| diccionario | dictionary | dictionnaire | Wörterbuch | dizionario | dicionário |
| estuche | case | étui | Etui | astuccio | estojo |
| feo | ugly | laid | häßlich | brutto | feio |
| gafas | glasses | lunettes | Brille | occhiali | óculos |
| goma de borrar | rubber | gomme | Radierer | gomma da cancellare | minuta |
| gordo | fat | gros, grass | dick | grasso | gordo |
| guapo | good-looking | beau | hübsch, gut aussehend | bello | guapo |
| inteligente | intelligent | intelligent | intelligent | intelligente | inteligente |
| joven | young | jeune | jung | giovane | jovem |
| lápiz | pencil | crayon | Bleistift | matita | lápis |
| largo (pelo) | long (hair) | longs (cheveux) | langhaarig | lunghi (capelli) | comprido (cabelo) |
| libro | book | livre | Buch | libro | livro |
| liso (pelo) | straight (hair) | lisses (cheveux) | glattes Haar | lisci (capelli) | liso (cabelo) |
| mapa | map | carte géographique | Landkarte | carta geografica | mapa |
| mochila | knapsack, backsack | sac à dos | Rucksack | zaino | mochila |
| moreno | dark brown | brun | dunkelbraun | bruno | moreno |
| moreno (pelo) | dark (hair) | noirs, bruns (cheveux) | schwarzhaarig, dunkelhaarig | bruni (capelli) | moreno (cabelo) |
| ojo | eye | œil | Auge | occhio | olho |
| ordenador | computer | ordinateur | Computer | computer | computador |
| papelera | wastepaper basket | corbeille à papiers | Papierkorb | cestino | papeleira (cesto de papel) |
| perchero | clothes rack | portemanteau | Garderobe | attaccapanni | cabides |
| regla | ruler | règle | Regel | regola | régua |
| rizado (pelo) | curly (hair) | frisés (cheveux) | lockig | ricci (capelli) | riçado (cabelo) |
| rubio (pelo) | blond (hair) | blonds (cheveux) | blondhaarig | biondi (capelli) | louro |
| sacapuntas | pencil sharpener | taille-crayon | Bleistiftspitzer | temperamatite | apara-lápis (apontador) |
| serio | serious | sérieux | ernst | serio | sério |
| simpático | likeable, nice | sympathique | sympathisch | simpatico | simpático |
| sombrero | hat | chapeau | Hut | cappello | chapéu |
| tímido | shy | timide | schüchtern | timido | tímido |
| tiza | chalk | craie | Kreide | gesso | giz |
| tonto | silly | sot | dumm | scemo, schiocco | tonto |
| ventana | window | fenêtre | Fenster | finestra | janela |
| viejo (≠ joven) | old | vieux | alt | vecchio | velho |

## Lección 3 - Ámbito 1

| ESPAÑOL | INGLÉS | FRANCÉS | ALEMÁN | ITALIANO | PORTUGUÉS (BRASILEÑO) |
|---|---|---|---|---|---|
| a menudo | often | souvent | häufig, oft | spesso | a miúdo (amiúde) |
| a veces | sometimes | parfois | manchmal | a volte | às vezes (as vezes) |
| abuelo | grandfather | grand-père | Großvater | nonno | avô |
| acostarse | to go to bed | se coucher | sich hinlegen, zu Bett gehen | coricarsi | deitar-se |
| afeitarse | to shave | se raser | (sich)rasieren | radersi | fazer a barba (barbear-se) |
| ama de casa | housewife | maîtresse de maison | Hausfrau | casalinga | ama de casa (do lar) |
| arquitecto | architect | architecte | Architekt | architetto | arquitecto (arquiteto) |
| bar | bar | bar | Bar | bar | bar |
| beber | to drink | boire | trinken | bere | beber |
| campo de fútbol | football pitch | stade de football | Fußballfeld | campo di calcio | campo de futebol (campo de futebol) |
| cantante | singer | chanteur | Sänger | cantante | cantor |
| casado | married | marié | verheiratet | sposato | casado |
| cocinero | cook | cuisinier | Koch | cuoco | cozinheiro |

| ESPAÑOL | INGLÉS | FRANCÉS | ALEMÁN | ITALIANO | PORTUGUÉS (BRASILEÑO) |
|---|---|---|---|---|---|
| colegio | school, college | école, collège | Schule, Kollegium | scuola, collegio | colégio |
| comisaría | police station | commissariat | Kommissariat | commissariato | comissária (delegacia) |
| conductor | driver | conducteur | Fahrer | autista, conduttore | condutor (motorista) |
| dependiente | shop assistant | commis | Verkäufer | commeso | dependente (vendedor) |
| director | director | directeur | Direktor | direttore | director (diretor) |
| divorciado | divorced | divorcé | Geschiedene (r) | divorziato | divorciado (divorciado) |
| domingo | Sunday | dimanche | Sonntag | domenica | domingo |
| dormir | to sleep | dormir | schlafen | dormire | dormir |
| enfermero | nurse, male nurse | infirmier | Krankenpfleger | infermiere | enfermeiro |
| frecuentemente | often, frequently | fréquemment | häufig, oft | frequentemente | frequentemente |
| futbolista | football player | footballer | Fußballspieler | calciatore | jogador de futebol |
| gritar | to shout | crier | schreien | gridare | gritar |
| gustar | to like | aimer | gefallen | piacere | gostar |
| hacer la compra | to do the shopping | faire son marché | einkaufen | fare la spesa | fazer a compra (ir às compras) |
| hermano | brother | frère | Bruder | fratello | irmão |
| hijo | son | fils | Sohn | figlio | filho |
| jueves | Thursday | jeudi | Donnerstag | giovedì | quinta-feira |
| lavar la ropa | to wash the clothes, to do the laundry | laver le linge | die Wäsche waschen | fare il bucato | lavar a roupa |
| leer | to read | lire | lesen | leggere | ler |
| lunes | Monday | lundi | Montag | lunedì | segunda-feira |
| madre | mother | mère | Mutter | madre | mãe |
| martes | Tuesday | mardi | Dienstag | martedì | terça-feira |
| mecánico | mechanic | mécanicien | Mechaniker | meccanico | mecânico |
| médico | doctor | médecin | Arzt | medico | médico |
| miércoles | Wednesday | mercredi | Mittwoch | mercoledì | quarta-feira |
| mucho | a lot of | beaucoup | viel | molto | muito |
| nieto | grandchild | petit-fils | Enkel | nipote | neto (nieto) |
| normalmente | normally, usually | en général, d'habitude | normalerweise | normalmente | normalmente |
| novio | boyfriend | fiancé | Verlobte (r) | fidanzato | noivo (namorado) |
| nunca | never | jamais | nie | mai | nunca |
| obra (de construcción) | building site | chantier | Baustelle | lavori (di construzione) | obra (de construcção) |
| oficina | office | bureau | Büro | ufficio | escritório |
| padre | father | père | Vater | padre | pai |
| peluquería | hairdresser's | salon de coiffure | Friseursalon | salone di bellezza | salão de cabeleireiro (salão de beleza) |
| periódico (lugar de trabajo) | newspaper office | rédaction d'un journal | Zeitungs redaktion | redazione del giornale | jornal (lugar de trabalho) (redacção do jornal) |
| periodista | journalist | journaliste | Journalist | giornalista | jornalista |
| piloto | pilot | pilote | Pilot | pilota | piloto |
| policía (persona) | policeman | policier | Polizist | poliziotto | polícia (pessoa) (policial) |
| primo | cousin | cousin | Cusin | cugino | primo |
| pronto | quickly, soon, early | vite; tôt | bald, prompt, frûh | pronto, presto | em breve, pronto |
| restaurante | restaurant | restaurant | Restaurant | ristorante | restaurante |
| sábado | Saturday | samedi | Samstag | sabato | sábado |
| secretario | secretary | secrétaire | Sekretär | segretario | secretário |
| sentarse | to sit down | s'asseoir | sich setzen | sedersi | assentar-se (sentar-se) |
| siempre | always | toujours | immer | sempre | sempre |
| sobrino | nephew | neveu | Neffe | nipote | sobrinho |
| soler | to usually do | accoutumer | pflegen | solere | soer (costumar) |
| soltero | single | célibataire | ledig | celibe | solteiro |
| soñar | to dream | rêver | träumen | sognare | sonhar |
| supermercado | supermarket | supermarché | Supermarkt | supermercato | supermercado |
| taller | workshop | atelier | Werkstatt | officina | oficina de trabalho manual |
| tardar | to delay | tarder | verzögern | tardare | demorar |
| tarde | late | tard | spät | tardi | tarde |
| tío | uncle | oncle | Onkel | zio | tio |
| todo el día | all day | toute la journée | den ganzen Tag | tutto il giorno | todo o dia (o dia inteiro) |
| todos los días | every day | tous les jours | jeden Tag | tutti i giorni | todos os dias |
| trabajar | to work | travailler | arbeiten | lavorare | trabalhar |
| vestirse | to get dressed | s'habiller | sich anziehen | vestirsi | vestir-se |
| viernes | Friday | vendredi | Freitag | venerdì | sexta-feira |
| viudo | widower | veuf | Witwe(r) | vedovo | viúvo |

## Lección 3 - Ámbito 2

| ESPAÑOL | INGLÉS | FRANCÉS | ALEMÁN | ITALIANO | PORTUGUÉS (BRASILEÑO) |
|---|---|---|---|---|---|
| abril | April | avril | April | aprile | Abril |
| agosto | August | août | August | agosto | Agosto |
| aguinaldo | Christmas box | étrennes | Weihnachtsgeld | strenna | consoada (presente no dia de Natal) |
| aniversario | anniversary | anniversaire | Jahrestag | anniversario | aniversário |
| beso | kiss | baiser | Kuß | bacio | beijo |
| boda | wedding | noce | Hochzeit | nozze | casamento |
| broma | joke | plaisanterie | Scherz | scherzo | brincadeira |
| campanada | stroke of a bell | coup de cloche | Glockenschlag | tocco di campana | badalada |
| cantar | to sing | chanter | singen | cantare | cantar |

| ESPAÑOL | INGLÉS | FRANCÉS | ALEMÁN | ITALIANO | PORTUGUÉS (BRASILEÑO) |
|---|---|---|---|---|---|
| carbón | coal | charbon | Kohle | carbone | carvão |
| carnaval | carnival | carnaval | Karneval | carnevale | carnaval |
| cava | champagne | champagne | Champagne | champagne | cava (champanha) |
| chocolate | chocolate | chocolat | Schokolade | cioccolato | chocolate |
| colonia | cologne | eau de Cologne | Kölnischwasser | colonia | colónia (colônia) |
| concierto | concert | concert | Konzert | concerto | concerto |
| corbata | tie | cravate | Krawatte | cravatta | gravata |
| correr | to run | courir | rennen | correre | correr |
| corrida | bullfight | course de taureaux | Stierkampf, Corrida | corrida | corrida |
| cumpleaños | birthday | anniversaire | Geburtstag | compleanno | aniversário |
| Día de la Hispanidad | Columbus Day | fête du monde hispanique | Tag der Hispanität | Festa dell'Ispanità | Dia da Hispanidade |
| Día de la Madre | Mother's Day | fête des Mères | Muttertag | Festa della Mamma | Dia da Mãe (Dia das mães) |
| Día de los Enamorados | Valentine's Day | fête des amoureux | Valentinstag | Giorno di San Valentino | Dia dos namorados |
| Día de los Santos Inocentes | equivalent to April Fools' Day (28th Dec.) | les Saints-Innocents | Tag der Unschuldigen (entspricht dem deutschen 1. April) | Pesce d'Aprile | Dia dos Santos Inocentes (Dia em que se fazem trotes) |
| Día del Padre | Father's Day | fête des Pères | Vatertag | Festa del Papà | Dia do Pai (Dia dos pais) |
| diciembre | December | décembre | Dezember | dicembre | Dezembro |
| dinero | money | argent | Geld | denaro | dinheiro |
| disfrazarse | to disguise | se déguiser | sich verkleiden | travestirsi | mascarar-se (disfarçar-se) |
| dulce | sweet | doux | süß | dolce | doce |
| encierro | penning of bulls | mise au toril | Eintreiben | encierro | encerro |
| enero | January | janvier | Januar | gennaio | Janeiro |
| estar de vacaciones | to be on holiday | être en vacances | in Ferien sein | essere in vacanze | estar de férias |
| febrero | February | février | Februar | febbraio | Fevereiro |
| flor | flower | fleur | Blume | fiore | flor |
| fumar | to smoke | fumer | rauchen | fumare | fumar |
| gastar bromas | to play jokes / tricks | plaisanter | scherzen | fare scherzi | fazer brincadeiras (fazer brincadeira) |
| gimnasia | gymnastics | gymnastique | Gymnastik | ginnastica | ginástica |
| gimnasio | gymnasium | gymnase | Turnhalle | palestra | ginásio |
| globo | balloom | ballon | (Luft)ballon | globo | globo |
| invitar | to invite | inviter | einladen | invitare | convidar |
| julio | July | juillet | Juli | luglio | Julho |
| junio | June | juin | Juni | giugno | Junho |
| limpiar | to clean | nettoyer | putzen | pulire | limpar |
| marzo | March | mars | März | marzo | Março |
| mayo | May | mai | Mai | maggio | Maio |
| mazapán | marzipan | massepain | Marzipan | marzapane | maçapão |
| monigote | rag doll | pantin, bonhomme | Männchen | pupazzo | fantoche |
| Nacimiento (belén) | Nativity scene, crib | Crèche (de Noël) | (Weihnachts) krippe | presepio | nascimento |
| Navidad | Christmas | Noël | Weihnachten | Natale | Natal |
| Nochebuena | Christmas Eve | nuit de Noël | Heiligabend | notte di Natale | Noite de Natal |
| Noche de San Juan | Midsummer's Eve | la Saint-Jean | Johannesnacht | Notte di San Giovanni | Noite de São João |
| Nochevieja | New Year's Eve | nuit de la Saint-Sylvestre | Sylvester | Capodanno | Noite de fin de ano (Reveillon) |
| noviembre | November | novembre | November | novembre | Novembro |
| octubre | October | octobre | Oktober | ottobre | Outubro |
| polvorón | Spanish sweet of a floury consistency | sorte de sablé | typisches span. Weihnachtsgebäck | mantecato | espécie de doce que se desfaz em pó |
| procesión | procession | procession | Prozession | processione | procissão |
| regalar | to give present | donner, faire cadeau de | schenken | regalare | oferecer (dar de presente) |
| regalo | gift | cadeau | Geschenk | regalo | presente |
| resaca | hangover | gueule de bois | Kater | postumi da sbronza | ressaca |
| Reyes Magos | Epiphany | Rois Mages | Heilige Drei Könige | Re Magi | Reis Magos |
| roscón de Reyes | Traditional cake eaten on 6th January | galette des Rois | typisch span. Hefekranz zum 6. Januar | ciambella dei Magi | Bolo Rei (rosca típica do dia dos Reis Magos) |
| San Fermín | Patron saint of Pamplona (on 7th July) | Saint-Firmin | Sankt Firmian (7. Juli, bek. Festtag in Pamplona) | San Fermín da Pamplona | São Fermín (São Fermin) |
| Semana Santa | Easter | Pâques | Osterwoche | Pasqua | Páscua (Semana Santa) |
| septiembre | September | septembre | September | settembre | Setembro |
| tarjeta de felicitación | greetings card | carte de voeux | Glückwunschkarte | cartolina di auguri | postal de felicitação (cartão de felicitações) |
| tarta | cake | tarte | Torte | torta | torta, pastel |
| toro | bull | taureau | Stier | toro | touro |
| turrón | nougat | nougat | Nugat | torrone | nogado, torrone |
| uva | grape | raisin | Traube | uva | uva |
| verbena | fair, open-air celebration | kermesse | Volksfest | sagra, festa popolare | arraial |
| viajar | to travel | voyager | reisen | viaggiare | viajar |
| villancico | (Christmas) carol | chant de Noël | Weihnachtslied | canto natalizio | vilancico, canção de Natal |
| visitar | to visit | visiter | besuchen | visitare | visitar |

## Lección 4 - Ámbito I

| ESPAÑOL | INGLÉS | FRANCÉS | ALEMÁN | ITALIANO | PORTUGUÉS (BRASILEÑO) |
|---|---|---|---|---|---|
| abrigo | coat | manteau | Mantel | capotto | sobretudo |
| aceite de oliva | olive oil | huile d'olive | Olivenöl | olio d'oliva | azeite |
| algodón | cotton | coton | Baumwolle | cotone | algodão |
| almacén | store | magasin | Lager | magazzino | armazém |

| ESPAÑOL | INGLÉS | FRANCÉS | ALEMÁN | ITALIANO | PORTUGUÉS (BRASILEÑO) |
|---|---|---|---|---|---|
| almeja | clam | clovisse | Venusmuschel | vongola | amêijoa |
| amarillo | yellow | jaune | gelb | giallo | amarelo |
| arroz | rice | riz | Reis | riso | arroz |
| atún | tuna fish | thon | Thunfisch | tonno | atum |
| azúcar | sugar | sucre | Zucker | zucchero | açúcar |
| azul | blue | bleu | blau | azzurro | azul |
| bañador | swimming costume | costume de bain, maillot | Badeanzug | costume da bagno | fato de banho (maiô) |
| barra | bar | barre | Stange | sbarra | barra |
| barrer | to sweep | balayer | den Boden fegen | spazzare | barrer (varrer) |
| bollo | bread roll | brioche | Brötchen | panino dolce | bolo |
| boquerón | anchovy | anchois | Sardelle | acciuga | anchova |
| bota | boot | botte | Stiefel | stivale | bota |
| bragas | knickers | culotte | Schlüpfer | mutandine | cuecas (calcinha) |
| bufanda | scarf | cache-nez | Schal | sciarpa | cachecol (manta) |
| calamar | squid | calmar | Tintenfisch | calamaro | calamar |
| calcetín | sock | chaussette | Socke | calzino | peúga (meia) |
| calzado | shoes | chaussures | Schuhwerk | calzatura | calçado |
| calzoncillo | underpants | caleçon | Unterhose | mutande | ceroulas (cueca) |
| camisa | shirt | chemise | Hemd | camicia | camisa |
| camiseta | T-shirt | gilet de corps | T-Shirt | maglietta | camisola (camiseta) |
| carnicería | butcher's | boucherie | Metzgerei | macelleria | carniçaria (açougue) |
| carro de la compra | shopping trolley | chariot | Einkaufswagen | carrello della spesa | carrinho das compras (carrinho para supermecado) |
| cazadora | jerkin | blouson | Windjacke | giubbotto | casaco (jaqueta) |
| cebolla | onion | oignon | Zwiebel | cipolla | cebola |
| chorizo | spicy pork sausage | chorizo, saucisson au piment | rote Paprikawurst | salame (con paprica) | chouriço |
| chuleta de cerdo | pork chop | côtelette de porc | Schweinekotelett | costoletta di maiale | costeleta de porco |
| cuadros (camisa de) | checked shirt | carreaux (chemise à) | kariertes (Hemd) | quadroni (camicia a) | camisa aos quadros (camisa xadrez) |
| docena | dozen | douzaine | Dutzend | dozzina | dúzia |
| encantar | to love, to charm | adorer, enchanter | bezaubern | incantare | encantar |
| escoba | broom | balai | Besen | scopa | vassoura |
| estropajo | scourer | lavette | Topfreiniger | strofinaccio | esfregão |
| falda | skirt | jupe | Rock | gonna | saia |
| filete de ternera | veal steak | escalope | Kalbsschnitzel | bistecca di vitello | filete de vitela |
| flores (camisa de) | flowered shirt | fleurs (chemise à) | geblümtes (Hemd) | fiori (camicia a) | camisa às flores (camisa estampada) |
| fregar (el suelo, los platos) | to scrub (the floor), to wash (the dishes) | frotter / laver (le sol, la vaisselle) | wischen (den Boden), spülen (das Geschirr) | lavare (il pavimento, i piatti) | esfregar (o chão, os pratos) (limpar o chão, lavar a louça) |
| fregona | mop | sorte de serpillière | Wischmop | spazzolone | fregona (esfregão) |
| fresco | fresh | frais | frisch | fresco | fresco |
| frutería | fruit shop | fruiterie | Obsthandlung | fruttivendolo | frutaria (loja onde se vende frutas e legumes) |
| galleta | biscuit | biscuit | Keks | biscotto | bolacha |
| gamba | prawn | crevette | Krabbe | gamberetto | gamba (camarão) |
| gorro | cap | bonnet | Mütze | berretto | barrete (gorro) |
| guante | glove | gant | Handschuh | guanto | luva |
| hacer (la cama, la comida) | to make (the bed, a meal) | faire (le lit, le repas) | machen (das Bett, das Essen) | fare (il letto, il pranzo) | fazer (a cama, a comida) (arrumar a cama) |
| harina | flour | farine | Mehl | farina | farinha |
| huevo | egg | œuf | Ei | uovo | ovo |
| jamón | ham | jambon | Schinken | prosciutto | presunto |
| jersey | sweater, pullover | pull-over | Pullover | maglione | casaquinho de agasalho, feito de malha |
| lana | wool | laine | Wolle | lana | lã |
| lata | can | boîte (en fer blanc) | Dose | latta | lata |
| lechuga | lettuce | laitue | Kopfsalat | lattuga | alface |
| limpiar (el polvo, los cristales) | to dust; to clean the windows | essuyer la poussière; nettoyer les vitres | putzen, wischen (die Fenster, Staub) | togliere la polvere; spolverare pulire i vetri | limpar o pó, os vidros |
| liso | flat | plat | glatt | liscio | liso |
| lunares (camisa de) | polka-dot shirt | pois (chemise à) | gepunktetes (Hemd) | pois (camicia a) | camisa às bolinhas (camisa de bolinha) |
| maduro | ripe | mûr | reif | maturo | maduro |
| mantequilla | butter | beurre | Butter | burro | manteiga |
| manzana | apple | pomme | Apfel | mela | maçã |
| más | more | plus | mehr | più | mais |
| mayor | bigger, greater, older | plus grand | größer, älter | maggiore | maior |
| media | tights | bas | Strümpfe | calza | meia |
| mejillón | mussel | moule | Miesmuschel | cozza | mexilhão |
| mejor | better | meilleur | besser | migliore | melhor |
| melón | melon | melon | Melone | melone | melão |
| menor | smaller | plus petit | kleiner, jünger | minore | menor |
| menos | less | moins | weniger | meno | menos |
| merluza | hake | merluche | Seehecht | merluzzo | pescada |
| muy | very | très | sehr | molto | muito |

| ESPAÑOL | INGLÉS | FRANCÉS | ALEMÁN | ITALIANO | PORTUGUÉS (BRASILEÑO) |
|---|---|---|---|---|---|
| naranja | orange | orange | Orange | arancia | laranja |
| odiar | to hate | haïr | hassen | odiare | odiar |
| pan | bread | pain | Brot | pane | pão |
| panadería | bakery | boulangerie | Bäckerei | panetteria | padaria |
| pantalón | trousers | pantalon | Hose | pantalone | calça |
| paquete | packet | paquet | Paket | pacco | pacote |
| pasado | past | passé | vergangen | passato | passado |
| patata | potato | pomme de terre | Kartoffel | patata | batata |
| peor | worse | pire, plus mauvais | schlimmer, schlechter | peggiore | pior |
| pera | pear | poire | Birne | pera | pêra (pera) |
| pescadería | fishmonger's | poissonnerie | Fischgeschäft | pescivendolo | peixaria |
| piel | skin | peau | Haut | pelle | pele |
| pijama | pyjamas | pyjama | Pyjama | pigiama | pijama |
| pimiento | pepper | piment | Paprika | peperone | pimento (pimentão) |
| pinza | clothes peg | pince | (Wäsche) Klammer | pinzette | pinça |
| plancha | iron | fer à repasser | Bügeleisen | ferro da stiro | ferro de engomar (ferro de passar) |
| planchar | to iron | repasser (le linge) | bügeln | stirare | passar a ferro |
| plátano | banana | banane | Banane, Platane | banana | banana |
| poco | little | peu | wenig | poco | pouco |
| pollo | chicken | poulet | Hähnchen | pollo | frango |
| poner (la lavadora) | to put (the washing machine on) | mettre (la machine à laver) | eine Waschmaschine aufsetzen | caricare (la lavatrice) | pôr (a máquina de lavar a roupa) (ligar la máquina de lavar roupa) |
| poner la mesa | to set/to lay the table | mettre la table | den Tisch decken | apparecchiare la tavola | pôr a mesa |
| preferir | to prefer | préférer | vorziehen | preferire | preferir |
| probarse (ropa) | to try on (clothes) | essayer (des vêtements) | anprobieren (Kleidung) | provarsi (vestiti) | provar-se (roupa) (experimentar) |
| queso | cheese | fromage | Käse | formaggio | queijo |
| rayas (camisa de) | striped shirt | rayures (chemise à) | gestreiftes (Hemd) | righe (camicia a) | camisa às raias (camisa listrada) |
| rojo | red | rouge | rot | rosso | vermelho |
| sacar la basura | to throw out / put out the rubbish | jeter les ordures | den Müll wegbringen | gettare la spazzatura | tirar o lixo (levar o lixo para fora) |
| salchicha | sausage | saucisse | Würst | salsiccia | salsicha |
| seda | silk | soie | Seide | seta | seda |
| talla | size | taille | Größe | taglia | talhe (tamanho) |
| también | also | aussi | auch | anche | também |
| tampoco | neither | non plus | auch nicht | nemmeno, neanche | tão-pouco (tampouco) |
| tanto | so much | tant de | so viel | tanto | tanto |
| tarea | task | tâche | Aufgabe | compito | tarefa |
| tendedero | clothes line | étendoir, séchoir | Wäscheständer | stenditoio | estendal (varal) |
| tender la ropa | to hang out the clothes | étendre le linge | die Wäsche aufhängen | stendere i panni | estender a roupa |
| tomate | tomato | tomate | Tomate | pomodoro | tomate |
| traje | suit | costume | Anzug | abito | fato (terno) |
| trapo | rag | chiffon | Lappen | straccio | trapo |
| ultramarinos | grocer's | épicerie | Lebens mittelges-chäft | (bottega di) coloniali | ultramarinos (mercearia) |
| vaqueros | jeans | blue-jeans | Jeans | blue-jeans | jeans (calça jeans) |
| verde (≠ maduro) | green, unripe | vert (≠ mûr) | grün, unreif | acerbo | verde |
| verdura | vegetable | légume vert | Gemüse | verdura | verdura, hortaliça (legume) |
| vestido | dress | robe | Kleid | vestito, abito | vestido |
| vino | wine | vin | Wein | vino | vinho |
| yogur | yoghourt | yaourt | Joghurt | iogurte, yogurt | iogurte |
| zanahoria | carrot | carotte | Mohrrübe, Karotte | carota | cenoura |
| zapato | shoe | chaussure | Schuh | scarpa | sapato |
| zumo | juice | jus | (Frucht)Saft | succo | sumo (suco) |

## Lección 4 - Ámbito 2

| ESPAÑOL | INGLÉS | FRANCÉS | ALEMÁN | ITALIANO | PORTUGUÉS (BRASILEÑO) |
|---|---|---|---|---|---|
| abrigarse | to cover up, wrap oneself up | se couvrir | sich warm anziehen | coprirsi | abrigar-se |
| aburrido | bored | ennuyeux | langweilig | annoiato | aborrecido |
| afónico | aphonic | aphone | heiser | afono | afónico (afônico) |
| agotado | exhausted | épuisé | erschöpft | esaurito | esgotado |
| alergia | allergy | allergie | Allergie | allergia | alergia |
| análisis de sangre | blood test | analyse de sang | Blutanalyse | analisi del sangue | analise de sangue (exame de sangue) |
| boca | mouth | bouche | Mund | bocca | boca |
| brazo | arm | bras | Arm | braccio | braço |
| cabeza | head | tête | Kopf | testa | cabeça |
| cadera | hip | hanche | Hüfte | anca | anca |
| calor | heat | chaleur | Hitze | caldo | calor |
| cansado | tired | fatigué | müde | stanco | cansado |
| cintura | waist | ceinture, taille | Taille | vita | cintura |
| codo | elbow | coude | Ellbogen | gomito | cotovelo |
| consulta (del médico) | doctor's consulting room | cabinet de consultation | Sprechzimmer (Arzt) | studio del medico | consulta (do médico) |
| contento | pleased, happy | content | froh, zufrieden | contento | contente |
| crema | cream | crème | Creme | crema | creme |
| cuello | neck | cou | Hals | collo | pescoço |
| dedo | finger | doigt | Finger | dito | dedo |

| ESPAÑOL | INGLÉS | FRANCÉS | ALEMÁN | ITALIANO | PORTUGUÉS (BRASILEÑO) |
|---|---|---|---|---|---|
| desabrocharse | to undo, to unbutton | se déboutonner, se dégrafer | aufknöpfen | sbottonarsi | desabotoar-se (desabotoar) |
| descansar | to rest | se reposer | ausruhen | riposare | descansar |
| diente | tooth | dent | Zahn | dente | dente |
| doler | to hurt | faire mal | schmerzen | fare male | doer |
| dolor | pain | douleur | Schmerz | dolore | dor |
| espalda | back | dos | Rücken | schiena | costas |
| estómago | stomach | estomac | Magen | stomaco | estômago |
| estornudar | to sneeze | éternuer | niesen | starnutire | espirrar |
| estrés | stress | stress | Stress | stress | stress |
| fiebre | fever | fièvre | Fieber | febbre | febre |
| frío | cold | froid | kalt | freddo | frio |
| garganta | throat | gorge | Kehle | gola | garganta |
| grano | spot | bouton | Pickel | foruncolo | espinha |
| grasa | fat | graisse | Fett | grasso | gordura |
| hambre | hunger | faim | Hunger | fame | fome |
| hombro | shoulder | épaule | Schulter | spalla | ombro |
| insomnio | insomnia | insomnie | Schlaflosigkeit | insonnia | insónia (insônia) |
| inyección | injection | piqûre, injection | Spritze | iniezione | injecção (injeção) |
| jarabe | syrup | sirop | Sirup | sciroppo | xarope |
| mano | hand | main | Hand | mano | mão |
| manzanilla | camomile | camomille | Kamille, Kamillentee | camomilla | camomila |
| mareado | dizzy | (avoir) mal au coeur | schwindelig, krank | nauseato | enjoado |
| miel | honey | miel | Honig | miele | mel |
| muela | molar, back tooth | molaire, dent | Backenzahn | molare | dente molar |
| muñeca | wrist | poignet | Handgelenk | polso | pulso |
| muslo | thigh | cuisse | (Ober)schenkel | coscia | coxa |
| nariz | nose | nez | Nase | naso | nariz |
| oído | hearing, ear | ouïe, oreille | Gehör | udito | ouvido |
| oreja | ear | oreille | Ohr | orecchia | orelha |
| pantorrilla | calf | mollet | Wade | polpaccio | barriga da perna |
| pie | foot | pied | Fuß | piede | pé |
| pierna | leg | jambe | Bein | gamba | perna |
| preparado | prepared | préparé | vorbereitet, bereit | preparato | preparado |
| pulmón | lung | poumon | Lunge | polmone | pulmão |
| remedio | remedy | remède | Hilfsmittel | rimedio | remédio |
| respirar | to breathe | respirer | atmen | respirare | respirar |
| riñón | kidney | rein | Niere | rene | rim |
| rodilla | knee | genou | Knie | ginocchio | joelho |
| sed | thirst | soif | Durst | sete | sede |
| síntoma | symptom | symptôme | Symptom | sintomo | sintoma |
| talón | heel | talon | Ferse | tallone | calcanhar |
| tener ganas (de) | to want to, to feel like | avoir envie (de) | Lust haben (auf) | avere voglia | ter vontade |
| tobillo | ankle | cheville | Fußknöchel | caviglia | tornozelo |
| tortícolis | stiff neck | torticolis | steifer Hals | torcicollo | torcicolo |
| tos | cough | toux | Husten | tosse | tosse |
| triste | sad | triste | traurig | triste | triste |
| tumbarse | to lie down | s'allonger, se coucher | sich hinlegen | stendersi, buttarsi | deitar-se |
| voz | voice | voix | Stimme | voce | voz |

## Lección 5 - Ámbito I

| ESPAÑOL | INGLÉS | FRANCÉS | ALEMÁN | ITALIANO | PORTUGUÉS (BRASILEÑO) |
|---|---|---|---|---|---|
| aire | air | air | Luft | aria | ar |
| albergue | lodging | auberge | Herberge | albergo | albergue |
| al final | at the end | finalement | am Ende | alla fine | no fim (no final) |
| alojamiento | lodging, accomodation | logement | Unterkunft, Unterbringung | alloggio | alojamento |
| autostop | hitch-hiking | auto-stop | Autostop | autostop | autoestop (carona) |
| avión | airplane | avion | Flugzeug | aeroplano | avião |
| azafata | air hostess | hôtesse de l'air | Stewardess | hostess | açafata (aeromoça) |
| banco | bank | banque | Bank | banca | banco |
| barco | ship | bateau | Schiff | nave | barco |
| biblioteca | library | bibliothèque | Bibliothek | biblioteca | biblioteca |
| bicicleta | bicycle | bicyclette | Fahrrad | bicicletta | bicicleta |
| botones (persona) | bellboy | chasseur | Laufbursche | fattorino | paquete (bói) |
| buen tiempo | nice weather | beau temps | gutes Wetter | buon tempo | bom tempo |
| cámping | camping site | camping | Campingplatz | camping, campeggio | campismo (camping) |
| campo | field, countryside | champ, campagne | Land, Feld | campo, campagna | campo, campina |
| capitán | captain | capitaine | Kapitän | capitano | capitão |
| carretera | road | route | (Land)Straße | strada | estrada |
| carril | lane | voie | Schiene | corsia | carril (faixa) |
| castillo | castle | château | Schloß | castello | castelo |
| cerca | near | près | nahe | vicino | cerca |
| clima | climate | climat | Klima | clima | clima |
| coche | car | voiture | Wagen | automobile, macchina | automóvel (carro) |
| coger (una calle) | to take (a street) | prendre (une rue) | nehmen (ein straße) | prendere (una via) | tomar (uma rua) (pegar) |
| cordillera | mountain range, chain | cordillère, chaîne | Gebirgskette | cordigliera | cordilheira |
| Correos | mail services | poste | Post | posta | correios |

| ESPAÑOL | INGLÉS | FRANCÉS | ALEMÁN | ITALIANO | PORTUGUÉS (BRASILEÑO) |
|---|---|---|---|---|---|
| costa | coast | côte | Küste | costa | costa |
| (a la) derecha | to the right | à droite | (nach) rechts | a destra | à direita |
| desierto | desert | désert | Wüste | deserto | deserto |
| doble (habitación) | double room | chambre double | Doppelzimmer | camera doppia | quarto duplo |
| esquina | corner | angle | Ecke | angolo | esquina |
| estación | station | gare | Bahnhof | stazione | estação |
| estanco | tobacconist's | bureau de tabac | Tabakladen | tabaccheira | tabacaria |
| este (punto cardinal) | east | est | Osten | est | este (leste) |
| farmacia | pharmacy | pharmacie | Apotheke | farmacia | farmácia |
| gasolinera | petrol station | poste d'essence | Tankstelle | distributore (di benzina) | bomba de gasolina (posto de gasolina) |
| girar | to turn | tourner | abbiegen | girare | girar |
| hotel | hotel | hôtel | Hotel | hotel, albergo | hotel |
| individual (habitación) | single room | chambre simple | Einzelzimmer | camera singola | quarto individual |
| isla | island | île | Insel | isola | ilha |
| (a la) izquierda | to the left | à gauche | (nach) links | a sinistra | à esquerda |
| lejos | far (away) | loin | weit | lontano | longe |
| librería | bookshop | librairie | Buchhandlung | librería | livraria |
| llover | to rain | pleuvoir | regnen | piovere | chover |
| lluvia | rain | pluie | Regen | pioggia | chuva |
| mal tiempo | bad weather | mauvais temps | schlechtes Wetter | cattivo tempo | mau tempo |
| mar | sea | mer | Meer | mare | mar |
| media pensión | half board | demi-pension | Halbpension | mezza pensione | meia pensão |
| meseta | plateau | plateau | Hochebene | altopiano | meseta |
| metro | underground | métro | U-Bahn | metropolitana | metropolitano |
| montaña | mountain | montagne | Berg | montagna | montanha |
| monumento | monument | monument | Denkmal | monumento | monumento |
| moto | motorcycle | moto | Motorrad | motocicletta | moto |
| museo | museum | musée | Museum | museo | museu |
| nevar | to snow | neiger | schneien | nevicare | nevar |
| niebla | fog | brouillard | Nebel | nebbia | névoa |
| nieve | snow | neige | Schnee | neve | neve |
| norte | north | nord | Norden | nord | norte |
| nublado | clouded | nuageux | bewölkt | nuvoloso | nublado |
| océano | ocean | océan | Ozean | oceano | oceano |
| oeste | west | ouest | Westen | ovest | oeste |
| paracaidista | parachutist | parachutiste | Fallschirmspringer | paracadutista | pára-quedista |
| parada de autobús | bus-stop | arrêt d'autobus | Bushaltestelle | fermata degli autobus | paragem do autocarro (parada de ônibus) |
| párking | car park, parking | parking | Parkhaus, Parkplatz | parcheggio | parque de estacionamento (estacionamento) |
| pensión completa | full board | pension complète | Vollpension | pensione completa | pensão completa |
| playa | beach | plage | Strand | spiaggia | praia |
| puerto | port, harbour | port | Hafen | porto | porto |
| quiosco | kiosk | kiosque | Kiosk | chiosco, edicola | quiosque |
| raíl | rail | rail | Schiene | rotaia | carril (trilho) |
| (todo) recto | straight on | tout droit | immer geradeaus | sempre dritto | tudo recto (sempre reto) |
| reservar | to reserve | réserver | reservieren | riservare | reservar |
| revisor | ticket inspector | contrôleur | Schaffner, Kontrolleur | controllore | revisor |
| río | river | fleuve | Fluss | fiume | rio |
| seguir | to follow | suivre | folgen | seguire | seguir |
| sol | sun | soleil | Sonne | sole | sol |
| sur | south | sud | Süden | sud | sul |
| taxi | taxi | taxi | taxi | tassi, taxi | táxi |
| tomar (una calle) | to take (a street) | prendre (une rue) | nehmen (ein straße) | prendere (una via) | tomar (uma rua) (pegar) |
| torcer | to turn | tourner | abbiegen | girare | torcer, girar |
| transporte | transport | transport | Transport | trasporto | transporte |
| tren | train | train | Zug | treno | comboio (trem) |
| vacaciones | holidays | vacances | Ferien | vacanze | férias |
| viento | wind | vent | Wind | vento | vento |

## Lección 5 - Ámbito 2

| | | | | | |
|---|---|---|---|---|---|
| actor | actor | acteur | Schauspieler | attore | actor (ator) |
| actriz | actress | actrice | Schauspielerin | attrice | actriz (atriz) |
| argumento | argument | argument | Argument | argomento | argumento |
| arroz con leche | rice pudding | riz au lait | Milchreis | riso al latte | arroz com leite (arroz com leite) |
| arte | art | art | Kunst | arte | arte |
| asado | roasted | rôti | gebraten | arrosto | assado |
| auditorio | auditorium | auditoire | Zuhörerschaft Auditorium | auditorio | auditório |
| aventura | adventure | aventure | Abenteuer | avventura | aventura |
| bailar | to dance | danser | tanzen | ballare | dançar |
| baloncesto | basketball | basket-ball | Basketball | pallacanestro | basquetebol |
| caminar | to walk | marcher | (Fuß)gehen, laufen | camminare | caminhar |
| cartelera | billboard | programme | Kulturanzeiger | cartellone | lista de espetáculos em lugares públicos |

| ESPAÑOL | INGLÉS | FRANCÉS | ALEMÁN | ITALIANO | PORTUGUÉS (BRASILEÑO) |
|---|---|---|---|---|---|
| cerveza | beer | bière | Bier | birra | cerveja |
| ciencia | science | science | Wissenschaft | scienza | ciência |
| ciencia-ficción | science fiction | science-fiction | Sciencefiction | fantascienza | ciência e ficção (ficção científica) |
| cine | cinema | cinéma | Kino | cinema | cinema |
| cochinillo | piglet | cochon de lait | Ferkel | porcellino da latte | leitão |
| comedia | comedy | comédie | Komödie | commedia | comédia |
| conducir | to drive | conduire | fahren | guidare | conduzir (dirigir) |
| cortometraje | short (film) | court métrage | Kurzfilm | cortometraggio | filme curto (curta-metragem) |
| crema catalana | catalan pudding | crème à la catalane | katalanische Creme | crema catalana | creme catalã |
| deporte | sport | sport | Sport | sport | desporto (esporte) |
| discoteca | discotheque | discothèque | Disko(thek) | discoteca | discoteca |
| divertirse | to have fun | s'amuser | sich a müsieren | divertirsi | divertir-se |
| escuchar música | to listen to music | écouter de la musique | Musik hören | ascoltare musica | ouvir música |
| esquiar | to ski | faire du ski | Ski laufen | sciare | esquiar |
| exposición | exhibition | exposition | Ausstellung | mostra, esposizione | exposição |
| fabada asturiana | bean stew (typical of Asturias region) | sorte de cassoulet des Asturies | asturianischer Bohneneintopf | zuppa di fagioli bollotti alla asturiana | feijoada asturiana (tipo de feijoada) |
| flan | crème caramel | flan | Karamelpudding | budino | pudim |
| fútbol | football | football | Fußball | calcio | futebol |
| galería | gallery | galerie | Galerie | galleria | galeria |
| gazpacho | gazpacho | gazpacho | gazpacho | gazpacho | gazpacho |
| género | genre | genre | Gattung | genere | género |
| guerra | war | guerre | Krieg | guerra | guerra |
| hacer deporte | to play sport | faire du sport | Sport treiben | fare sport | fazer desporto |
| helado | ice cream | glace | Eis | gelato | gelado |
| ir de compras | to go shopping | faire les courses | einkaufen gehen | fare acquisti | ir às compras (fazer compras) |
| jugar (a las cartas) | to play (cards) | jouer (cartes) | spielen (Spielkarte) | giocare (carte) | jogar (cartas) |
| mahonesa | mayonnaise | mayonnaise | Mayonnaise | maionese | maionese |
| menú | menu | menu | Speisekarte, Menü | menù | ementa (cardápio) |
| montar a caballo | to ride a horse | monter à cheval | reiten | montare a cavallo | montar a cavalo (andar de cavalo) |
| montar en bicicleta | to ride a bicycle | monter à bicyclette | Fahrrad fahren | montare in bicicletta | montar em biciclete (andar de bicicleta) |
| música | music | musique | Musik | musica | música |
| musical | musical | musical | musikalisch | musicale | musical |
| nadar | to swim | nager | schwimmen | nuotare | nadar |
| natillas | custard | crème | Cremespeise | crema inglese | leite-creme (natillas) |
| novela | novel | roman | Roman | romanzo | romance, novela |
| obra (de teatro) | play | pièce (de théâtre) | (Theater-) Stück | opera (teatrale) | obra (de teatro) |
| ópera | opera | opéra | Oper | opera | ópera |
| paella valenciana | paella | paëlla à la valencienne | Valencianische Reispfanne, Paella | paella valenziana | paelha valenciana (paella) |
| pasear | to walk | se promener | spazieren gehen | passeggiare | passear |
| película | film, movie | film | Film | film | película (filme) |
| pisto manchego | ratatouille | ratatouille niçoise | Gemüsepfanne aus La Mancha | frittura di verdure alla mancega | hortaliças com tomate ao estilo manchego (fritada de legumes) |
| postre | dessert | dessert | Nachtisch | dessert | sobremesa |
| primer plato | first course | entrée | erster Gericht | primo piatto | primeiro prato (entrada) |
| refresco | soft drink | rafraîchissement | Erfrischung | bibita, rinfresco | refresco (refrigerante) |
| romántico | romantic | romantique | romantisch | romantico | romântico |
| segundo plato | second course | plat de résistance | zweiter Gericht | secondo piatto | segundo prato (prato principal) |
| sopa de marisco | shellfish soup | soupe aux fruits de mer | Meeresfrüchtesuppe | zuppa di frutti di mare | sopa de marisco |
| teatro | theatre | thèâtre | Theater | teatro | teatro |
| tenis | tennis | tennis | Tennis | tennis | ténis |
| ternera | calf | génisse, veau | Kalb | vitella | vitela |
| título | title | titre | Titel | titolo | título |
| tocar (un instrumento) | to play (an instrument) | jouer (d'un instrument) | (ein Musikinstrument) spielen | suonare (uno strumento) | tocar (um instrumento) |
| vino tinto | red wine | vin rouge | Rotwein | vino rosso | vinho tinto |
| vino blanco | white wine | vin blanc | Weißwein | vino bianco | vinho branco |
| vino rosado | rosé wine | vin rosé | Rosé (wein) | vino rosato | vinho rosado |
| zarzuela | Spanish operetta | zarzuela | | operetta spagnola | opereta espanhola |

## Lección 6 - Ámbito I

| ESPAÑOL | INGLÉS | FRANCÉS | ALEMÁN | ITALIANO | PORTUGUÉS (BRASILEÑO) |
|---|---|---|---|---|---|
| abrir | to open | ouvrir | öffnen | aprire | abrir |
| agencia | agency | agence | Agentur | agenzia | agência |
| apagar | to extinguish | éteindre | auslöschen, ausmachen | spegnere, estinguere | apagar, extinguir |
| callar | to be quiet | taire | schweigen | tacere | calar |
| césped | lawn, grass | gazon | Rasen | tappeto erboso | relva (grama) |
| curar | to cure | guérir | heilen | guarire | curar |
| dentista | dentist | dentiste | Zahnarzt | dentista | dentista |
| disculparse | to apologize | s'excuser | sich entschuldigen | scusarsi | desculpar-se |
| encender | to light | allumer | anzünden | accendere | acender |
| favor | favour | faveur | Gefallen | favore | favor |
| fotocopiar | to photocopy | photocopier | fotokopieren | fotocopiare | fotocopiar |
| guardia | guard | garde | Wache | guardia | guarda |
| hacer falta | to need, to be lacking | falloir | nötig sein | occorrere, bisognare | fazer falta |
| iglesia | church | église | Kirche | chiesa | igreja |

| ESPAÑOL | INGLÉS | FRANCÉS | ALEMÁN | ITALIANO | PORTUGUÉS (BRASILEÑO) |
|---|---|---|---|---|---|
| imprimir | to print | imprimer | drucken | stampare | imprimir |
| ingeniero | engineer | ingénieur | Ingenieur | ingegnere | engenheiro |
| juez | judge | juge | Richter | giudice | juiz |
| juzgar | to judge | juger | beurteilen | giudicare | julgar |
| llevar | to carry; to wear | porter | bringen; tragen | portare | levar |
| móvil (teléfono) | mobile phone | téléphone mobile | Handy | telefono mobile | telefone móvel |
| ordenar | to put in order | ordonner | ordnen | ordinare | ordenar |
| organizar | to organize | organiser | organisieren | organizzare | organizar |
| pasar | to pass, to go in | passer | vorbeigehen, reichen | passare | passar |
| pedir un favor | to ask a favour | demander un service | um einen Gefallen bitten | chiedere un favore | pedir um favor |
| pedir permiso | to ask permission | demander la permission de | um Erlaubnis bitten | chiedere permesso | pedir licença (pedir permissão) |
| poder | can, to be able to | pouvoir | können | potere | poder |
| político | politician | (homme) politique | Politiker | politico | político |
| regar | to water | arroser | gießen | irrigare, innafiare | regar |
| solicitar | to request | solliciter | erbitten, bewerben | chiedere, sollecitare | solicitar |
| tirar | to throw | jeter | (weg) werfen | gettare | atirar |
| traer | to bring | apporter | (mit) bringen | portare | trazer |

## Lección 6 - Ámbito 2

| ESPAÑOL | INGLÉS | FRANCÉS | ALEMÁN | ITALIANO | PORTUGUÉS (BRASILEÑO) |
|---|---|---|---|---|---|
| algo | something | quelque chose | etwas | qualcosa | algo |
| alguien | somebody | quelqu'un | jemand | qualcuno | alguém |
| alguno (algún) | some | quelque, un | irgendein, ein, kein(e) | qualcuno (qualche) | algum |
| bombón | chocolate, sweet | chocolat | Praline | cioccolatino | bombom |
| botiquín | first-aid kit | trousse à pharmacie | Verbandskasten, Hausapotheke | stipetto, armadietto dei medicinali | mala de primeiros socorros |
| chal | shawl | châle | Schal | scialle | xaile (xale) |
| dejar (prestar) | to lend | prêter | leihen | prestare | deixar, prestar |
| desear | to desire | désirer | wünschen | desiderare | desejar |
| despedida | goodbye, farewell | adieu(x) | Abschied | congedo | despedida |
| esperar | to hope, to expect | attendre, espérer | hoffen | sperare, augurarsi | esperar |
| felicitar | to congratulate | féliciter | gratulieren | rallegrarsi, fare gli auguri | felicitar |
| folio | leaf | folio | Blatt | foglio | fólio (folha) |
| gorro | cap | bonnet | Mütze | berretto | gorro (touca) |
| lápiz | pencil | crayon | Bleistift | matita | lápis |
| llevarse (bien) | to get along | s'entendre bien | sich gut verstehen | andare d'accordo | levar-se bem (dar-se bem) |
| llevarse (mal) | not to get along | s'entendre mal | sich schlecht verstehen | non andare d'accordo | levar-se mal (dar-se mal) |
| madera | wood | bois | Holz | legno | madeira |
| maletín | briefcase | petite valise, trousse | Reisetasche, Handkoffer | valigetta, ventiquattrore | mala pequena |
| nada | nothing | rien | nichts | niente | nada |
| nadie | nobody | personne | niemand | nessuno | ninguém |
| ningún, ninguno | none | aucun | kein, Keiner | nessun, nessuno | nenhum |
| perfume | perfume, scent | parfum | Parfüm | profumo | perfume |
| plástico | plastic | plastique | plastisch | plastica | plástico |
| pluma | fountain pen | plume | Feder | penna | pluma (pena) |
| prohibir | to forbid | défendre | verbieten | proibire | proibir |
| pulsera | bracelet | bracelet | Armband | braccialetto | pulseira |
| ratón | mouse | souris | Maus | topo | rato |
| suerte | luck | chance, sort | Glück | fortuna | sorte |

## Lección 7 - Ámbito 1

| ESPAÑOL | INGLÉS | FRANCÉS | ALEMÁN | ITALIANO | PORTUGUÉS (BRASILEÑO) |
|---|---|---|---|---|---|
| a la intemperie | outside in the cold | en plein air | draußen | all'aperto | à intempérie |
| absolutamente | absolutely | absolument | absolut, völlig | assolutamente | absolutamente |
| acompañar | to go with | accompagner | begleiten | accompagnare | acompanhar |
| alcantarilla | sewer | égout | Abwasserkanal | fogna | esgoto |
| aldea | hamlet | village | Dorf | villaggio | aldeia |
| ambulancia | ambulance | ambulance | Krankenwagen | ambulanza | ambulância |
| aún no | not yet | pas encore | noch nicht | ancora no | ainda não |
| autóctono | autochthonous | autochtone | einheimisch | autoctono | auctoctóne |
| autoridad | authority | autorité | Autorität | autorità | autoridade |
| avance (tecnológico) | progress (technological) | progrès (technologique) | (technischer) Fortschritt | progresso (tecnologico) | avance (tecnológico) (avanço) |
| aventurero | adventurer | aventurier | abenteuerlustig | avventuriero | aventureiro |
| ayudar | to help | aider | helfen | aiutare | ajudar |
| basura | rubbish | ordures | Abfall | immondizia | lixo |
| breve | brief | bref | kurz | breve | breve |
| caerse | to fall (down) | tomber | fallen | cadere | cair-se (cair) |
| camello | camel | chameau | Kamel | cammello | camelo |
| cartón | cardboard | carton | Pappe | cartone | cartão |
| colaborar | to collaborate | collaborer | zusammenarbeiten, mitwirken | collaborare | colaborar |
| comprender | to understand | comprendre | verstehen | comprendere | compreender |
| contaminación | pollution, contamination | pollution, contamination | Verschmutzung, Ansteckune | inquinamento, contaminazione | poluição, contaminação |
| contenedor | container | container | Container | container | continente (container) |
| convertirse (en) | to turn into, to become | devenir | werden | diventare | convertir-se (converter-se em) |
| cooperar (con) | to cooperate | coopérer | zusammenarbeiten, kooperieren | cooperare | cooperar |

| ESPAÑOL | INGLÉS | FRANCÉS | ALEMÁN | ITALIANO | PORTUGUÉS (BRASILEÑO) |
|---|---|---|---|---|---|
| correo electrónico | email | e-mail | Email | E-mail | correio electrónico (correio eletrônico) |
| creíble | credible | croyable | glaubhaft | credibile | crível |
| cruzar a nado | to swim across | traverser à la nage | durchschwimmen | attraversare a nuoto | cruzar a nado (atravessar nadando) |
| cueva | cave | caverne, grotte | Höhle | grotta | cova |
| cuidadosamente | carefully | soigneusement | vorsichtig | attentamente | cuidadosamente |
| chubasquero | raincoat | imperméable | Regenmantel | impermeabile | impermeável (capa de chuva) |
| depositar | to deposit | déposer | hinterlegen, deponieren | depositare | depositar |
| depuradora | purifying plant | station d'épuration | Kläranlage | impianto di depurazione | depuradora |
| desastre | disaster | désastre | Unglück, Katastrophe | disastro | desastre |
| desperdicio | waste | déchet | Abfall | spreco | desperdicio |
| divertido | amusing | divertissant, amusant | amüsiert, lustig | divertente | divertido |
| ecología | ecology | écologie | Ökologie | ecologia | ecologia |
| en vías de extinción | about to become extinct | en voie de disparition | vom Aussterben bedroht | in via di estinzione | em vias de extinção |
| en peligro | endangered | en danger | in Gefahr | in pericolo | em perigo (em perigo) |
| entrevista | interview | entrevue | Besprechung, Interview | intervista | entrevista |
| escarpado | steep | escarpé | schroff | scosceso | escarpado |
| escombro | rubble | décombres | Trümmer | maceria | entulho |
| espantoso | terrifying, amazing | épouvantable | schrecklich | spaventoso | pavoroso (espantoso) |
| especie (animal) | species | espèce (animale) | Art | specie (animale) | espécie (animal) (espécie) |
| exactamente | exactly | exactement | genau | esattamente | exatamente |
| exótico | exotic | exotique | exotisch | esotico | exótico |
| experiencia | experience | expérience | Erfahrung | esperienza | experiência |
| exuberante | exuberant | exubérant | üppig | esuberante | exuberante |
| facilitar | to facilitate | faciliter | erleichtern | facilitare | facilitar |
| fax | fax | fax | Fax | fax | fax |
| forestal | forest | forestier, de forêt | Forst- | forestale | florestal |
| fotocopia | photocopy | photocopie | Fotokopie | fotocopia | fotocópia |
| hacerse daño | to hurt oneself | se faire mal | sich verletzen | farsi male | fazer-se dano |
| hoy | today | aujourd'hui | heute | oggi | hoje |
| humanitario | humanitarian | humanitaire | humanitär | umanitario | humanitário |
| imaginar | to imagine | imaginer | vorstellen, vermuten | immaginare | imaginar |
| impermeable | waterproof | imperméable | wasserdicht | impermeabile | impermeável |
| importante | important | important | wichtig | importante | importante |
| imposible | impossible | impossible | unmöglich | impossibile | impossível |
| inconveniente | difficulty, disadvantage | inconvénient | Nachteil | inconveniente | inconveniente |
| inflamable | inflammable | inflammable | brennbar | infiammabile | inflamável |
| interesante | interesting | intéressant | interessant | interessante | interessante |
| inundación | flood | inondation | Überschwemmung | inondazione | inundação |
| invento | invention | invention | Erfindung | invenzione | invento (invenção) |
| llegar | to arrive | arriver | ankommen | arrivare | chegar |
| maltratado | mistreated, abused | maltraité | misshandelt | maltrattato | maltratado |
| medio de comunicación | the media | média | Kommunikationsmittel | mezzo di comunicazione | meio de comunicação |
| medio ambiente | environment | environnement | Umwelt | ambiente | meio ambiente |
| modelo | model | modèle | Modell | modello | modelo |
| mortal | mortal | mortel | tödlich | mortale | mortal |
| muda | change of underwear | linge propre | Unterwärche | muta | muda |
| mudarse (de casa) | to move house | déménager | umziehen | traslocare | mudar-se |
| novelista | novelist | romancier | Romanautor | romanziere | romancista (novelista) |
| operación (quirúrgica) | operation | opération (chirurgicale) | Operation | operazione (chirurgica) | operação (cirúrgica) |
| paracaídas | parachute | parachute | Fallschirm | paracadute | pára-quedas |
| perder | to lose, to miss | perdre | verlieren | perdere | perder |
| pescar | to fish | pêcher | fischen | pescare | pescar |
| pila | battery | pile | Batterie | pila | pilha |
| planeta | planet | planète | Planet | pianeta | planeta |
| polución | pollution | pollution | Verschmutzung | polluzione | poluição |
| potable | drinkable | potable | trinkbar | potabile | potável |
| preparativo(s) | preparatory, preparations | préparatifs | Vorbereitung | preparativo | preparativo |
| presentador | compere, presenter | présentateur | Ansager | presentatore | apresentador |
| prisa | hurry | hâte | Eile | fretta | pressa |
| recibir | to receive | recevoir | erhalten | ricevere | receber |
| reciclar | to recycle | recycler | wiederverwerten | riciclare | reciclar |
| recientemente | recently | récemment | kürzlich | recentemente | recentemente |
| recurso | resource | recour | Ressourcen | risorsa | recurso |
| rellenar | to fill in | remplir | (nach)füllen | riempire | reencher |
| representante | representative | représentant | Vertreter | rappresentante | representante |
| ropa de safari | safari clothes | vêtements de safari | Safarikleidung | indumenti da safari | roupa para safari (roupa de safari) |
| saco de dormir | sleeping bag | sac de couchage | Schlafsack | sacco a pelo | saco para dormir |
| selva | forest, jungle | forêt, jungle | Dschungel | selva | selva |
| sendero | path | sentier | Pfad | sentiero | senda (vereda) |
| soportable | bearable | supportable | erträglich | sopportabile | suportável |
| tecnología | technology | technologie | Technologie | tecnologia | tecnologia |
| todavía no | not yet | pas encore | noch nicht | ancora no | ainda não |

| ESPAÑOL | INGLÉS | FRANCÉS | ALEMÁN | ITALIANO | PORTUGUÉS (BRASILEÑO) |
|---|---|---|---|---|---|
| tomar | to take | prendre | nehmen | prendere | tomar |
| trámite | step, procedure | formalité, démarche | Verfahrensweg, Formalität | pratica | trâmite |
| ya | already | déjà | schon | già | iaque (já) |

## Lección 7 - Ámbito 2

| | | | | | |
|---|---|---|---|---|---|
| accidente (geográfico) | (geographical) accident | accident (du relief) | Unebenheit (geographisch) | incidente (geografico) | acidente (geográfico) |
| agotador | exhausting | épuisant | anstrengend | sfiancante | esgotador |
| agradable | pleasant, nice | agréable | angenehm | gradevole | agradável |
| ala delta | hang-glider | deltaplane | Dreiecksflügel, Flugdrache | deltaplano | ala delta (asa delta) |
| almacenar | to store, to stock up | emmagasiner, stocker | lagern | immagazzinare | armazenar |
| alpinismo | mountaineering | alpinisme | Bergsteigen | alpinismo | alpinismo |
| arena | sand | sable | Sand | sabbia | areia |
| argumentar | to argue | argumenter | schließen, argumentieren | argomentare | argumentar |
| asociación | association | association | Verband | associazione | associação |
| atleta | athlete | athlète | Athlet | atleta | atleta |
| barranco | gully, ravine | ravin | Schlucht | burrone | barranco |
| caminata | long walk, hike | randonnée | langer Fußmarsch | camminata | caminhada |
| catástrofe | catastrophe | catastrophe | Katastrophe | catastrofe | catástrofe |
| cenicero | ashtray | cendrier | Aschenbecher | portacenere | cinzeiro |
| chatarra | scrap iron, junk | ferraille | Alteisen | ferri vecchi | sucata |
| ciclista | cyclist | cycliste | Radfahrer | ciclista | ciclista |
| cierto | certain | certain | wahr | certo | certo |
| colilla | cigarette butt | mégot | Zigarettenkippe | mozzicone | toco (bagana) |
| conquista (del espacio) | space conquest | conquête (de l'espace) | Eroberung (des Alls) | conquista (dello spazio) | conquista (do espaço) |
| continente | continent | continent | Kontinent | continente | continente |
| continuo | continuous | continu | ständig | continuo | contínuo |
| creer | to believe | croire | glauben | credere | crer |
| crucero | cruise | croisière | Kreuzfahrt | crociera | cruzeiro |
| cualquier | any | quelconque | irgendein (e, er, s) | qualunque | qualquer |
| cultivar (la tierra) | to cultivate (the land) | cultiver (la terre) | anbauen, bestellen | coltivare (la terra) | cultivar (a terra) |
| cuota | quota | quote-part | Quote | quota | quota |
| dar una opinión | to express an opinion | donner son avis | eine Meinung abgeben | dare un'opinione | dar uma opinião |
| de acuerdo | alright | d'accord | einverstanden | d'accordo | de acordo |
| deforestación | deforestation | déforestation | Abrodung | diboscamento | deflorestação (desflorestamento) |
| desembocar | to flow into | déboucher | (ein)münden, führen | sboccare | desembocar |
| desertización | turn into desert, desertization | désertisation | Verwüstung | desertizzazione | desertização (desertificação) |
| dirigirse | to address, to aim for | se diriger vers | sich richten | dirigersi | dirigir-se |
| disciplinado | disciplined | discipliné | diszipliniert | disciplinato | disciplinado |
| duna | dune | dune | Düne | duna | duna |
| embalse | reservoir | réservoir | Stausee | bacino, stagno artificiale | rebalso (represa) |
| equitación | horse riding | équitation | Reitsport | equitazione | equitação |
| esquiador | skier | skieur | Skifahrer | sciatore | esquiador |
| estar de acuerdo | to agree | être d'accord | einverstanden sein | essere d'accordo | estar de acordo |
| estar en desacuerdo | to disagree | ne pas être d'accord | nicht einverstanden sein | non essere d'accordo | não estar de acordo |
| excursión | excursion | excursion | Ausflug | escursione | excursão |
| explorar | to explore | explorer | erforschen | esplorare | explorar |
| fallo | mistake, fault | faute, défaillance | Fehler, Versagen | sbaglio | falha |
| fauna | fauna | faune | Fauna | fauna | fauna |
| flora | flora | flore | Flora | flora | flora |
| folleto | brochure | brochure | Broschüre | opuscolo | folheto |
| hábitat | habitat | habitat | Habitat | habitat | habitat (hábitat) |
| humo | smoke | fumée | Rauch | fumo | fumo (fumaça) |
| junto | close to | près de | neven, an | vicino a | junto |
| locura | madness | folie | Wahnsinn | pazzia | loucura |
| lunático | lunatic | lunatique | verrückt, launisch | lunatico | lunático |
| maquinaria | machinery | machinerie | Maschinerie | macchinario | maquinaria |
| maravilloso | wonderful | merveilleux | wunderbar | meraviglioso | maravilhoso |
| medios de transporte | means of transport | moyens de transport | Transportmittel | mezzi di trasporto | meios de transporte |
| natación | swimming | natation | Schwimmen | nuoto | natação |
| nave | ship | vaisseau | Schiff | nave | navio |
| opinar | to think, to give one's opinion | penser, opiner | meinen | opinare, pensare | opinar |
| parque | park | parc | Park | parco | parque |
| pensar | to think | penser | denken | pensare | pensar |
| población | population | population | Bevölkerung | popolazione | povoação |
| polluelo | chick | poussin | Küken | pulcino | pintainho (pinto) |
| practicar (deportes) | to play (sports) | pratiquer (des sports) | (Sport) treiben | praticare (sport) | praticar (desportos) (fazer) |
| prado | meadow | pré | Wiese, Weide | prato | prado |
| razón | reason | raison | Vernunft | ragione | razão |
| recado | message | commission | Nachricht, Bescheid | messaggio | recado |
| refugio | shelter, refuge | refuge | Schutzraum, Berghütte | rifugio | refúgio |
| reserva | reserve | réserve | Vorbehalt, Reservierung | riserva | reserva |
| sendero | path | sentier | Pfad | sentiero | senda (vereda) |

| ESPAÑOL | INGLÉS | FRANCÉS | ALEMÁN | ITALIANO | PORTUGUÉS (BRASILEÑO) |
|---|---|---|---|---|---|
| sequía | drought | sécheresse | Dürre | siccità | seca |
| seto | fence | haie | Hecke | siepe | sebe |
| sierra | mountain (range) | chaîne de montagnes | Gebirgskette | giogaia | serra |
| silvestre | wild | sauvage, sylvestre | wild | silvestre | silvestre |
| sistema solar | solar system | système solaire | Sonnensystem | sistema solare | sistema solar |
| Tercer Mundo | Third World | Tiers Monde | Dritte Welt | Terzo Mondo | Terceiro Mundo |
| valla | fence | clôture | Zaun | steccato | valado (cerca) |
| valle | valley | vallée | Tal | valle | vale |
| vela | candle | bougie | Kerze | candela | vela |

## Lección 8 - Ámbito 1

| ESPAÑOL | INGLÉS | FRANCÉS | ALEMÁN | ITALIANO | PORTUGUÉS (BRASILEÑO) |
|---|---|---|---|---|---|
| anteayer | the day before yesterday | avant-hier | vorgestern | avantieri | anteontem |
| ayer | yesterday | hier | gestern | ieri | ontem |
| casarse | to get married | se marier | heiraten | sposarsi | casar-se |
| cómic | comic | bande dessinée | Komic | fumetto | cómic, fábula (revista em quadrinhos) |
| componer | to compose | composer | komponieren | comporre | compor |
| conocer | to know | connaître | kennen | conoscere | conhecer |
| cuadro | painting | tableau | Gemälde | quadro | quadro |
| cuando | when | quand | wenn, als | quando | quando |
| después | afterwards, then | après | danach | dopo | depois |
| dibujar | to draw | dessiner | zeichnen | disegnare | desenhar |
| diseñar | to design | dessiner | entwerfen, zeichnen | disegnare | desenhar |
| enamorarse | to fall in love | tomber amoureux | sich verlieben | innamorarsi | enamorar-se |
| enfermar | to fall ill | tomber malade | krank werden | ammalarsi | enfermar, adoecer |
| enfermedad | illness | maladie | Krankheit | malattia | doença |
| (al) final | in the end | finalement | am Ende, schließlich | alla fine | no fim (no final) |
| luego | then | tout de suite, après | danach, dan | dopo | logo |
| más tarde | later | plus tard | später | più tardi | mais tarde |
| morir | to die | mourir | sterben | morire | morrer |
| muerte | death | mort | Tod | morte | morte |
| músico | musician | musicien | Musiker | musicista | músico |
| nacer | to be born | naître | geboren werden | nascere | nascer |
| pintar | to paint | peindre | malen | dipingere | pintar |
| pintor | painter | peintre | Maler | pittore | pintor |
| pintura | painting | peinture | Gemälde, Malerei | pittura | pintura |
| por último | finally | finalement | zuletzt, als Letztes, schießlich | per ultimo | por último |
| primero | first | premier | erste (r, s) | primo | primeiro |
| producir | to produce | produire | herstellen | produrre | produzir |
| rodar (una película) | to film, to shoot | tourner (un film) | drehen | girare | rodar, filmar |
| terminar | to finish | terminer | beenden | terminare | terminar |
| trabajo | work | travail | Arbeit | lavoro | trabalho |
| trasladarse | to move | se rendre, se déplacer | umziehen, sich beg eben | trasferirsi | trasladar-se (transferir-se) |
| vivir | to live | vivre | leben | vivere | viver |

## Lección 8 - Ámbito 2

| ESPAÑOL | INGLÉS | FRANCÉS | ALEMÁN | ITALIANO | PORTUGUÉS (BRASILEÑO) |
|---|---|---|---|---|---|
| acontecimiento | event | évènement | Ereignis | avvenimento | acontecimento |
| ala | wing | aile | Flügel | ala | asa |
| aparcamiento | parking, car park | parking | Pakhaus, Parkplatz | parcheggio | parque de estacionamento (estacionamento) |
| arcén | lay-by | bas-côté | Rand (streifen) | marciapiede | borda, margem (acostamento) |
| arrancar | to start | arracher | starten | strappare | arrancar |
| autopista | motorway | autoroute | Autobahn | autostrada | auto-estrada (rodovia) |
| caravana | stream | file de voitures | Stan | ingorgo | caravana (trailer) |
| cumbre | summit | sommet | Gipfel | vertice | cimo (cima) |
| descolonizar | to decolonise | décoloniser | entkolonisieren | decolonizzare | descolonizar |
| fotografía | photography | photographie | Fotografie | fotografia | fotografia |
| guía | guide | guide | (Fremden-)Führer | guida | guia |
| muelle | quay, pier | quai, môle | (Sprung) Feder | molo | mola |
| mundial | worldwide | mondial | Welt- | mondiale | mundial |
| muro | wall | mur | Mauer | muro | muro, parede |
| navegar | to navigate | naviguer | (mit einem Schiff) fahren | navigare | navegar |
| olimpiada | Olympiad | olympiade | Olympiade | olimpiade | Olimpíada |
| pasear | to walk | promener | spazierengehen | passeggiare | passear |
| paz | peace | paix | Friede (n) | pace | paz |
| pilotar | to pilot | piloter | steuern | pilotare | pilotar |
| pista de aterrizaje | landing strip | piste d'atterrissage | Landepiste | pista d'atterraggio | pista de aterragem (pista de aterrissagem) |
| postal | post card | carte postale | Postikarte | cortolina postale | postal |
| revisar | to revise | réviser | überprüfen | rivedere | revisar |
| selva | forest, jungle | forêt, jungle | Dschungel | selva | selva |
| tener lugar | to take place | avoir lieu | stattfinden | avere luogo | ter lugar |
| terminal | terminal | terminal, aérogare | End-, Terminal | terminale | terminal |

## Lección 9 - Ámbito 1

| ESPAÑOL | INGLÉS | FRANCÉS | ALEMÁN | ITALIANO | PORTUGUÉS (BRASILEÑO) |
|---|---|---|---|---|---|
| burro | ass | âne | Esel | asino | burro |
| caballo | horse | cheval | Pferd | cavallo | cavalo |
| cariñoso | affectionate, tender | affectueux | zärtlich, liebevoll | affettuoso | carinhoso |
| chistoso | funny, witty | blagueur, drôle | witzig | simpatico, buffo | chistoso (engraçado) |
| conejo | rabbit | lapin | Kaninchen | coniglio | coelho |
| despistado | absent-minded, confused | distrait, perdu | unaufmerksam, zerstreut | distratto | despistado (desligado) |
| dibujos animados | cartoons | dessins animés | Zeichentrickfilm | cartoni animati | desenhos animados |
| educado | educated, polite | éduqué | erzogen, wohlerzogen | educato | educado |
| egoísta | selfish | égoïste | egoistisch | egoista | egoísta |
| elefante | elephant | éléphant | Elefant | elefante | elefante |
| gato | cat | chat | Kater, Katze | gatto | gato |
| generoso | generous | généreux | großzügig | generoso | generoso |
| guitarra | guitar | guitare | Gitarre | chitarra | guitarra (violão) |
| hablador | talkative | bavard | Schwätzer | parlatore | falador (falador) |
| hacer gimnasia | to do gym(nastics) | faire de la gymnastique | Gymnastik machen | fare ginnastica | fazer ginástica |
| jirafa | giraffe | girafe | Giraffe | giraffa | jirafa (girafa) |
| juguete | toy | jouet | Spielzeug | giocattolo | brinquedo |
| león | lion | lion | Löwe | leone | leão |
| maleducado | rude, unpolite | mal élevé | verzogen, unerzogen | maleducato | mal-educado |
| mentiroso | lying, liar | menteur | Lügner | bugiardo | mentiroso |
| mono | monkey | singe | Affe | scimmia | mono |
| obediente | obedient | obéissant | gehorsam | obbediente | obediente |
| optimista | optimistic | optimiste | Optimist | ottimista | optimista |
| oso | bear | ours | Bär | orso | urso |
| paloma | dove | pigeon | Taube | colomba | pomba |
| peluche | furry (toy) | peluche (jouet) | Plüsch, Plüschtier | pupazzo di peluche | pelúcia (bichinho de pelúcia) |
| perezoso | lazy | paresseux | träge | pigro | preguiçoso |
| perro | dog | chien | Hund, Hündin | cane | cão (cachorro) |
| pesimista | pessimistic | pessimiste | Pessimist | pessimista | pessimista |
| piano | piano | piano | Klavier | pianoforte | piano |
| pingüino | penguin | pingouin | Pinguin | pinguino | pinguim |
| responsable | responsible | responsable | verantwortlich | responsabile | responsável |
| sincero | sincere | sincère | ehrlich, aufrichtig | sincero | sincero |
| tigre | tiger | tigre | Tiger | tigre | tigre |
| toro | bull | taureau | Stier | toro | touro |
| travieso | mischievous, naughty | espiègle | unartig, ungezogen | monello | travesso |
| uniforme | uniform | uniforme | Uniform | uniforme | uniforme |
| vaca | cow | vache | Kuh | vacca | vaca |
| yegua | mare | jument | Stute | cavalla | égua |
| zoológico | zoo | parc zoologique, zoo | Zoo | giardino zoologico, zoo | zoológico |

## Lección 9 - Ámbito 2

| ESPAÑOL | INGLÉS | FRANCÉS | ALEMÁN | ITALIANO | PORTUGUÉS (BRASILEÑO) |
|---|---|---|---|---|---|
| alegre | happy | gai | fröhlich | allegro | alegre |
| cambiar | to change | troquer | wechseln, ändern | cambiare | cambiar (mudar) |
| comilón | greedy, big eater | gross mangeur | gefräßig | mangione | comilão |
| dejar (de) | to stop | cesser de | aufhören zu | smettere di | deixar de |
| increíble | incredible | incroyable | unglaublich | incredibile | incrível |
| incurable | incurable | incurable | unheilbar | incurabile | incurável |
| invisible | invisible | invisible | unsichtbar | invisibile | invisível |
| marcharse | to leave | partir | gehen | andarsene | ir-se |
| materialista | materialist | matérialiste | materialistisch | materialista | materialista |
| renovable | renewable | renouvelable | erneverbar | rinnovabile | renovável |
| robo | robbery, theft | vol | Diebstahl | furto | roubo |
| seguir sin | still not have | être toujours sans | noch ohne sein | seguire senza | seguir sem |
| tebeo | comic | illustré (pour enfants) | Comicheft | fumetto | livro de histórias (gibi) |
| volverse | to turn, to become | devenir | sich verwandeln | diventare | voltar-se (virar) |

## Lección 10 - Ámbito 1

| ESPAÑOL | INGLÉS | FRANCÉS | ALEMÁN | ITALIANO | PORTUGUÉS (BRASILEÑO) |
|---|---|---|---|---|---|
| agotar | to exhaust | épuiser | erschöpfen | esaurire | esgotar |
| a lo mejor | maybe, perhaps | peut-être | vielleicht, womöglich | forse | talvez |
| aumentar | to increase | augmenter | vergrößern, zunehmen | aumentare | aumentar |
| beneficiar | to benefit | faire du bien, favoriser | nutzen | beneficiare | beneficiar |
| beneficio | benefit, profit | bienfait, bénéfice | Nutzen, Wohlat | beneficio, profitto | benefício |
| científico | scientific | scientifique | wissenschaftlich, Wissenschaftier | scientífico | científico |
| clonación | cloning | clonage | Klonung | clonazione | clonação |
| conquistar | to conquer | conquérir | erobern | conquistare | conquistar |
| conservar | to preserve | conserver | konservieren | conservare | conservar |
| continuar | to continue | continuer | fortdavern, fortfahren | continuare | continuar |
| creación | creation | création | Schöpfung , Schaffung | creazione | criação |
| crear | to create | créer | (er-)schaffen | creare | criar |
| desarrollar | to develop | développer | entwickeln | sviluppare | desenvolver |

| ESPAÑOL | INGLÉS | FRANCÉS | ALEMÁN | ITALIANO | PORTUGUÉS (BRASILEÑO) |
|---|---|---|---|---|---|
| desarrollo | development | développement | Entwicklung | sviluppo | desenvolvimento |
| descubrimiento | discovery | découverte | Entdeckung | scoperta | descobrimento |
| descubrir | to discover | découvrir | entdecken | scoprire | descobrir |
| destrucción | destruction | destruction | Zerstörung | distruzione | destruição |
| destruir | to destroy | détruire | zerstören | distruggere | destruir |
| disminución | decrease | diminution | Verminderung | diminuzione | diminuição |
| disminuir | to decrease | diminuer | vermindern, nachlassen, zurückgehen | diminuire | diminuir |
| embrión | embryo | embryon | Embryo | embrione | embrião |
| espacio | space | espace | Raum | spazio | espaço |
| genética | genetics | génétique | Genetik | genetica | genética |
| humanidad | mankind | humanité | Menschheit | umanità | humanidade |
| inventar | to invent | inventer | erfinden | inventare | inventar |
| invento | invention | invention | Erfindung | invenzione | invento |
| investigación | investigation, search | investigation | (wissenschaftlich) Untersuchung | investigazione | investigação |
| investigar | to investigate, to search | rechercher | (er)forschen, untersuchen | investigare | investigar |
| perjudicar | to damage | nuire à | schaden | danneggiare | prejudicar |
| perjuicio | damage | préjudice, tort | Schaden | pregiudizio, danno | prejuízo |
| proyecto | plan, project | projet | Projekt | progetto | projecto (projeto) |
| quizá | perhaps | peut-être | vielleicht | forse | quiçá |
| secar | to dry | sécher | trocknen | asciugare | secar |
| siglo | century | siècle | Jahrhundert | secolo | século |
| tal vez | maybe | peut-être | vielleicht | forse | talvez |
| universo | universe | univers | Universum | universo | universo |

## Lección 10 - Ámbito 2

| ESPAÑOL | INGLÉS | FRANCÉS | ALEMÁN | ITALIANO | PORTUGUÉS (BRASILEÑO) |
|---|---|---|---|---|---|
| actividad | activity | activité | Aktivität | attività | actividade |
| actitud | attitude | attitude | Haltung | atteggiamento | atitude |
| aprendizaje | apprenticeship | apprentissage | Lehre | apprendistato | aprendizagem |
| asociar | to associate | associer | vereinen | associare | associar |
| asistir | to help, to attend | assister | unterstützen, assistieren | assistere | assistir |
| atreverse | to dare | oser | sich trauen | osare | atrever-se |
| comentar | to comment | commenter | besprechen, kommentieren | commentare | comentar |
| conversación | conversation | conversation | Gespräch | conversazione | conversação |
| conversar | to talk | converser | sich unterhalten | conversare | conversar |
| correcto | correct | correct | korrekt | corretto | correcto |
| corregir | to correct | corriger | korrigieren | correggere | corrigir |
| deberes | homework; duties | devoirs | Pflichten , Hausaufgaben | compiti | deveres |
| deducir | to deduce, to deduct | déduire | ableiten, folgern | dedurre | deduzir |
| ejercicio | practice, exercise | exercice | Übung | esercizio | exercicio |
| equivocarse | to make a mistake | se tromper | sich irren | sbagliarsi | enganar-se (equivocar-se) |
| error | mistake | erreur | Fehler | errore | erro |
| explicar | to explain | expliquer | erklären | spiegare | explicar |
| incorrecto | incorrect | incorrect | unrichtig | scorretto | incorrecto (incorreto) |
| innecesario | unecessary | superflu | unnötig | non necessario | inecessário (desnecessário) |
| intentar | to try | tenter | versuchen | tentare | tentar |
| interesar | to interest | intéresser | interessieren | interessare | interessar |
| inútil | useless | inutile | zwecklos, unbrauchbar | inutile | inútil |
| más o menos | more or less | plus ou moins | mehr oder weniger | più o meno | mais ou menos |
| molestar | to bother | gêner, ennuyer | belästigen | dar fastidio, disturbare | molestar |
| necesario | necessary | nécessaire | notwendig | necessario | necessário |
| participar | to participate | participer | teilnehmen | partecipare | participar |
| poner atención | to pay attention | prêter attention | aufpassen, beachten | prestare attenzione | pôr atenção (prestar atenção) |
| practicar | to practise | pratiquer | praktizieren | praticare | praticar |
| práctico | practical | pratique | praktisch | pratico | prático |
| preocuparse | to worry, to be concerned | se préoccuper | sich sorgen | preoccuparsi | preocupar-se |
| pronunciación | pronunciation | prononciation | Aussprache | pronuncia | pronunciação (pronúncia) |
| pronunciar | to pronounce | prononcer | aussprechen | pronunciare | pronunciar |
| regla | rule | règle | Regel | regola | régua |
| relacionar | to relate, to connect | rattacher, mettre en rapport | in Verbindung bringen | mettere in relazione | relacionar, pôr em relação |
| repetir | to repeat | répéter | wiederholen | ripetere | repetir |
| significado | meaning | signifié | Bedeutung | significato | significado |
| significar | to mean | signifier | bedeuten | significare | significar |
| útil | useful | utile | nützlich | utile | útil |
| vergüenza | shame | honte | Scham | vergogna | vergonha |